"十三五"高等职业教育任务驱动式规划教材·金融与证券系列

证券投资基金实务

（修订本）

主编　牛国良　张　蓓

北京交通大学出版社

·北京·

内 容 简 介

本书是高等职业教育任务驱动式系列教材中的一本，全书共分为十个单元：初识基金，基金家族，基金设立，基金绩效评价与选择，基金的交易、费用与登记，基金运作，基金的市场营销，基金利润分配与税收，基金资产估值，基金的信息披露。每个单元都设计了知识目标、能力目标、任务、同步测试或实训安排，力求通过多种方法，促进学生主动学习、积极思考，并将学习与实践相结合。本书简明、实用，可称学习、考证一本通，教师也可以组织学生在"做中学，练中学"。

本书可以作为高职金融专业教材，也可作为证券从业考试参考教材。

图书在版编目（CIP）数据

证券投资基金实务／牛国良，张蓓主编. — 北京 ：北京交通大学出版社，2015.7（2021.9 重印）

ISBN 978-7-5121-2318-2

Ⅰ. ① 证…　Ⅱ.① 牛…　② 张…　Ⅲ. ① 证券投资-基金-岗位培训-教材　Ⅳ. ① F830.91

中国版本图书馆 CIP 数据核字（2015）第 159134 号

策划编辑：吴嫦娥　　责任编辑：赵彩云　　特邀编辑：林夕莲
出版发行：北京交通大学出版社　　　　　　电话：010-51686414
　　　　　北京市海淀区高梁桥斜街 44 号　　邮编：100044
印　刷　者：北京时代华都印刷有限公司
经　　销：全国新华书店
开　　本：185×260　印张：14　字数：350 千字
版　　次：2019 年 7 月第 1 版第 1 次修订　　2021 年 9 月第 3 次印刷
书　　号：ISBN 978-7-5121-2318-2/F·1511
印　　数：3 001～4 000 册　定价：39.00 元

本书如有质量问题，请向北京交通大学出版社质监组反映。对您的意见和批评，我们表示欢迎和感谢。
投诉电话：010-51686043，51686008；传真：010-62225406；E-mail：press@bjtu.edu.cn。

总　序

　　金融专业的高等职业教育肩负着培养金融服务和管理第一线高端技能型专门人才的重要使命。在教学过程中，应以能力为本位、就业为导向，同时深化校企合作，着力对学生进行职业道德和职业素质培养，强化职业技能训练，促进学生全面发展。要实现这个专业的职业教育目标，就需要一套有高职特色的教材。为此我们设计编写了高职金融专业（证券方向）任务驱动式系列教材。写作这套教材的动机是在我们深化校企合作的过程中，与金融企业兼职专家不断研讨中形成的。我们与金融企业专家一起对北京地区的金融人才需求状况进行了调研，共同分析了金融与证券专业特定岗位的典型工作任务，在此基础上筹划编写了这套系列教材。

　　本系列教材包括：经济学基础、金融学基础、证券交易、证券发行与承销、证券投资基金实务、证券投资分析、证券营销、个人综合理财、金融英语、期货投资实务。

　　这套教材以职业能力培养为目标、以金融业务流程为导向、以工作任务为驱动、以专业技能为基础、"课""证"融合为原则，打破原有课程的学科式体系，按职业岗位任务的模块来编写。每一个典型工作项目为一个学习单元，每个单元中又有若干个工作任务。在单元的开始有案例导入或任务导入、工作任务（学习任务），以及及时检验知识和技能掌握程度的同步检测；在完成工作任务及学习中，设置拓展思路补充信息的栏目，如"资料链接""想一想""做一做""查一查"，以引导学生主动参与，促进学生自主学习。每个单元后都附有实训案例和实训练习，训练学生掌握要点和技能。同步检测是我们在教材中实现"课""证"融合的一个重要尝试。

　　本系列教材的开发团队包括专任教师和企业兼职的实践专家。专任教师均是长期身处教学和实训一线具有丰富教学经验的教师，其中北京市高校名师1人，教授2人，副教授6人，由专任教师担任本系列教材中各部教材的主编。金融企业兼职教师8人，他们分别是证券公司的营业部总经理、营销总监及银行的支行行长和分行综合管理部门的总经理，都是近几年和我们一起在证券公司和银行订单班授课的教师，不仅具有丰富的金融业实践经验，而且了解学生的接受能力和特点。专任教师和兼职教师一起研究写作框架和内容，并在分工写作的基础上共同审阅，最后由主编在吸取校企双方专家意见之后定稿，这种完成方式恰恰是本系列教材的一大特色。

　　此外，本系列教材贯彻"以培养能力为导向，调动学生内驱力"的编写理念，体现教师与学生的互动，引导学生自主学习、合作学习和教师针对性教学的要求，概括和凝聚了当前最新的教改成果，充实了行业和企业最新的工作内容和要求，反映了社会的发展和职业岗位变化的素质和技能要求，以项目、情境、任务、案例等为载体组织教学单元，以服务于教学的实践性和互动性。

我们期待着这套校企合作共同开发的系列教材能得到教学实践的检验，并在检验中不断修正、充实、完善。我们真诚地希望教材的使用者和阅读者提出宝贵的建议。

牛国良

2014. 2

前 言

　　本教材是高职金融专业任务驱动式系列教材中的一部，本教材贯彻"以培养未来岗位能力为导向，调动学生内驱力"的编写理念，体现教师与学生的互动，引导学生自主学习、合作学习和教师针对性教学的要求，概括和凝聚了当前最新的教改成果，试图简洁、生动、严谨地展开对证券投资基金相关学习任务，教材把教学训练融为一体。编者做了以下几方面的努力。

　　1. 明确课程要达到的教学目标，即每教学单元知识目标和能力目标，这些目标都是从未来岗位需要的角度提炼出来，贯穿于教材的编写之中，由这些目标来决定内容的取舍以及应采用的教学方式。

　　2. 及时检测学生知识和技能的掌握程度。在完成每一个学习任务后，教材专门设计了同步检测，可以及时检测学生学习任务的完成程度，便于发现问题。

　　3. 强化实训。每个教学单元都有多种形式的实训设计，有访谈问卷、风险测试、头脑风暴、模拟账户注册与交易、专业网站信息收集与分析、营销对话实训等。这些实训能够达到调动学生学习积极性、训练做的能力、补充教材之外的知识和信息的作用，在过去8年该课程的教学实践中取得了很好的教学效果。把这些内容充实到教材中更便于教学的使用和推广。

　　4. 体例上的新尝试。按照内容模块的内在联系，教材分为10个单元，每个单元写作要素是知识目标、能力目标、任务、同步检测、实训设计，单元最后是同步检测答案。

　　本教材是编者近8年教学实践成果的集中体现，也是校企专家合作编写的教材。本书由牛国良教授提出教材写作思路和框架并编写初稿；张蓓博士是具有十多年证券公司业务和管理工作经历的实践专家，曾在中国银河证券总部法律合规部担任执行总经理，她在初稿的基础上进行了全面补充和修改，还为教材编写贡献了很多有价值的创意。最后由牛国良教授审阅定稿。

　　尽管编者为此教材的编写付出了很大努力，但教材中仍有不足甚至错误之处，恳请同行和读者批评指正。

编　者

2015 年 5 月

目 录

第一单元

初 识 基 金

▷ **知识目标**

1. 掌握基金的概念和特点；
2. 掌握基金的投资特征；
3. 掌握基金与其他投资形式的区别；
4. 知晓基金的主要参与者及其作用；
5. 知晓基金的法律形式和运作方式；
6. 了解中国资本市场及基金在中国的发展进程。

▷ **能力目标**

1. 能够向客户简要而准确地介绍基金及其投资特征；
2. 能够通过访谈考察基金投资者的风险承受力。

任务一 掌握证券投资基金的概念与特点

一、证券投资基金的概念

笼统地说基金，大家并不陌生。随便找到一个中学生他都能列举出四五个基金的名字，如养老保险基金、退休基金、救济基金、教育奖励基金或红十字基金等。基金就是按照一定方式把分散的小钱变成大钱。

从资金关系来看，基金是指专门用于某种特定目的并进行独立核算的资金，既包括各国共有的养老保险基金、退休基金、救济基金、教育奖励基金等，也包括中国特有的财政专项基金、职工集体福利基金、能源交通重点建设基金、预算调节基金等。

从组织性质上讲，基金是指管理和运作专门用于某种特定目的并进行独立核算的资金的机构或组织。这种基金组织，可以是非法人机构（如财政专项基金、高校中的教育奖励基金、保险基金等），可以是事业性法人机构（如中国的宋庆龄儿童基金会、孙冶方经济学奖励基金会、茅盾文学奖励基金会，美国的福特基金会、霍布赖特基金会等），也可以是公司性法人机构。

证券投资基金是指通过发售基金份额，将众多投资者的资金集中起来，形成独立财产，由基金托管人托管，基金管理人管理，以投资组合的方法进行证券投资的一种利益共享、风险共担的集合投资方式。

证券投资基金募集的资金在法律上具有独立性，由选定的基金托管人保管，并委托基金管理人进行股票、债券的分散化组合投资。基金投资者是基金的所有者。

证券投资基金在美国被称为"共同基金"；在英国和我国香港特别行政区被称为"单位信托基金"；在欧洲一些国家被称为"集合投资基金"或"集合投资计划"；在日本和我国台湾地区则被称为"证券投资信托基金"。

二、证券投资基金的特点

（一）集合理财，专业管理

基金将众多投资者的资金集中起来，委托基金管理人进行共同投资，表现出一种集合理财的特点。通过汇集众多投资者的资金，积少成多，有利于发挥资金的规模优势，降低投资成本。基金由基金管理人进行投资管理和运作。基金管理人拥有专业投资研究人员和较强的信息网络，能够更好地对证券市场进行全方位的动态跟踪与深入分析。中小投资者通过投资基金可以享受到专业的投资管理服务。

（二）组合投资，分散风险

为降低投资风险，通常以组合投资的方式进行基金的投资运作，从而使"组合投资、分散风险"成为基金的一大特色。中小投资者由于资金量小，一般无法通过购买数量众多的股票分散投资风险。基金通常会购买几十种甚至上百种股票，投资者购买基金就相当于用很少的资金购买了一揽子股票，在多数情况下，某些股票下跌造成的损失可以用其他股票上涨的盈利来弥补，因此可以充分享受到组合投资、分散风险的好处。

（三）利益共享，风险共担

证券投资基金实行利益共享、风险共担的原则。基金持有人共同享有基金的收益，共同承担基金的亏损。基金投资者是基金的所有者。基金投资收益在扣除由基金承担的费用后的盈余全部归基金投资者所有，并依据各投资者所持有的基金份额比例进行分配；同理，基金投资亏损也全部由基金投资者分担。

（四）严格监管，信息透明

为了保护投资者的利益，各国的基金管理机构都对基金业实行严格监管，对各种损害投资者利益的行为进行严厉的打击，并强制基金进行及时、准确、充分的信息披露。

▶ 资料链接

基金经理"老鼠仓"判例

2009年8月下旬，深圳证监局对14家基金公司进行突击检查发现，景顺长城基金经理涂强，长城基金经理韩刚、刘海涉嫌利用非公开信息买卖股票，即俗称的"老鼠仓"，涉嫌账户金额从几十万元至几百万元不等。

2009年9月6日下午，中国证监会公布涂强等三名基金经理违法违规处理情况：涂强被取消基金从业资格，没收违法所得外，罚款200万元，并终身禁入市场；刘海被取消基金从业资格，没收违法所得外，罚款50万元，并罚3年禁入市场；韩刚则被移送司法机关追究刑事责任。

（五）独立托管，保障安全

基金管理人负责基金的投资操作，本身并不参与基金资产的保管，基金财产的保管由独立于基金管理人的基金托管人负责。这种相互制约、相互监督的制衡机制为投资者的利益提供了重要保障。

三、证券投资基金与其他金融工具的比较

（一）基金与股票、债券的差异

1. 反映的经济关系不同

股票反映的是一种所有权关系，是一种所有权凭证，投资者购买股票后就成为公司的股东；债券反映的是债权债务关系，是一种债权凭证，投资者购买债券后就成为公司的债权人；基金反映的则是一种信托关系，是一种受益凭证，投资者购买基金份额就称为基金的受益人。

2. 所筹资金的投向不同

股票和债券是直接投资工具，筹集的资金主要投向实业领域；基金是一种间接投资工具，所筹集的资金主要投向有价证券等金融工具。

3. 投资收益与风险大小不同

通常情况下，股票价格的波动性大，是一种高风险、高收益的投资品种；债券可以给投资者带来一定的利息收入，波动性也较股票要小，是一种低风险、低收益的投资品种；基金投资于众多股票，能有效分散风险，是一种风险相对适中、收益相对稳健的投资品种。基金与股票、债券的差异可归纳为表1-1。

表1-1 基金与股票、债券的差异

比较项目	证券投资基金	股 票	债 券
反映的经济关系不同	反映的是一种信托关系，是一种收益凭证	反映的是一种所有权关系，是所有权凭证	反映的债权债务关系，是债权凭证
所筹资金的投向不同	间接投资工具，投向有价证券等金融工具	直接投资工具，投向实业领域	直接投资工具，投向实业领域
投资收益与风险大小不同	在通常情况下，证券投资基金的收益要高于债券。股票投资的风险大于基金，基金的风险大于债券	通常情况下，股票的收益是不确定的，投资风险最大	债券的投资收益是确定的，风险最小

（二）基金与银行储蓄存款的区别

1. 性质不同

基金是一种受益凭证，基金财产独立于基金管理人；基金管理人只是代替投资者管理资金，并不承担投资损失风险。银行储蓄存款表现为银行的负债，是一种信用凭证；银行对存款者负有法定的保本付息责任。

2. 收益与风险大小不同

一般情况下，基金并不保证本金的安全，存在亏损的可能性，但也有机会分享证券市场

上涨带来的收益；银行存款利率相对固定，投资者几乎没有损失本金的可能性，另外银行破产、被接管的风险较小。

3. 信息披露程度不同

基金管理人必须定期向投资者公布基金的投资运作情况；银行吸收存款之后，不需要向存款人披露资金的运用情况。

基金与银行储蓄存款的区别可概括为表1-2。

表1-2　基金与银行储蓄存款的区别

比较项目	证券投资基金	银行存款
性质	基金是一种受益凭证，基金财产独立于基金管理人；基金管理人只是代替投资者管理资金，并不承担投资损失风险	银行储蓄存款表现为银行的负债，是一种信用凭证；银行对存款者负有法定的保本付息责任
收益风险特性	基金收益具有一定的波动性，投资风险较大	银行存款利率相对固定，投资者损失本金的可能性很小，投资相对比较安全
信息披露程度	基金管理人必须定期向投资者公布基金的投资运作情况	银行吸收存款之后，不需要向存款人披露资金的运用情况

◇ 同步测试

单项选择题（以下各小题所给出的 4 个选项中，只有 1 项最符合题要求，请选出正确的选项）

1. 在美国，证券投资基金一般被称为（　　　）。

A. 共同基金 　　　　　　　　　　　 B. 单位信托基金

C. 证券投资信托基金 　　　　　　　 D. 集合投资计划

多项选择题（以下各小题所给出的 4 个选项中，有 2 个或 2 个以上符合题目要求，请选出正确的选项）

1. 基金产品与股票债券等股权债权类投资工具的差异体现在（　　　）。

A. 反映的经济关系不同 　　　　　　 B. 所筹集资金的投向不同

C. 投资收益与风险大小不同 　　　　 D. 信息披露程度不同

判断题（判断以下各小题的对错，正确的填 A，错误的填 B）

证券投资基金是股票、债券或其他金融资产的组合。　　　　　　　　　　（　　）

任务二　掌握证券投资基金市场的参与主体及其作用

一、证券投资基金的运作

从基金管理人的角度看，证券投资基金的运作包括三大方面，即基金的市场营销、基金的投资管理和后台管理服务。基金的市场营销涉及基金的募集、持续营销和客户服务；基金的投资管理是基金运作的核心内容，投资管理能力体现出基金管理人的核心竞争力；后台管理服务是保证基金日常安全运作不可缺少的支撑，它包括基金份额的注册登记、基金资产的估值、会计核算、信息披露等。

二、证券投资基金的参与主体

按照责任与作用不同，参与主体可分为：基金当事人、基金市场服务机构、监管与自律机构三大类。

（一）证券投资基金当事人

证券投资基金当事人有基金份额持有人、基金管理人和基金托管人。

1. 基金份额持有人

基金份额持有人是基金的出资人、基金资产的所有者、基金投资收益的受益人。基金份额持有人享有的主要权利有：分享基金财产收益，参与分配清算后剩余基金财产，依法转让或者申请赎回其持有的基金份额，按照规定要求召开基金份额持有人大会，对基金份额持有人大会审议事项行使表决权，查阅或者复制披露的基金信息资料，对基金管理人、基金托管人、基金份额发售机构损害其合法权益的行为依法提出诉讼。

2. 基金管理人

基金管理人即基金管理公司，是基金产品的募集者和基金的管理者，其最主要职责就是按照基金合同的约定，负责基金资产的投资运作，在风险控制的基础上为基金投资者争取最大的投资收益。基金管理人在基金运作中具有核心作用。

3. 基金托管人

基金托管人的职责主要体现在基金资产保管、基金资金清算、会计复核以及对基金投资运作的监督等方面。我国的证券投资基金法规定托管人由取得托管资格的商业银行或者其他金融机构担任。

（二）证券投资基金市场服务机构

证券投资基金市场的服务机构包括：基金销售机构、注册登记机构、律师事务所、会计师事务所、基金投资咨询公司、基金评级公司等。

1. 基金销售机构

在我国只有中国证监会认定的机构才能从事基金的代理销售。目前，商业银行、证券公司、证券投资咨询机构、专业基金销售机构，以及中国证监会规定的其他机构均可以向中国证监会申请基金代销业务资格，从事基金的代销业务。

2. 注册登记机构

基金注册登记机构是指负责基金登记、存管、清算和交收业务的机构。具体业务包括投资者基金账户管理、基金份额注册登记、清算及基金交易确认、发放红利、建立并保管基金份额持有人名册等。目前，在我国承担基金份额注册登记工作的主要是基金管理公司自身和中国证券登记结算有限责任公司。

3. 律师事务所和会计师事务所

律师事务所和会计事务所作为专业、独立的中介服务机构，为基金提供法律、会计等方面的服务。

4. 基金投资咨询公司与基金评级机构

基金投资咨询公司是向基金投资者提供基金投资咨询建议的中介机构。基金评级机构则是向投资者以及其他参与主体提供基金资料与数据服务的机构。如晨星公司、中国银河证券基金研究中心、理柏公司等。

（三）监管与自律机构

1. 基金监管机构

基金监管机构是政府为了保护基金投资者利益、规范基金交易和运作、维护基金市场秩序并促进基金市场健康发展而设立的，对基金活动进行严格的监督和管理。基金监管机构依法拥有审批或核准基金的权力，对成立的基金进行备案，对基金管理人、基金托管人以及其他相关的中介机构进行监督和管理，并对违法违规行为进行查处。我国的基金监管机构主要为中国证券监督管理委员会、中国人民银行、证券交易所。

2. 基金自律组织

证券交易所。我国的证券交易所是依法设立的，不以营利为目的，为证券的集中和有组织的交易提供交易场所、设施，履行国家有关法律法规、规章、政策规定的职责，实行自律性管理的法人。

一线监管职责。基金行业自律机构是由基金管理人、基金托管人或基金份额发售机构等服务机构成立的同业协会，目前我国的基金自律组织是中国基金业协会。

三、基金当事人三者的职责与作用

基金三个主要当事人即基金份额持有人、基金管理人、基金托管人的职责和作用可用表1-3做出简明归纳。

表1-3　基金三个当事人的职责与作用

类别	名称	职责与作用
基金当事人	基金份额持有人	基金份额持有人即基金投资者，是基金的出资人、基金资产的所有者和基金投资收益的收益人
	基金管理人	基金管理人是基金产品的募集者和基金的管理者，其最主要的职责就是按照基金合同的约定负责基金资产的投资运作，在风险控制的基础上为基金投资者争取最大投资收益
	基金托管人	基金托管人的职责主要体现在资产托管、基金资金清算、会计复核以及对基金投资运作的监督等方面。在我国基金托管人只能由依法设立并取得基金托管资格的商业银行或其他金融机构担任

◇ 同步测试

单项选择题（以下各小题所给出的 4 个选项中，只有 1 项最符合题要求，请选出正确的选项）

1. 证券投资基金运作中的三方当事人一般是指基金的（　　　）。

A. 发起人、管理人和投资人　　　B. 管理人、托管人和投资人

C. 托管人、发起人和投资人　　　D. 受益人、管理人和投资人

2. 基金（　　）是基金产品的募集者和基金的管理者，其最主要职责就是按照基金合

同的约定，负责基金资产的投资运作，在风险控制的基础上为基金投资者争取最大的投资收益。

A. 份额持有人　　　B. 管理人　　　　C. 托管人　　　　D. 注册登记机构

3. 以下（　　）不是基金合同的当事人。

A. 基金销售机构　　　　　　　　　B. 基金份额持有人

C. 基金管理人　　　　　　　　　　D. 基金托管人

4. 开放式基金是通过投资者向（　　）申购和赎回实现流通的。

A. 基金托管人　　　　　　　　　　B. 基金受托人

C. 基金管理人　　　　　　　　　　D. 基金持有人

多项选择题（以下各小题所给出的 **4** 个选项中，有 **2** 个或 **2** 个以上符合题目要求，请选出正确的选项）

1. 投资基金投资者拥有的股权性权利的表现形式有（　　）。

A. 有权参加基金持有人会议

B. 有权就基金运作的重大事项进行审议表决

C. 有权参与基金的收益分配

D. 有权参与基金剩余财产分配

2. 基金托管人的主要职责是（　　）。

A. 保管基金资产　　　　　　　　　B. 监督基金管理公司的投资运作

C. 复核基金单位资产净值　　　　　D. 促进基金资产的保值增值

3. 基金持有人享有基金（　　）等法定权益。

A. 资产所有权　　　　　　　　　　B. 资产管理权

C. 剩余资产分配权　　　　　　　　D. 资产保管权

判断题（判断以下各小题的对错，正确的填 **A**，错误的填 **B**）

1. 基金托管人在协议规定的范围内履行托管职责，但不收取报酬。　　　（　　）

2. 投资基金的投资者所拥有的权益属于债权性权益。　　　　　　　　　（　　）

3. 投资基金是一种投资组织制度。　　　　　　　　　　　　　　　　　（　　）

4. 投资基金委托给基金管理人运作，基金管理人可以单独列示账户，也可以不单独列示账户。　　　　　　　　　　　　　　　　　　　　　　　　　（　　）

任务三　掌握投资基金的法律形式

依据基金法律形式的不同，基金可分为契约型基金与公司型基金。公司型基金以美国的投资公司为代表。我国目前设立的基金则为契约型基金。

一、契约型基金

契约型基金由基金投资者、基金管理人、基金托管人之间所签署的基金合同而设立，基金投资者的权利主要体现在基金合同的条款上，而基金合同条款的主要方面通常由基金法律所规范。

二、公司型基金

公司型基金在法律上是具有独立"法人"地位的股份投资公司。公司型基金依据基金公司章程设立。与契约型基金相比，公司型基金的优点是法律关系明确清晰，监督约束机制较为完善，但契约型基金在设立上更为简单易行。

三、契约型基金与公司型基金的区别

（一）法律形式不同

契约型基金不具有法人资格；公司型基金具有法人资格。

（二）投资者地位不同

契约型基金依据基金合同成立。公司型基金的投资者购买基金公司的股票后成为该基金的股东。契约型基金的投资者尽管也可以通过持有人大会表达意见，但与公司型基金的股东大会相比，契约型基金持有人大会赋予基金持有者的权利相对较小。

（三）基金营运依据不同

契约型基金依据基金合同营运基金，公司型基金依据基金公司章程营运基金。

公司型基金的优点是法律关系明确清晰，监督约束机制较为完善；但契约型基金在设立上更为简单易行。二者之间的区别主要表现在法律形式的不同，并无优劣之分，概括为表1-4。

表1-4　契约型基金与公司型基金的比较

比较项目	契约型基金	公司型基金
法律形式不同	不具有法人资格	具有法人资格
投资者的地位不同	持有人大会权利小	股东大会权利大
基金运营依据不同	基金合同	公司章程

◇ 同步测试

多项选择题（以下各小题所给出的4个选项中，有2个或2个以上符合题目要求，请选出正确的选项）

1. 按照基金法律形式，证券投资基金可以划分为（　　）。

A. 私募基金　　　B. 公募基金　　　C. 契约型基金　　　D. 公司型基金

判断题（判断以下各小题的对错，正确的填A，错误的填B）

1. 基金章程或基金契约是规范基金设立、发行、运作及各种相关行为的法律文件，其中公司型基金采用基金契约的形式，契约型基金采用基金章程的形式。（　　）

2. 契约型基金运用现代信托关系，而公司型基金不运用现代信托关系。（　　）

任务四　知晓投资基金的运作方式

依据基金运作方式不同，可以将基金分为封闭式基金与开放式基金。

一、封闭式基金与开放式基金

封闭式基金指基金规模在合同期限内固定不变，基金份额在交易所交易，基金持有人不得提前赎回。封闭式基金的发起人在设立基金时，限定了基金单位的发行总额，筹足总额后，基金即宣告成立，并进行封闭，在一定时期内不再接受新的投资。基金单位的流通采取在证券交易所上市的办法，投资者日后买卖基金单位，都必须通过证券公司在二级市场上进行竞价交易。

开放式基金是指基金规模（一只基金总份额）不固定，基金份额可以在基金合同约定时间和场所进行申购或者赎回的一种基金运作方式。

二、封闭式基金与开放式基金的区别

封闭式基金与开放式基金的区别表现在 5 个方面，见表 1-5。

（1）期限不同。封闭式基金有一个固定的存续期。一般而言，封闭式基金期限应在 5 年以上，期满后可申请延期，目前我国的封闭式基金存续期限一般为 15 年。开放式基金一般无期限。

（2）规模限制不同。封闭式基金规模固定；开放式基金规模不固定。

（3）交易场所不同。封闭式基金在证券交易所上市交易；开放式基金可以在代销机构、基金管理人等场所申购、赎回，一般为场外交易方式。

（4）价格形成方式不同。封闭式基金价格主要受二级市场供求关系影响；开放式基金价格以基金份额净值为基础，不受市场供求关系影响。

（5）激励约束机制和投资策略不同。与封闭式基金相比，开放式基金向基金管理人提供了更好的激励约束机制。

表 1-5　封闭式基金与开放式基金的区别

区别项目	封闭式基金	开放式基金
期限不同	有一个固定的存续期	一般无期限
规模限制不同	基金份额固定，未经法定程序认可不能增减	规模不固定，基金份额随时增减
交易场所不同	基金份额在交易所上市交易（委托买卖）	基金管理人、销售代理人
价格形成方式不同	市场供求有溢价或折价	不受供求影响，以份额净值为基础
激励约束机制与投资策略不同	基金经理资产管理上压力小	基金经理资产管理上压力大

◇ 同步测试

单项选择题（以下各小题所给出的 4 个选项中，只有 1 项最符合题目要求，请选出正确的选项）

1. 按照基金规模是否固定，证券投资基金可以划分为（　　　）。

A. 私募基金和公募基金　　　　　　　　B. 上市基金和非上市基金

  C. 开放式基金和封闭式基金   D. 契约型基金和公司型基金

2. 证券投资基金不包括（　　）。

A. 封闭式基金   B. 开放式基金

C. 创业投资基金   D. 债券基金

3. 证券投资基金中的（　　）基金，在完成募集后，基金份额可以在证券交易所上市。

A. 封闭式   B. 开放式   C. 公司型   D. 契约型

多项选择题（以下各小题所给出的 **4** 个选项中，有 **2** 个或 **2** 个以上符合题目要求，请选出正确的选项）

1. 封闭式基金与开放式基金的不同之处体现在（　　）。

A. 期限不同   B. 份额限制不同

C. 交易场所不同   D. 价格形成方式不同

2. 根据基金运作方式的不同，可以将基金分为（　　）基金。

A. 封闭式   B. 公司型

C. 开放式   D. 契约型

判断题（判断以下各小题的对错，正确的填 **A**，错误的填 **B**）

1. 若封闭式基金上一年度亏损，基金当年收益可以不弥补亏损而直接进行当年收益分配。

                                            （　　）

2. 封闭式基金一般至少每月披露 1 次资产净值和份额净值。   （　　）

任务五　了解证券投资基金的起源、发展及在金融体系中的作用

一、证券投资基金的起源

证券投资基金作为社会化的理财工具，起源于英国的投资信托公司。产业革命极大地推动了英国生产力的发展，国民收入大幅增加，社会财富迅速增长。由于国内资金充裕，那些需要大量产业资本的国家在英国发行各种有价证券。另外，为谋求资本的最大增值，人们希望能够投资海外，却苦于资金量小和缺乏国际投资经验，因此萌发了集合众多投资者的资金、委托专人经营和管理的想法。证券投资基金由此萌芽。

1868 年，英国成立"海外及殖民地政府信托基金"，在英国《泰晤士报》刊登招募说明书，公开向社会公众发售认股凭证，投资于美国、俄国、埃及等国的 17 种政府债券。该基金与股票类似，不能退股，亦不能将基金份额兑现，认购者的权益仅限于分红和派息两项。

早期的基金管理没有引进专业的管理人，而是由投资者通过签订契约，推举代表来管理和运用基金资产。1873 年，苏格兰人罗伯特·富莱明创立"苏格兰美国投资信托"，专门办理新大陆的铁路投资，聘请专职的管理人进行管理，这时投资信托才成为一种专门的营利业务。

初创阶段的基金多为契约型投资信托，投资对象多为债券。1879 年，英国《股份有限公司法》公布，投资基金脱离原来的契约形态，发展成为股份有限公司式的组织形式。公

司型投资基金的经营方式与一般的企业股份有限公司相同，即发行股票或公司债券集资，或向银行借款。不同的是，公司型投资基金既没有工厂，也不从事一般工商业的营运活动，其唯一经营对象就是投资有价证券。

到 1890 年，运作中的英国投资信托基金超过 100 家，以公债为主要投资对象，在类型上主要是封闭型基金。

二、证券投资基金的发展

20 世纪以后，美国基金业快速发展，并超过英国。1924 年 3 月 21 日，"马萨诸塞投资信托基金"在美国波士顿成立，成为世界上第一只公司型开放式基金。与以往基金运作模式相比，马萨诸塞投资信托基金有三个新的特点：一是基金的组织形式由契约型改变为公司型；二是基金的运作方式由原先的封闭式改变为开放式；三是证券投资基金的回报方式由过去的固定收益方式改变为收益分享、风险分担的分配方式。

1926 年到 1928 年 3 月，美国成立的公司型基金多达 480 家。到 1929 年基金业资产达到 70 亿美元，为 1926 年的 7 倍。1929 年 10 月，全球股市崩溃，大部分基金倒闭或停业，基金业总资产在 1929—1931 年间下降了 50% 以上。整个 20 世纪 30 年代，基金业的发展一直处于停滞不前的状态。

20 世纪 40 年代以后，众多发达国家的政府认识到证券投资基金的重要性，纷纷立法加强监管，完善对投资者的保护措施，为基金业发展提供了良好的外部环境。1940 年，美国颁布《投资公司法》和《投资顾问法》，以法律形式明确基金的规范运作，严格限制投机活动，为投资者提供了体系完整的法律保护，并成为其他国家制定相关基金法律的典范。此后的世界基金业基本处于稳中有升的发展态势。

截至 2007 年年末，美国的共同基金资产规模达到了 12 万亿美元。1980 年，美国仅有 6.25% 的家庭投资基金，2013 年年末约有 50% 的家庭投资于基金，基金占所有家庭资产的 40% 左右。证券投资基金已经成为一种大众化的投资工具。

根据美国投资公司协会（ICI）代表国际投资基金协会（IIFA）定期汇编的全球统计数据，以美元计价，截至 2014 年二季度末，全球共同基金资产增至 32 万亿美元，环比增长 3.8%，具体见图 1-1。

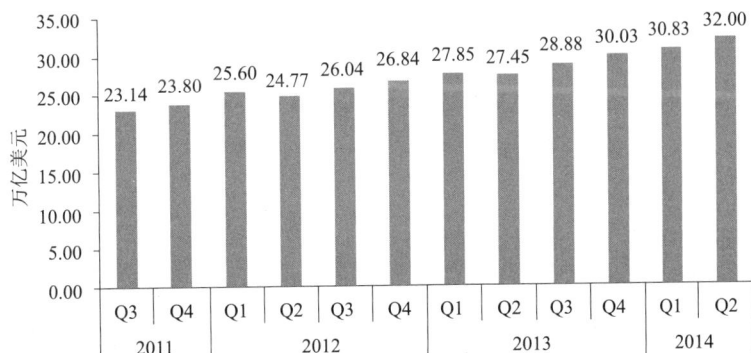

图 1-1 全球共同基金规模统计（截至 2014 年第二季度）

三、全球基金业发展的趋势与特点

（一）美国占据主导地位，其他国家和地区发展迅猛

目前，美国的证券投资基金资产总值占世界半数以上，对全球证券投资基金的发展有着重要的示范性影响。除欧洲、美国、日本外，澳大利亚、拉丁美洲、亚洲新兴国家和地区，如中国香港、中国台湾等地区，以及新加坡、韩国等国家的证券投资基金发展也很快。随着数量、品种、规模的大幅度增长，证券投资基金日益成为各国或各地区资本市场中的重要力量，市场地位和影响不断提高。

（二）开放式基金成为证券投资基金的主流产品

20 世纪 80 年代以来，开放式基金的数量和规模增加幅度最大，目前已成为证券投资基金中的主流产品。探究其中的原因，开放式基金更加市场化的运作机制和制度安排是非常重要的因素之一，其独特灵活的赎回机制适应了市场竞争的客观需要，是金融创新顺应市场发展潮流的集中体现和必然结果。事实证明，开放式基金更加全面的客户服务和更加充分的信息披露，已经获得了基金投资者的广泛青睐。

（三）基金市场竞争加剧，行业集中趋势突出

在证券投资基金的发展过程中，基金市场行业集中趋势明显，资产规模位居前列的少数最大的基金管理公司所占的市场份额不断扩大，同时，基金管理公司之间的兼并和收购又进一步加剧了基金市场的集中趋势。

（四）基金资产的资金来源发生了重大变化

个人投资者一直是传统上的证券投资基金的主要投资者，但目前已有越来越多的机构投资者，特别是退休基金成为基金的重要资金来源。比如，美国允许雇主发起的养老金计划和个人税收优惠储蓄计划，以共同基金为投资对象。在近 10 年中，美国共同基金业的迅速发展壮大与退休养老金快速增加紧密相关。

四、基金业在金融体系中的地位和作用

（一）为中小投资者拓宽了投资渠道

从微观上看，对投资者来说，存款或购买债券较为稳妥，但收益率较低；投资于股票有可能获得较高收益，但风险较大。证券投资基金作为一种新型的投资工具，把众多投资者的小额资金汇集起来进行组合投资，由专家来管理和运作，经营稳定，收益可观，可以说是专门为中小投资者设计的间接投资工具，大大拓宽了中小投资者的投资渠道，可以说基金已进入了寻常百姓家，成为大众化的投资工具。

（二）优化金融结构，促进经济增长

证券投资基金将中小投资者的闲散资金汇集起来投资于证券市场，扩大了直接融资的比例，为企业在证券市场筹集资金创造了良好的融资环境，实际上起到了将储蓄资金转化为生产资金的作用。近年来基金市场的迅速发展已充分说明，以基金和股票为代表的直接融资工具，能够有效分流储蓄资金，在一定程度上降低金融行业系统性风险，为产业发展和经济增长提供重要的资金来源。

（三）有利于证券市场的稳定和健康发展

第一，基金的发展有利于证券市场的稳定。证券市场稳定与否同市场的投资者结构密切相关。基金的出现和发展，能有效地改善证券市场的投资者结构，成为稳定市场的中坚力量。基金由专业投资人士经营管理，其投资经验比较丰富，信息资料齐备，分析手段较为先进，投资行为相对理性，客观上能起到稳定市场的作用。同时，基金一般注重资本的长期增长，多采取长期的投资行为，较少在证券市场上频繁进出，能减少证券市场的波动。

第二，基金作为一种主要投资于证券的金融工具，它的出现和发展增加了证券市场的投资品种，扩大了证券市场的交易规模，起到了丰富活跃证券市场的作用。随着基金的发展壮大，它已成为推动证券市场发展的重要动力。

（四）有利于证券市场的国际化

很多发展中国家对开放本国证券市场持谨慎态度，在这种情况下，与外国合作组建基金，逐步、有序地引进外国资本投资于本国证券市场，不失为一个明智的选择。与直接向投资者开放证券市场相比，这种方式使监管当局能控制好利用外资的规模和市场开放程度。

◇ 同步测试

单项选择题（以下各小题所给出的 **4** 个选项中，只有 **1** 项最符合题要求，请选出正确的选项）

第一家证券投资基金诞生于（　　　）。

A. 美国　　　　　　B. 英国　　　　　　C. 德国　　　　　　D. 法国

多项选择题（以下各小题所给出的 **4** 个选项中，有 **2** 个或 **2** 个以上符合题目要求，请选出正确的选项）

证券投资基金对我国经济发展的积极作用有（　　　）。

A. 将储蓄转化为投资，提高社会资金使用效率

B. 推动证券市场的规范化发展

C. 完善金融体系和社会保障体系

D. 推动金融市场发展，促进金融产品创新

判断题（判断以下各小题的对错，正确的填 **A**，错误的填 **B**）

从全球视野来看，开放式基金已成为证券投资基金的主流产品 　　　　（　　　）。

任务六　了解我国基金业的发展历程

我国基金业的发展大致经历了三个阶段，即早期探索阶段、试点发展阶段和快速发展阶段。

一、早期探索阶段（1987—1997）

1987 年，中国新技术创业投资公司（中创公司）与汇丰集团、渣打集团在中国香港联合设立了中国置业基金，首期筹资 3 900 万元人民币，直接投资于以珠江三角洲为中心

的周边乡镇企业，并随即在香港联交所上市。这标志着中资金融机构开始正式涉足投资基金业务。其后，一批由中资金融机构与外资金融机构在境外设立的"中国概念基金"相继推出。

上海证券交易所与深圳证券交易所相继于1990年12月、1991年1月开业，标志着中国证券市场正式形成。在境外中国概念基金与中国证券市场初步发展的影响下，中国境内第一家比较规范的投资基金——淄博乡镇企业投资基金（简称"淄博基金"），于1992年11月经中国人民银行总行批准正式设立。该基金为公司型封闭式基金，募集规模1亿元人民币，60%投向淄博乡镇企业，40%投向上市公司，并于1993年8月在上海证券交易所最早挂牌上市。

淄博基金的设立揭开了投资基金业在内地发展的序幕，并在1993年上半年引发了短暂的中国投资基金发展热潮。1993年下半年，经济过热引发了通货膨胀，政府进行了宏观调控，投资基金的审批受到限制。1994年后，我国进入经济金融治理整顿阶段。随着经济的逐步降温，基金发展过程中的不规范问题和积累的其他问题逐步暴露出来，多数基金在经营上步履维艰，中国基金业的发展因此陷于停滞状态。

相对于1997年《证券投资基金暂行办法》实施以后发展起来的新证券投资基金（简称"新基金"），人们习惯上将1997年以前设立的基金称为老基金。截至1997年底，老基金的数量共有75只，筹资规模在58亿元人民币左右。

二、试点发展阶段（1998—2003）

国务院证券管理委员会于1997年11月14日颁布的《证券投资基金管理暂行办法》是我国首次颁布的规范证券投资基金运作的行政法规，为我国基金业的规范发展奠定了规制基础，由此，中国基金业的发展进入了规范化的试点发展阶段。

在试点发展阶段，我国基金业在发展上主要表现出以下几个方面的特点。

（一）基金在规范化运作方面得到很大的提高

《证券投资基金管理暂行办法》对基金管理公司的设立规定了较高的准入条件：基金管理公司的主要发起人必须是证券公司或信托投资公司，每个发起人的实收资本不少于3亿元人民币。首先，较高的准入门槛和严格的审批制度在很大程度上确保了基金的社会公信力。其次是明确基金托管人在基金运作中的作用。最后就是建立较为严格的信息披露制度。这些措施的实行，有力地促进了我国基金业的规范化运作。

（二）在封闭式基金成功试点的基础上成功地推出开放式基金，使我国的基金运作水平实现历史性跨越

1998年3月27日，经中国证监会批准，新成立的南方基金管理公司和国泰基金管理公司分别发起设立了两只规模均为20亿元的封闭式基金——基金开元和基金金泰，由此拉开了中国证券投资基金试点的序幕。在试点的第一年——1998年，我国共设立了5家基金管理公司，管理封闭式基金数量5只，募集资金100亿元人民币，年末基金资产净值合计107.4亿元人民币。1999年，基金管理公司的数量增加到10家，全年共有14只新的封闭式基金发行。

在封闭式基金成功试点的基础上，2000年10月8日中国证监会发布了《开放式证券投

资基金试点办法》。2001年9月，我国第一只开放式基金——华安创新诞生，我国基金业发展实现了从封闭式基金到开放式基金的历史性跨越。

（三）对老基金进行了全面规范清理，绝大多数老基金通过资产置换、合并等方式被改造成为新的证券投资基金

在新基金成功试点的基础上，中国证监会开始着手对原有投资基金进行清理规范。1999年10月下旬，10只老基金最先经资产置换后合并改制成4只证券投资基金，随后其他老基金也被陆续改制为新基金。老基金的全面清理规范，解决了基金业发展的历史遗留问题。

（四）监管部门出台了一系列鼓励基金业发展的政策措施，对基金业的发展起到了重要的促进作用

鼓励基金业发展的政策措施包括向基金进行新股配售、允许保险公司通过购买基金间接进行股票投资等。对基金进行新股配售，提高了基金的收益水平，增强了基金对投资者的吸引力，对基金业的发展起到了重要的促进作用。允许保险公司通过购买基金间接进行股票投资，使保险公司成为基金的最大机构投资者，也有力地支持了基金业在试点时期的规模扩张。

（五）开放式基金的发展为基金产品的创新开辟了新的天地

在开放式基金推出之前，我国共有47只封闭式基金。2002年8月，我国封闭式基金的数量增加到54只，其后由于封闭式基金一直处于高折价交易状态，封闭式基金的发展因此陷入停滞状态。与此相反，开放式基金的推出加速了我国基金业的产品创新。这一阶段具有代表性的基金创新品种有：2002年8月推出的第一只以债券投资为主的债券基金——南方宝元债券基金，2003年3月推出的第一只伞形基金——招商安泰系列基金，2003年5月推出的第一只具有保本特色的基金——南方避险增值基金，2003年12月推出的第一只货币型基金——华安现金富利基金等。

三、快速发展阶段（2004年至今）

2004年6月1日开始实施的《证券投资基金法》，为我国基金业的发展奠定了重要的法律基础，标志着我国基金业的发展进入了一个新的发展阶段。

自《证券投资基金法》实施以来，我国基金业在发展上出现了以下一些新的变化。

（一）基金业监管的法律体系日益完善

为配合《证券投资基金法》的实施，中国证监会相继出台了包括《证券投资基金管理公司管理办法》《证券投资基金运作管理办法》《证券投资基金销售管理办法》《证券投资基金信息披露管理办法》《证券投资基金托管管理办法》《证券投资基金行业高级管理人员任职管理办法》等法规，使我国基金业监管的法律体系日趋完备。

（二）基金品种日益丰富，开放式基金取代封闭式基金成为市场发展的主流

《证券投资基金法》实施以来，我国基金市场产品创新活动日趋活跃，具有代表性的基金创新产品包括：2004年10月成立的国内第一只上市开放式基金（LOF）——南方积极配置基金，2004年年底推出的国内首只交易型开放式指数基金（ETF）——华夏上证50ETF，

2006 年 5 月推出的国内首只生命周期基金——汇丰晋信 2016 基金，2007 年 7 月推出的国内首只结构化基金——国投瑞银瑞福基金，2007 年 9 月推出的首只 QDII 基金——南方全球精选基金 QDII 基金，2008 年 4 月推出的国内首只社会责任基金——兴业社会责任基金等。层出不穷的基金产品创新极大地推动了我国基金业的发展。

自 2006 年起，随着一些封闭式基金陆续到期转为开放式基金，我国封闭式基金的数量不断减少。到 2008 年年末，我国封闭式基金的数量从高峰时的 54 只下降到了 32 只。与此形成鲜明对比的是，自 2003 年我国开放式基金的数量首次超过封闭基金的数量，2004 年开放式基金的资产规模首次超过封闭式基金的资产规模后，开放式基金取代封闭式基金成为市场发展的主流。截至 2014 年 11 月底，开放式基金共有 1 722 只，份额达到 39 363.92 亿份，远超过封闭式基金（133 只，1 312.01 亿份）。

（三）基金公司业务开始走向多元化，出现了一批规模较大的基金管理公司

目前，我国的基金管理公司除了募集、管理公募基金外，已被允许开展社保基金管理、企业年金管理、QDII 基金管理，以及特定客户资产管理等其他委托理财业务，基金管理公司的业务正在日益走向多元化。随着市场的发展，市场上也涌现出一批管理资产规模较大的基金管理公司。截至 2013 年年末，已有 9 家基金管理公司的基金管理资产超过了 1 000 亿元。

（四）基金行业对外开放程度不断提高

基金行业的对外开放主要体现在两个方面。一是合资基金管理公司数量不断增加。我国第一家中外合资基金公司诞生于 2002 年年末。截至 2014 年 11 月末，我国境内共有基金管理公司 95 家，其中合资公司 46 家，占比 48%。合资基金公司带来的国际投资理念、风险控制技术和营销体系等，推动了国内基金业的发展和成熟。二是合格境内机构投资者（QDII）的推出，使我国基金行业开始进入国际投资市场。自 2007 年我国首批推出 4 只 QDII 基金后，截至 2011 年年末 QDII 基金数量已达到 51 只。

（五）基金业市场营销和服务创新日益活跃

基金业市场化程度的提高直接推动了基金管理人营销和服务意识的增强。如在申购费用模式上，客户可以选择前端收费模式或后端收费模式；在交易方式上，可以采用电话委托、ATM、网上委托等。定期定额投资计划、红利再投资这些在成熟市场较为普遍的服务项目，也越来越多地被我国基金管理公司所采用。

2013 年 6 月 1 日，修订后的《基金法》正式实施，新《基金法》将私募基金纳入监管，放松对基金公司的管制、基金从业人员投资证券资格被放开、基金持有人权利提升，多项新政拓宽了基金业生存空间，并有利于催生基金业的创新活力，促进基金业做大做强。

截至 2014 年 11 月底，我国境内共有基金管理公司 95 家，取得公募基金管理资格的证券公司 6 家；管理资产合计 60 912.67 亿元，其中管理的公募基金规模 42 386.35 亿元，非公开募集资产规模 18 526.33 亿元。

我国基金业发展状况如表 1-6 所示。

表 1-6　我国基金业发展状况统计表

类别	基金数量/只 (2014/11/30)	份额/亿份 (2014/11/30)	净值/亿元 (2014/11/30)	份额/亿份 (2014/10/31)	净值/亿元 (2014/10/31)
公募基金	1 855	40 675.94	42 386.35	41 027.24	41 688.17
封闭式基金	133	1 312.01	1 434.57	1 345.53	1 449.27
开放式基金	1 722	39 363.92	40 951.78	39 681.70	40 238.91
其中：股票型	689	10 099.95	11 129.43	10 240.52	10 641.31
其中：混合型	380	5 513.71	5 834.76	5 556.48	5 635.68
其中：债券型	400	3 479.45	3 825.85	3 038.99	3 286.84
其中：货币型	165	19 623.22	19 642.20	20 188.08	20 200.95
其中：QDII	88	647.59	519.54	657.62	474.14
非公开募集资产	—	—	18 526.33	—	18 908.73
合计	1 855	40 675.94	60 912.67	41 027.24	60 596.90

◇ 资料卡

中国基金发展大事记

1997 年 11 月 14 日，经国务院批准，国务院证券委员会发布《证券投资基金管理暂行办法》，奠定了我国证券投资基金业发展的基础。

1997 年 12 月 13 日，中国证监会发布《基金管理公司章程必备条款指引（试行）摘要》《证券投资基金招募说明书的内容与格式（试行）摘要》《证券投资基金契约的内容与格式（试行）摘要》和《证券投资基金托管协议的内容与格式（试行）摘要》。

1998 年 2 月 24 日，经中国人民银行、中国证监会核准，中国工商银行成为我国第一家获得证券投资基金托管资格的银行。

1998 年 3 月 5 日，经中国证监会批准，我国首批基金管理公司"南方基金管理有限公司"和"国泰基金管理有限公司"正式成立。

1998 年 3 月 23 日，我国首批封闭式基金"基金金泰"、"基金开元"成功发行，揭开了我国证券投资基金发展的序幕，其基金管理人分别为"国泰基金管理有限公司"和"南方基金管理有限公司"，基金托管人均为中国工商银行。

1998 年 8 月 19 日，为确保证券投资基金试点工作顺利进行，保护投资者利益，促进证券市场健康稳定发展，证监会发布《关于证券投资基金配售新股有关问题的通知》。

1998 年 9 月 23 日，为进一步规范证券投资基金运作，维护基金投资人的合法权益，保证基金试点工作的顺利进行，中国证监会发布《关于加强证券投资基金监管有关问题的通知》。

1998 年 10 月 12 日，证券投资基金开始每周公布一次资产净值。

1998 年 12 月 25 日，经中国证监会批准，普惠证券投资基金刊登《招募说明书》与《发行公告》，标志着我国第二批证券投资基金试点正式启动。

1999 年 3 月 12 日，为加强证券投资基金信息披露的管理，保障基金持有人合法权益和社会公共利益，中国证监会发布《证券投资基金管理暂行办法》实施准则第五号——《证券投资基金信息披露指引》。

1999年3月30日，由全国人大财经委员会牵头的《投资基金法》起草小组在北京成立。

1999年4月15日，经中国证监会批准，富国基金管理有限公司正式成立，至此我国证券投资基金管理公司数量已达到10家。

1999年6月7日，经中国证监会批准，华安基金管理有限公司、博时基金管理有限公司将首次各自发行规模为30亿元的安顺证券投资基金和裕隆证券投资基金，开创了同一基金管理人管理两只基金的先河。同时在各自的基金招募说明书中，也都明确规定了经过一定的程序，封闭式基金可转为开放式基金。

1999年7月8日，经中国证监会批准，中国首批准指数化投资基金"兴和证券投资基金"和"普丰证券投资基金"各30亿元分别在上海证券交易所和深圳证券交易所上网发行。

1999年8月27日，中国证监会转发中国人民银行《基金管理公司进入银行间同业市场管理规定》。

1999年9月27日，经中国证监会批准，国泰、长盛、大成、富国基金管理有限公司将各自增发30亿元规模的新基金。

2000年6月18日，中国证监会举办首届基金从业资格考试。

2001年4月24日，财政部、国家税务总局联合发出通知，规定对投资者购买中国证监会批准设立的封闭式证券投资基金免收印花税及对基金管理人免收营业税。

2001年6月15日，中国证监会发布《关于申请设立基金管理公司若干问题的通知》，引入了"好人举手"制度。从此，发起设立基金管理公司申请人的范围扩大。

2001年8月28日，中国证券业协会基金公会成立。

2001年9月11日，我国首只开放式基金——华安创新成功发行，首发规模约为50亿份基金单位。10年前，大部分居民不知基金为何物。10年后的今天，基金账户数已突破3 500万大关，其中个人投资者占比高达99.88%。

2001年10月，《开放式证券投资基金试点办法》颁布，使得证券投资基金管理的基本框架进一步得到了完善。

2001年12月22日，中国证监会公布《境外机构参股、参与发起设立基金管理公司暂行规定》（征求意见稿），中外合作基金管理公司进入实质性的启动阶段。

2002年6月1日，《外资参股基金管理公司设立规则》出台：据普华永道统计，截至2011年一季度，36家合资基金公司资产管理规模为1.067万亿元。10年间，许多海外职业经理人空降到合资基金公司，带来成熟基金公司的管理经验。

2002年8月23日，《证券投资基金法草案》首次提交全国人大常委会审议。

2002年10月16日，国安基金管理公司成为首家获准筹建中外合资基金的公司。

2002年11月8日，第一只开放式指数型基金——华安上证180指数增强型基金成立。

2002年11月27日，中国证券登记结算公司发布《开放式基金结算备付金管理暂行办法》《开放式基金结算保证金管理暂行办法》。

2002年12月3日，中国证监会发布《证券投资基金管理公司内部控制指导意见》。

2002 年 12 月 9 日，中国证券业协会证券投资基金业委员会在深圳成立。

2002 年 12 月 19 日，南方、博时、华夏、鹏华、长盛、嘉实等六家基金公司，被全国社保基金理事会首批选定为社保基金管理资格的基金公司。

2003 年 3 月 3 日，因清理最后一只老基金而设立的基金管理公司——巨田基金管理有限公司获准开业。

2003 年 4 月 28 日，第一只中外合资基金管理公司管理的基金、第一只伞型基金——招商安泰系列基金成立。

2003 年 6 月 23 日，全国人大法律委员会向十届人大常委会第三次会议提交证券投资基金法草案的二审稿。

2003 年 6 月 27 日，第一只开放式保本型基金南方避险增值成立。

2003 年 9 月 22 日，《人民日报》发表中国证监会主席尚福林署名文章：《大力发展证券投资基金 培育证券市场中坚力量》。

2003 年 10 月 23 日，全国人大法律委员会向十届人大常委会第五次会议提交证券投资基金法草案的三审稿。

2003 年 10 月 28 日，十届全国人大五次会议通过《中华人民共和国证券投资基金法》，并于 2004 年 6 月正式施行。

2003 年 12 月 30 日，中国首只货币市场基金——华安现金富利投资基金成立。

2004 年 3 月 12 日，海富通收益增长与中信经典配置基金的首发规模双双超过 100 亿份。我国证券投资基金的规模首超 2 000 亿份。

2004 年 6 月 1 日，《证券投资基金法》正式实施：该法确立了基金业的法律地位，构建了基金业发展的制度框架，为基金业的发展奠定了法律基础；制定了基金市场的基本制度，完善了市场主体的准入和约束机制，加强了对投资者的法律保护，完善了监管机构的执法机制和手段。

2004 年 11 月 11 日，我国第 100 只开放式基金发行：第 100 只开放式基金的出现，与我国第 1 只开放式基金的诞生相差三年。2001—2003 年三年发行的开放式基金数量分别为 3 只、14 只和 39 只；到 2004 年，渐热的市场令开放式基金的发行开始出现遍地开花的景象。

2004 年 12 月 20 日，中国第一只上市开放式基金（LOF）——南方积极配置在深圳证券交易所上市交易。

2005 年 2 月 23 日，第一只交易型开放式指数基金（ETF）上证 50ETF 在上海证券交易所上市交易。

2006 年 6 月 15 日，第 200 只开放式基金——华宝兴业收益增长成立。在股票市场持续火爆的背景下，开放式基金受到市场追逐，股票型、混合型基金成为主流。

2006 年 7 月 14 日，华夏兴业基金封转开方案通过，成为国内首例封转开案例。

2006 年 8 月，证监会向基金公司、基金托管银行发出《关于基金管理公司提取风险准备金有关问题的通知》，要求基金公司每月从基金管理费收入中计提风险准备金。

2006 年 8 月 17 日，富国天益基金成功拆分，拆分比例为 1：1.6，成为国内第一只拆分的开放式基金。

2006 年 12 月 7 日，嘉实策略增长混合型基金单日发行 419.17 亿份，刷新了国内首募规模最大的基金纪录。

2006 年 11 月，国内第一只 QDII 基金——华安国际配置混合基金发行。

2007 年 9 月 19 日，国内首只股票型 QDII 基金——南方全球精选配置基金成立。尽管首批出海的股票型 QDII 基金遇到金融海啸，但海外投资的趋势难以阻挡，2009 年第二批、第三批 QDII 基金以细分区域、细分行业为特点再次出海。

2007 年 10 月 15 日，上投摩根亚太优势（QDII）发行首日认购资金达到 1 162.61 亿元，创下国内基金单日认购规模新纪录。

2007 年年底，开放式基金规模突破 3 万亿元：2007 年借助牛市爆发，基金规模从 5 000 亿份跃升至 3 万亿份，"一夜售罄"、"按比例配售"成为司空见惯的景象。但自 2010 年以来，基民日趋理性，基金规模一直处于停滞阶段。

2008 年 9 月 12 日，中国证监会发布《关于进一步规范证券投资基金估值业务的指导意见》，对开放式基金持有的长期停牌股票，潜在影响超过基金资产净值 0.25% 的，必须进行估值调整。

2009 年 8 月 28 日，国内首只 ETF 联接基金——华安上证 180ETF 联接基金开始发行。

2009 年 9 月 30 日，嘉实沪深 300 指数基金总份额达到了 445.31 亿份，创下了国内单只基金管理份额新纪录。

2009 年 10 月 14 日，国内首只可配对转换的分级基金——国投瑞银瑞和沪深 300 指数分级基金成立，首募 32.15 亿份。此后，分级基金的结构越来越多样化，带杠杆的产品不再稀缺，二级市场的交投日渐活跃。

2010 年，发行通道大扩张：基金申报发行实施多通道制，基金数量大量提高，后来又增设一个指数通道，开放式基金的发行量出现井喷。

2010 年 10 月 26 日，证监会发布《关于保本基金的指导意见》，降低担保人的门槛。

2010 年 11 月 1 日，证监会发布《证券投资基金销售管理办法（修订稿）》。

2011 年 6 月 9 日，证监会发布 72 号令，公布修订后的《证券投资基金销售管理办法》，于自 2011 年 10 月 1 日起施行。

2011 年 8 月 5 日，《基金管理公司特定客户资产管理业务试点办法》公布，自 2011 年 10 月 1 日起施行。

2011 年 9 月 2 日，开放式基金数量突破 800 只：通道制度的改革令开放式基金发行出现井喷，基金公司的产品线日趋丰富。大型基金公司大多形成了货币、债券、混合、股票型基金全面的产品系列，并有不同的主题投资方向，方便投资者根据风险偏好进行选择及转换。

2012 年 2 月 22 日，中国证监会正式批准众禄投顾、好买、诺亚、东方财富网 4 家机构成为首批独立基金销售机构。独立基金销售机构即专业基金销售公司，是指以基金代销为主要业务的独立的金融销售机构。根据证券业协会的统计，2010 年开放式基金销售总额中，银行渠道占比 60%，券商渠道占比 9%，直销渠道占比 31%，第三方销售基本处于空白。

2012 年 6 月 6 日，中国证券投资基金业协会在北京举行了主席团会议和会员大会。经选举，协会筹备组组长孙杰当选为协会会长，华夏基金副董事长范勇宏当选为协会兼职副会长，南方基金总经理高良玉当选为监事长。

2012 年 12 月 28 日，全国人大常委会通过修订后的《证券投资基金法》，针对市场和行业的新变化对基金业进行全面规范，并首次把私募基金纳入监管范围。

2013 年 2 月，中国证监会公布了《资产管理机构开展公募证券投资基金管理业务暂行规定》，规定自 2013 年 6 月 1 日起，符合规定的券商、保险、私募证券基金，甚至一些私募股权机构和创投都将获得发行公募基金的资格，进一步放松了其他金融机构开展公募业务的资格条件。

2013 年 5 月，数米网推出数米现金宝。作为一款现金管理产品，用户可通过将闲置资金充值现金宝的方式选择购买对应的 7 只货币基金，从而获得远高于银行定存的利息收入，类余额宝产品开创互联网金融新时代。

2013 年 6 月 1 日，新基金法正式实施，基金业踏上新征途。

2014 年 1 月 17 日，中国证券投资基金业协会（以下简称基金业协会）发布了《私募投资基金管理人登记和基金备案办法（试行）》，该办法于 2014 年 2 月 7 日起施行。

◇ 同步测试

判断题（判断以下各小题的对错，正确的填 A，错误的填 B）

1. 2013 年 6 月 1 日，修订后的《基金法》正式实施，新《基金法》将私募基金纳入监管，并放松对基金公司的管制 （　　）。

2. 2003 年 12 月，我国推出的第一只货币型基金——博时现金富利基金 （　　）。

▶ **实训安排**

1. 分组讨论投资者风险承受力大小的影响因素。

2. 根据以下问卷测试自己投资基金的风险承受力。

风险测试问卷能够对投资者风险承受能力、投资理念、投资偏好等进行专业的自我认知测试，是投资基金之前重要的准备工作。请认真回答以下问题。

（1）目前所处的年龄段？

A. 大于 60 岁 　　　　B. 40 岁至 60 岁之间 　　　C. 40 岁以下

（2）家庭资产状况：

A. 50 万以下 　　　　B. 50 万～100 万 　　　C. 100 万以上

（3）客户家庭年收入状况：

A. 10 万以下 　　　　B. 10 万～30 万 　　　C. 30 万以上

（4）根据您目前的家庭状况及未来发展，以下答案中哪个更加符合您家庭未来 5 年的支出情况？

A. 预计支出将大幅增加，增速超过收入增速

B. 预计支出将增加，但增速低于收入增速

C. 预计支出将减少或维持现状

（5）以下哪个选项符合您的投资目的？

A. 只想确保资产的安全性，同时希望能够得到固定的收益

B. 希望能够使资产稳步增长，同时获取适度波动的年回报

C. 期望短期（1 年以内）获取高额收益

（6）您以往的投资以什么产品为主？

A. 存款，国债

B. 存款，债券，偏债型基金，偏债型券商集合理财计划等

C. 存款，债券，股票，期货，偏股型基金，偏股型券商集合计划，信托计划等

（7）您对投资产品风险的适应程度：

A. 只想确保投资产品的安全性，只能承受资产价格的短期小幅波动

B. 希望能够使投资产品价值稳步增长，能够承受资产价格的适度波动

C. 期望短期高额收益，愿意接受短期资产价格的大幅波动

（8）以下哪项描述最符合您对本项投资在未来 3 年内的表现的态度：

A. 我需要至少获得一定的收益

B. 我几乎不能承受任何亏损

C. 我能够承受一定程度的亏损

（9）根据您以往投资的经验，当有相当的资金被投入到高风险的股票或其他不确定的收益项目中时，下面哪项表述最贴近您当时的心态？

A. 非常焦虑　　　　　B. 有一点焦虑　　　　　C. 完全放心

（10）您自己具备的投资知识可以形容为：

A. 几乎都不懂，一窍不通

B. 懂得一部分，有一定心得

C. 懂得很多，涉猎广博

评分标准：选 A 项得 2 分，选 B 项得 6 分，选 C 项得 10 分。

得分评判：

20～35 分，保守型投资者：保护本金不受损失和保持资产的流动性是首要目标。对投资的态度是希望投资收益极度稳定，不愿用高风险来换取收益，通常不太在意资金是否有较大增值。

36～55 分，中庸保守型投资者：稳定是重要考虑因素，希望投资在保证本金安全的基础上能有一些增值收入。希望投资有一定的收益，但常常因回避风险而最终不会采取任何行动。

56～70 分，中庸型投资者：渴望有较高的投资收益，但又不愿承受较大的风险；可以承受一定的投资波动，但是希望自己的投资风险小于市场的整体风险，因此希望投资收益长期、稳步地增长。

71～85 分，中庸进取型投资者：专注于投资的长期增值。常常会为提高投资收益而采取一些行动，并愿意为此承受较大的风险。

86～100 分，进取型投资者：高度追求资金的增值，愿意接受可能出现的大幅波动，以换取资金高成长的可能性。为了最大限度地获得资金增值，常常将大部分资金投入风险较高的品种。

3. 登录天天基金网（www.1234567.com.cn）查看我国目前有多少家基金公司、有多少只封闭式基金和开放式基金。

◇ 同步测试答案

任务一

单项选择题：A

多项选择题：ABC

判断题：A

任务二

单项选择题：1. B　2. B　3. A　4. C

多项选择题：1. ABCD　2. ABC　3. AC

判断题：1. B　2. B　3. A　4. B

任务三

多项选择题：CD

判断题：1. B　2. B

任务四

单项选择题：1. C　2. C　3. A

多项选择题：1. ABCD　2. AC

判断题：1. B　2. B

任务五

单项选择题：B

多项选择题：ABCD

判断题：A

任务六

判断题：1. A　2. B

基 金 家 族

▷ **知识目标**

1. 证券投资基金分类的依据和标准；
2. 公募基金与私募基金的不同点；
3. 开放式基金的分类以及各类基金的特点：股票型、债券型、混合型、货币市场基金、ETF、LOF、QDII；
4. 不同类型基金的收益与风险特征。

▷ **能力目标**

1. 能够在基金类型、特点、收益与风险特征等方面向客户提供业务咨询；
2. 会在客户风险承受力与不同风险等级基金相匹配方面提供咨询，能够将合适的基金推荐给合适的客户。

任务一　明确证券投资基金分类的目的和依据

一、证券投资基金分类的目的

对基金投资者而言，基金数量越来越多，投资者需要在众多的基金中选择适合自己风险收益偏好的基金。科学合理的基金分类将有助于投资者加深对各种基金的认识与风险收益特征的把握，有助于投资者做出正确的投资选择与比较。对基金管理公司而言，基金业绩的比较应该在同一类别中进行才公平合理。对基金研究评价机构而言，基金的分类则是进行基金评级的基础。对监管部门而言，明确基金的类别特征，将有利于针对不同基金的特点实施更有效的分类监管。

科学合理的基金分类至关重要，但在实际工作中对基金进行统一的分类并非易事。基金行业要不断创新才能满足投资者的需要。2004 年 7 月 1 日开始施行的《证券投资基金运作管理办法》中，首次将我国基金的类别分为股票基金、债券基金、混合基金、货币市场基金等基本类型。

二、证券投资基金分类

（一）根据运作方式的不同，可以将基金分为封闭式基金、开放式基金

封闭式基金是指基金份额总额在基金合同期限内固定不变，基金份额可以在依法设立的

证券交易所交易，但基金份额持有人不得申请赎回的一种基金运作方式。开放式基金是指基金份额总额不固定，基金份额可以在基金合同约定的时间和场所进行申购或者赎回的一种基金运作方式。

（二）根据组织形式的不同，可以将基金分为契约型基金、公司型基金

契约型基金是以基金合同为履行依据的，公司型基金是以公司章程为履行依据的。公司型基金有公司的特点，而契约型基金只是按照基金合同履行双方的权利义务。

目前我国的基金全部是契约型基金。

（三）依据投资对象的不同，可以将基金分为股票基金、债券基金、货币市场基金、混合基金

股票基金是指以股票为主要投资对象的基金。根据中国证监会对基金类别的分类标准，60% 以上的基金资产投资于股票的为股票基金。

债券基金主要以债券为投资对象。根据中国证监会对基金类别的分类标准，80% 以上的基金资产投资于债券的为债券基金。

货币市场基金以货币市场工具为投资对象。根据中国证监会对基金类别的分类标准，仅投资于货币市场工具的为货币市场基金。

混合基金同时以股票、债券等为投资对象，以期通过在不同资产类别上投资，实现收益与风险之间的平衡。根据中国证监会对基金类别的分类标准，投资于股票、债券和货币市场工具，但股票投资和债券投资的比例不符合股票基金、债券基金规定的为混合基金。

（四）根据投资目标的不同，可以将基金分为成长型基金、收入型基金和平衡型基金

成长型基金是指以追求资本增值为基本目标，较少考虑当期收入的基金，主要以具有良好增长潜力的股票为投资对象。收入型基金是指以追求稳定的经常性收入为基本目标的基金，该类基金主要以大盘蓝筹股、公司债、政府债券等稳定收益证券为投资对象。平衡型基金则是既注重资本增值又注重当期收入的一类基金。

一般而言，成长型基金的风险大、收益高；收入型基金的风险小、收益也较低；平衡型基金的风险、收益则介于成长型基金与收入型基金之间。

（五）依据投资理念的不同，可以将基金分为主动型基金与被动（指数）型基金

主动型基金是一类力图取得超越基准组合表现的基金。与主动型基金不同，被动性基金并不主动寻求取得超越市场的表现，而是试图复制指数的表现。被动型基金一般选取特定的指数作为跟踪的对象，因此通常又被称为指数型基金。

（六）根据募集方式不同，可以将基金分为公募基金和私募基金

公募基金是指可以面向社会大众公开发行销售的一类基金；私募基金则是只能采取非公开方式，面向特定投资者募集发行的基金。

公募基金主要具有如下特征：可以面向社会公众公开发售基金份额和宣传推广，基金募集对象不固定；投资金额要求低，适宜中小投资者参与；必须遵守基金法律和法规的约束，并接受监管部门的严格监管。

与公募基金相比，私募基金不能进行公开的发售和宣传推广；投资金额要求高，投资者的资格和人数常常受到严格的限制。与公募基金必须遵守基金法律和法规的约束并要接受监管部门的严格监管相比，私募基金在运作上具有较大的灵活性，所受到的限制和约束也较少。它既可以投资于衍生金融产品进行买空卖空交易，也可以进行汇率、商品期货投机交易等。私募基金的投资风险较高，主要以具有较强风险承受能力的富裕阶层为目标客户。

◇ 资料卡

国内私募基金发展现状

目前，中国大陆有 3 000 多只私募基金，5 000 多家私募基金公司。在地区分布上，我国的私募资金又主要集中在北京、上海、广东、辽宁和江苏等地，但主体地域却在动态演变。从 2001 年 11 月开始，广东的交易量攀升很快，并已经超过上海、北京，形成"南强北弱"的格局。

1993 年至 1995 年是私募基金的萌芽阶段，这期间证券公司与大客户逐渐形成了不规范的信托关系。

1996 年至 1998 年是私募基金的形成阶段，此期间上市公司将闲置资金委托承销商进行投资，众多的咨询顾问公司成为私募基金操盘手。

1999 年至 2000 年是私募基金盲目发展阶段，由于投资管理公司大热，大量证券业的精英跳槽，凭着熟稔的专业知识、过硬的市场营销，一呼百应。

2001 年以后是逐步规范、调整阶段，其操作策略由保本业务向集中投资策略转变，操作手法由跟庄做股向资金推动和价值发现相结合转变。2004 年，私募基金开始与信托公司合作，推出信托投资计划，标志着私募基金正式开始阳光化运作。2006 年，证监会下发了有关专户理财试点办法征求意见稿，规定基金公司为单一客户办理特定资产管理业务的，每笔业务的资产不得低于 5 000 万元，基金公司最多可从所管理资产净收益中分成 20%。由于专户理财只向特定客户开放，且有进入门槛，不能在媒体上具体推介，事实上就如同基金公司的私募业务。2007 年，《合伙法》颁布，私募基金开始建立合伙企业，标志着私募基金的国际化步伐明显加快。

但中国的私募基金暂时难与国际接轨，主要原因一是政策限制，二是市场限制，三是技术手段限制，四是监管限制。

（七）根据基金的资金来源和用途的不同，可以将基金分为在岸基金和离岸基金

在岸基金，是指在本国募集资金并投资于本国证券市场的证券投资基金。

离岸基金，是指一国的证券基金组织在他国发行证券投资基金份额，并将募集的资金投资于本国或第三国证券市场的证券投资基金。

（八）特殊类型基金

1. 系列基金

系列基金又被称为伞型基金，是指多个基金共用一个基金合同，子基金独立运作，子基金之间可以进行相互转换的一种基金结构形式。系列基金中的各子基金，具有完全独立的法律地位。

2. 基金中的基金（FOF）

基金中的基金是指以其他证券投资基金为投资对象的基金，其投资组合由其他基金

组成。

3. 保本基金

保本基金是指通过采用投资组合保险技术，保证投资者在投资到期时至少能够获得投资本金或一定回报的证券投资基金。保本基金的投资目标是在锁定下跌风险的同时力争有机会获得潜在的高回报。

4. 交易所交易基金（Exchange Traded Funds，ETF）与上市开放式基金（Listed Open-ended Funds，LOF）

ETF 是一种在交易所上市交易的、基金份额可变的基金运作方式。

ETF 结合了封闭式基金与开放式基金的运作特点。投资者既可以像封闭式基金一样在交易所二级市场买卖，又可以像开放式基金一样申购、赎回。不同的是，它的申购是用一揽子股票换取 ETF 份额，赎回时则换回一揽子股票而不是现金。这种交易制度使该类基金存在一二级市场之间的套利机制，可有效防止类似封闭式基金的大幅折价。

LOF 是一种既可以在场外市场进行基金份额申购赎回，又可以在交易所（场内市场）进行基金份额交易和基金份额申购或赎回的开放式基金。它是我国对证券投资基金的一种本土化创新。

LOF 结合了银行等代销机构和交易所交易网络二者的销售优势，为开放式基金销售开辟了新的渠道。LOF 通过场外市场与场内市场获得的基金份额分别被注册登记在场外系统与场内系统，但基金份额可以通过跨系统转托管（即跨系统转登记）实现在场外市场与场内市场的转换。LOF 获准交易后，投资者既可以通过银行等场外销售渠道申购和赎回基金份额，也可以在挂牌的交易所买卖该基金或进行基金份额的申购与赎回。

LOF 所具有的转托管机制与可以在交易所进行申购赎回的制度安排，使 LOF 不会出现封闭式基金的大幅折价交易现象。

LOF 与 ETF 都具备开放式基金场外申购、赎回和场内交易的特点，但两者存在本质区别，主要表现在以下方面。

（1）申购、赎回的标的不同。ETF 与投资者交换的是基金份额与一揽子股票，而 LOF 的申购、赎回是基金份额与现金的对价。

（2）申购、赎回的场所不同。ETF 的申购、赎回通过交易所进行；LOF 的申购、赎回既可以在代销网点进行也可以在交易所进行。

（3）对申购、赎回限制不同。只有大投资者（基金份额通常要求在 50 万份以上）才能参与 ETF 一级市场的申购、赎回交易；而 LOF 在申购、赎回上没有特别要求。

（4）基金投资策略不同。ETF 通常采用完全被动式管理方法，以拟合某一指数为目标；而 LOF 则是普通的开放式基金增加了交易所的交易方式，它可以是指数型基金，也可以是主动管理型基金。

（5）在二级市场的净值报价上，ETF 每 15 秒提供一个基金净值报价；而 LOF 的净值报价频率要比 ETF 低，通常 1 天只提供 1 次或几次基金净值报价。

5. QDII 基金

QDII 是 Qualified Domestic Institutional Investors（合格境内机构投资者）的首字母缩写。QDII 基金是指在一国境内设立，经该国有关部门批准从事境外证券市场投资的基金。它为国内投资者参与国际市场提供了便利。2007 年我国推出了首批 QDII 基金。

6. 分级基金

分级基金是指通过事先约定基金的风险收益分配，将基础份额分为预期风险收益不同的子份额，并可将其中部分或全部份额上市交易的结构化证券投资基金。

◇ **同步测试**

单项选择题（以下各小题所给出的 4 个选项中，只有 1 项最符合题要求，请选出正确的选项）

1. 根据投资目标划分的证券投资基金不包括（   ）。

A. 成长型基金　　　　　　　　　　B. 收入型基金

C. 期权基金　　　　　　　　　　　D. 平衡型基金

2. 现代美国各金融产业中资产规模最大的是（   ）。

A. 股票　　　　B. 企业债券　　　　C. 封闭式基金　　　　D. 开放式基金

3. 下列不是特殊基金类型的是（   ）。

A. 系列基金　　　　　　　　　　　B. 保本基金

C. 交易型开放式指数基金　　　　　D. 离岸基金

多项选择题（以下各小题所给出的 4 个选项中，有 2 个或 2 个以上符合题目要求，请选出正确的选项）

1. 依据投资理念不同，可把基金分为（   ）基金。

A. 主动型　　　　B. 收入型　　　　C. 成长型　　　　D. 被动型

2. 根据投资目标的不同，可以将基金分为（   ）基金。

A. 成长型　　　　B. 收入型　　　　C. 平衡型　　　　D. 公司型

3. 私募基金的特点是（   ）。

A. 非公开性　　　　　　　　　　　B. 投资者人数受到限制

C. 投资额起点较高　　　　　　　　D. 仅向特定对象募集

判断题（判断以下各小题的对错，正确的填 A，错误的填 B）

1. 封闭式基金收益分配后基金份额净值可以低于面值。　　　　　　（　　）

2. LOF 每 15 秒提供一个基金净值报价。　　　　　　　　　　　　（　　）

3. 依据投资对象不同，可以把基金分为成长型、收入型及平衡型基金。（　　）

任务二　能够向客户提供股票基金的咨询服务

一、股票基金在投资组合中的作用

股票基金以追求长期的资本增值为目标，比较适合长期投资。与其他类型的基金相比，股票基金的风险较高，但预期收益也较高。风险与预期收益成正比。与房地产一样，股票基金是应对通货膨胀的有效手段之一。

二、股票基金与股票的不同

（1）股票价格在每一交易日内始终处于变动之中；股票基金净值的计算每天只进行 1

次，因此每一交易日股票基金只有 1 个价格。

（2）股票价格会由于投资者买卖股票数量的大小和强弱的对比而受到影响；股票基金份额净值不会由于买卖数量或申购、赎回数量的多少而受到影响。

（3）人们在投资股票时，一般会根据上市公司的基本面，如财务状况、产品的市场竞争力、盈利预期等方面的信息对股票价格高低的合理性作出判断，但却不能对基金净值进行合理与否的评判。换言之，对基金份额净值高低进行"合理与否"的判断是没有意义的，因为基金份额的净值是由其持有证券的价值复合而成的。

（4）单一股票的投资风险较为集中，投资风险较大；股票基金由于进行分散投资，投资风险低于单一股票的投资风险。

三、细化股票基金的分类

（一）按投资市场分类

以投资市场分类，股票基金可分为国内股票基金、国外股票基金与全球股票基金三大类。国内股票基金以本国股票市场为投资场所，投资风险主要受国内市场的影响。国外股票基金以其他国家的股票市场为投资场所，由于币种不同，存在一定的汇率风险。全球股票基金以包括国内股票市场在内的全球股票市场为投资对象，进行全球化分散投资，可以有效克服单一国家或区域投资风险，但由于投资跨度大，费用相对较高。

国外股票基金包括一种区域型股票基金，不仅指地理区域（中东），还包括金砖四国等经济意义上的区域。

（二）按股票规模分类

按股票市值的大小将股票分为小盘股票、中盘股票与大盘股票是一种最基本的股票分析方法。

对股票规模的划分主要有两种方法：一种方法是依据市值的绝对值进行划分，通常将市值小于 5 亿元人民币的公司归为小盘股，将超过 20 亿元人民币的公司归为大盘股；另一种方法是依据相对规模进行划分，将一个市场的全部上市公司按市值大小排名。市值较小、累计市值占市场总市值 20% 以下的公司归为小盘股；市值排名靠前，累计市值占市场总市值 50% 以上的公司为大盘股。

（三）按股票性质分类

根据性质的不同，通常可以将股票分为价值型股票与成长型股票。价值型股票是指收益稳定、价值被低估、安全性较高的股票，其市盈率（市价/每股盈利）、市净率（市价/每股净资产）通常较低。成长型股票通常是指收益增长速度快、未来发展潜力大的股票，其市盈率、市净率通常较高。平衡型基金的收益、风险则介于价值型股票基金与成长型股票基金之间。

（四）按基金投资风格分类

一只小盘股既可能是一只价值型股票，也可能是一只成长型股票；而一家较大规模的大盘股同样既可能是价值型股票，也可能是成长型股票。为有效分析股票基金的特性，人们常常会根据基金所持有的全部股票市值的平均规模与性质的不同而将股票基金分为不同投资风格的基金，如大盘价值型基金、大盘混合型基金、大盘成长型基金、小盘价值型基金、小盘混合型基金、小盘成长型基金等。需要注意的是，很多基金在投资风格上并非始终如一，而是会根据市场环境对投资风格进行不断的调整，以期获得更好的投资回报。这一现象就是所谓的风格变化现象。

（五）按行业分类

同一行业内的股票往往表现出类似的特性与价格走势。以某一特定行业或板块为投资对象的基金就是行业股票基金，如基础行业基金、资源类股票基金、房地产基金、金融服务基金、科技股基金等。不同行业在不同经济周期中的表现不同，为追求较好的回报，还有一种行业轮换型基金。行业轮换型基金集中于行业投资，投资风险相对较高。

细化分类可以概括为表 2-1。

表 2-1　股票基金的分类

细分依据	细分类型	特　征
投资市场	国内股票基金	投资风险主要受国内市场的影响
	国外股票基金	有投资国市场风险和汇率风险
	全球股票基金	有分散风险的作用，但投资跨度大，费用相对较高
所投资股票的规模	小盘股票基金	股票市值小于 5 亿元
	中盘股票基金	股票市值大于 5 亿元小于 20 亿元
	大盘股票基金	股票市值大于 20 亿元
所投资股票的性质	价值型股票基金	收益稳定、价值被低估、安全性较高的股票，其市盈率、市净率通常较低
	成长型股票基金	收益增长速度快、未来发展潜力大的股票，其市盈率、市净率通常较高
	平衡型股票基金	同时投资于价值型股票和成长型股票
投资风格	小盘价值型股票基金	投资于小盘且价值型股票的基金
	小盘成长型股票基金	投资于小盘且成长型股票的基金
	小盘平衡型股票基金	投资于小盘股票且兼顾价值型与成长型股票组合的平衡的基金
	中盘价值型股票基金	投资于中盘且价值型股票的基金
	中盘成长型股票基金	投资于中盘且成长型股票的基金
	中盘平衡型股票基金	投资于中盘股票且兼顾价值型与成长型股票组合的平衡的基金
	大盘价值型股票基金	投资于大盘且价值型股票的基金
	大盘成长型股票基金	投资于大盘且成长型股票的基金
	大盘平衡型股票基金	投资于大盘股票且兼顾价值型与成长型股票组合的平衡的基金
行业	行业股票基金	以某一特定行业或板块为投资对象的基金
	行业轮换型基金	投资于行业，但根据不同行业的经济周期，变换投资的行业领域

四、股票基金的投资风险

股票基金面临的风险主要包括：系统性风险、非系统性风险及管理运作风险。

系统性风险即市场风险，是指由整体政治、经济、社会等环境因素对证券价格所造成的影响。系统性风险包括政策风险、经济周期性波动风险、利率风险、购买力风险、汇率风险等。

非系统性风险是指个别证券特有的风险，包括企业的信用风险、经营风险、财务风险等。

系统风险不能通过分散投资加以消除，因此又被称为不可分散风险。非系统性风险可能通过分散投资加以规避，因此又被称为可分散风险。

管理运作风险是指由于基金经理对基金的主动性操作行为而导致的风险，如基金经理不适当地对某一行业或个股的集中投资给基金带来的风险。

不同类型的股票基金所面临的风险会有所不同。如单一行业投资基金会存在行业投资风险，而以整个市场为投资对象的基金则不会存在行业风险；单一国家型股票基金将会面临较高的单一国家投资风险，而全球股票基金则会较好地回避此类风险。

五、股票基金的分析方法

对股票基金的分析也有一些常用的分析指标。主要有：反映基金经营业绩的指标、反映基金风险大小的指标、反映基金组合特点的指标、反映基金操作成本的指标、反映基金操作策略的指标等。

（一）反映基金经营业绩的指标

反映基金经营业绩的主要指标包括基金分红、已实现收益、净值增长率等。其中，净值增长率是最主要的分析指标，最能全面反映基金的经营成果。最简单的净值增长率指标可用下式计算：

$$净值增长率 = \frac{期末份额净值 - 期初份额净值 + 期间分红}{期初份额净值} \times 100\%$$

净值增长率对基金的分红、已实现收益、未实现收益都加以考虑，因此是最有效地反映基金经营成果的指标。

如果单纯考察一只基金本身的净值增长率说明不了什么问题，通常还应该将该基金的净值增长率与比较基准、同类基金的净值增长率相比较才能对基金的投资效果进行全面的评价。

（二）反映基金风险大小的指标

常用来反映股票基金风险大小的指标有标准差、贝塔值、持股集中度、行业投资集中度、持股数量等。

净值增长率波动程度越大，基金的风险就越高。基金净值增长率的波动程度可以用标准差来计量，该指标通常按月计算。标准差将偏离均值的情况视为风险。

图2-1为股票基金与债券基金标准差对比图。

股票基金以股票市场为活动母体，其净值变动不能不受到证券市场系统风险的影响。通

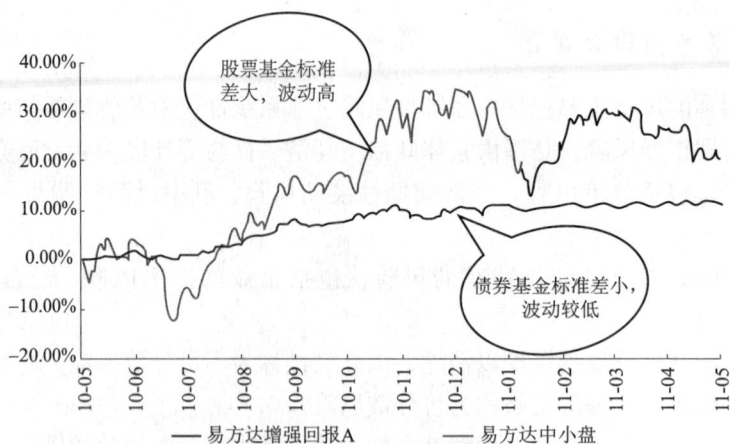

图 2-1　股票基金与债券基金标准差对比图

常可以用贝塔值（β）的大小衡量一只基金面临的市场风险的大小。

$$\beta = \frac{基金净值增长率}{股票指数增长率}$$

如果股票指数上涨或下跌 1%，某基金的净值增长率上涨或下跌 1%，那么该基金的贝塔值为 1，说明该基金净值的变化与指数的变化幅度相当。如果某基金的贝塔值大于 1，说明该基金是一只活跃或激进型基金。如果某基金的贝塔值小于 1，说明该基金是一只稳定或防御型的基金。

$$持股集中度 = \frac{前十大重仓股投资市值}{基金股票投资总市值} \times 100\%$$

持股集中度越高，说明基金在前十大重仓股的投资越多，基金的风险越高。持股数量越多，基金的投资风险越分散，风险越低。但是，如果持股过于分散，也不利于基金业绩的提高。

测一测：观察表 2-2，从持股集中度来判断 A、B 两基金哪一只风险大？

表 2-2　A、B 两基金前十大重仓股集中度比较

序号	A 基金前十大重仓股	比例/%	B 基金前十大重仓股	比例/%
1	伊利股份	4.25	蓝色光标	5.25
2	长城汽车	2.54	伊利股份	4.98
3	烟台万润	1.74	大华股份	4.74
4	广联达	1.59	歌尔声学	4.14
5	天士力	1.57	百视通	4.13
6	青岛海尔	1.57	德赛电池	3.70
7	隆平高科	1.55	汤臣倍健	3.43
8	许继电气	1.35	青岛海尔	2.92
9	大北农	1.33	金卡股份	2.78
10	海康威视	1.30	欧菲光	2.76
合　计		17.24	合　计	38.83

注：持仓截止日期：2013-12-31

（三） 反映股票基金组合特点的指标

依据股票基金所持有的全部股票的平均市值、平均市盈率、平均市净率等指标可以对股票基金的投资风格进行分析。

基金持股平均市值的计算有不同的方法，既可以用算术平均法，也可以用加权平均法或其他较为复杂的方法。算术平均市值等于基金所持有全部股票的总市值除以其所持有的股票的全部数量。加权平均市值则根据基金所持股票的比例进行股票市值的加权平均。通过对平均市值的分析可以看出基金是偏好大盘股投资、中盘股投资还是小盘股投资。

同理，可以利用基金所持有的全部股票的平均市盈率、平均市净率的大小，判断股票基金是倾向于价值型股票还是成长型股票。如果基金的平均市盈率、平均市净率小于市场指数的市盈率，可以认为该股票基金属于价值型基金；反之，该股票型基金则可以被归为成长型基金。

（四） 反映基金操作成本的指标

费用率是评价基金运作效率和运作成本的一个重要统计指标。费用率等于基金运作费用与基金平均净资产的比率，公式如下：

$$费用率 = \frac{基金运作费用}{基金平均净资产} \times 100\%$$

费用率越低，说明基金的运作成本越低，运作效率越高。

基金运作费用主要包括基金管理费、托管费、基于基金资产计提的营销服务费等项目，但不包括前端或后端申购费、赎回费，也不包括投资利息费用、交易佣金等费用。相对于其他类型的基金，股票基金的费用率较高；相对于大型基金，小型基金的费用率通常较高；相对于国内股票基金，国外股票基金的费用率较高。

（五） 反映基金操作策略的指标

基金股票周转率通过对基金买卖股票频率的衡量，可以反映基金的操作策略。基金股票周转率可以用基金股票交易量的一半与基金平均净资产之比来衡量。用基金股票交易量的一半作分子的原因在于"一买一卖"才构成一次完整的周转。周转率的倒数为基金持股的平均时间。

如果一个股票基金的年周转率为100%，意味着该基金持有股票的平均时间为1年。低周转率的基金倾向于对股票的长期持有；高周转率的基金则倾向于对股票的频繁买入与卖出。

◇ **同步测试**

单项选择题（以下各小题所给出的 **4** 个选项中，只有 **1** 项最符合题要求，请选出正确的选项）

1. 小盘股是指股票市值在（　　　）亿元人民币以下的公司的股票。

A. 20　　　　　　　　B. 10　　　　　　　　C. 5　　　　　　　　D. 3

2. 以下不能反映基金风险的指标的是（　　　）。

A. 标准差　　　　　B. 贝塔值　　　　　C. 净值增长率　　　　D. 持股集中度

判断题（判断以下各小题的对错，正确的填 **A**，错误的填 **B**）

按股票投资风格分类，可把股票分为价值型与成长型两类。　　　　　　　　　　　（　　　）

任务三　能够向客户提供债券基金的咨询服务

一、债券基金在投资组合中的作用

债券基金主要以债券为投资对象，因此对追求稳定收入的投资者具有较强的吸引力。按证监会的规定，百分之八十以上的基金资产投资于债券的，为债券基金。债券基金是收益、风险适中的投资工具。

二、债券基金与债券的不同

（1）债券基金的收益不如债券的利息固定。投资者购买固定利率性质的债券，在购买后会定期得到固定的利息收入，并可在债券到期时收回本金。债券基金作为不同债券的组合，尽管也会定期将收益分配给投资者，但债券基金分配的收益有升有降，不如债券的利息固定。

（2）债券基金没有确定的到期日。与一般债券会有一个确定的到期日不同，债券基金由一组具有不同到期日的债券组成，因此并没有一个确定的到期日。

（3）债券基金的收益率比买入并持有到期的单个债券的收益率更难以预测。单一债券的收益率可以根据购买价格、现金流以及到期回收的本金计算债券的投资收益率，但债券基金由一组不同的债券组成，收益率较难计算与预测。

（4）投资风险不同。单一债券随着到期日的临近，所承担的利率风险会下降。债券基金没有固定到期日，所承担的利率风险将取决于所持有的债券的平均到期日。债券基金的平均到期日常常会相对固定，债券基金所承受的利率风险通常也会保持在一定的水平。单一债券的信用风险比较集中，而债券基金通过分散投资则可以有效避免单一债券可能面临的较高的信用风险。

三、债券基金的类型

债券有不同的类型，债券基金也会有不同的类型。通常可以依据债券发行者（政府、企业等）的不同、债券到期日的长短以及债券质量的高低对债券进行分类。根据发行者的不同，可以将债券分为政府债券、企业债券、金融债券等。根据债券到期日的不同，可以将债券分为短期债券、长期债券等。根据债券信用等级的不同，可以将债券分为低等级债券、高等级债券等。与此相适应，也就产生了以某一类债券为投资对象的债券基金。

与股票基金类似，债券基金也被分成不同的投资风格。债券基金投资风格主要依据基金所持债券的久期与债券的信用等级来划分，具体见表 2-3。

表 2-3　债券基金风格类型

高等级	短期高信用债券基金	中期高信用债券基金	长期高信用债券基金
中等级	短期中信用债券基金	中期中信用债券基金	长期中信用债券基金
低等级	短期低信用债券基金	中期低信用债券基金	长期低信用债券基金
	短期	中期	长期

四、债券基金的投资风险

债券基金的投资风险主要有：利率风险、信用风险、提前赎回风险、通货膨胀风险。

（一）利率风险

债券的价格与市场利率变动密切相关，债券价格与利率呈反方向变动。通常，债券的到期日越长，债券价格受市场利率的影响就越大。债券基金的平均到期日越长，债券基金的利率风险越高。

当市场利率上升时，大部分债券的价格会下降；当市场利率降低时，债券的价格通常会上升。

（二）信用风险

信用风险是指债券发行人没有能力按时支付利息与到期归还本金的风险。三大评级机构为标准普尔、穆迪、惠誉。

（三）提前赎回风险

提前赎回风险是指债券发行人有可能在债券到期日之前回购债券的风险。

（四）通货膨胀风险

通货膨胀会吞噬固定收益所形成的购买力，因此债券基金的投资者不能忽视这种风险，可适当地购买一些股票基金。

五、债券基金的分析

对债券基金的分析主要集中于对债券基金久期与债券信用等级的分析。

久期是指一只债券的加权到期时间。它综合考虑了到期时间、债券现金流以及市场利率对债券价格的影响，可以用以反映利率的微小变动对债券价格的影响，因此是一个较好的债券利率风险衡量指标。久期是测量债券价格相对于利率变动的敏感性的指标。债券基金的久期越长，净值的波动幅度就越大，所承担的利率风险就越高。

债券基金的久期等于基金组合中各个债券的投资比例与对应债券久期的加权平均。公式如下：

$$久期 = \sum A_i X_i$$

其中，A_i 为债券基金组合中各单只债券的剩余期限；

X_i 为债券基金组合中各单只债券的投资比例。

与单个债券的久期一样，债券基金的久期越长，净值的波动幅度越大，所承担的利率风险就越高。久期在计算上比较复杂，但其应用却很简单。要衡量利率变动对债券基金净值的影响，只要用久期乘以利率变化即可。例如，如果某债券基金的久期是5年，那么，当市场利率下降1%时，该债券基金的资产净值约增加5%；而当市场利率上升1%时，该债券基金的资产净值约减少5%。因此，一个厌恶风险的投资者应选择久期较短的债券基金，而一个愿意接受较高风险的投资者则应选择久期较长的债券基金。

举例：一只债券型基金持有的一支债券剩余到期日10个月，占全部债券比重为10%，剩余3个月的占比20%，剩余6个月的占比20%，剩余12个月的占比30%，剩余9个月的占比 20%，求出这只债券基金的久期。

$$久期 = \sum A_i X_i = 10 \times 10\% + 3 \times 20\% + 6 \times 20\% + 12 \times 30\% + 9 \times 20\% = 8.2(月)$$

尽管久期是一个有用的分析工具，但也应注重对债券基金所持有的债券的平均信用等级加以考察。在其他条件相同的情况下，信用等级较高的债券，收益率较低；信用等级较低的债券，收益率较高。在其他条件相同的情况下，信用等级较高的债券，收益率较低；信用等级较低的债券，收益率较高。

◇ **同步测试**

判断题（判断以下各小题的对错，正确的填 A，错误的填 B）

1. 债券基金的久期越长，净值的波动幅度就越大，所承担的利率风险就越高。　（　　）
2. 百分之六十以上的基金资产投资于债券的，为债券基金。　（　　）

任务四　能够向客户提供货币市场基金的咨询服务

一、货币市场基金在投资组合中的作用

与其他类型基金相比，货币市场基金具有风险最低、流动性最好的特点。货币市场基金风险较低、收益率一般要高于银行 1 年期定期存款。因此，货币市场基金是理想的储蓄替代品。

二、货币市场工具

通常是指到期日不足 1 年的短期金融工具。货币市场工具流动性好、安全性高，但其收益率与其他证券相比则非常低。货币市场与股票市场的一个主要区别是：货币市场投资门槛通常很高，在很大程度上限制了一般投资者的进入。货币市场基金的投资门槛极低，为普通投资者进入货币市场提供了重要通道。

三、货币市场基金的投资对象

按《货币市场基金管理暂行办法》的规定，目前我国货币市场基金能够进行投资的金融工具主要包括：① 现金；② 1 年以内（含 1 年）的银行定期存款、大额存单；③ 剩余期限在 397 天以内（含 397 天）的债券；④ 期限在 1 年以内（含 1 年）的债券回购；⑤ 期限在 1 年以内（含 1 年）的中央银行票据等；⑥ 剩余期限在 397 天内（含 397 天）的资产支持证券。

货币市场基金不得投资于以下金融工具：① 股票；② 可转换债券；③ 剩余期限超过397 天的债券；④ 信用等级在 AAA 级以下的企业债券；⑤ 国内信用评级机构评定的 A-1 级或相当于 A-1 级的短期信用级别及该标准以下的短期融资券；⑥ 流通受限的证券。

四、货币市场基金的风险

货币市场基金同样会面临利率风险、购买力风险、信用风险、流动性风险。但由于我国货币市场基金不得投资于剩余期限高于 397 天的债券，投资组合的平均剩余期限不得超过

180 天，实际上货币市场基金的风险是较低的。与银行存款不同，货币市场基金并不保证收益水平。因此，尽管货币市场基金的风险较低，但并不意味着货币市场基金没有投资风险。

五、货币市场基金分析

（一）收益分析

基金收益通常用日每万份基金净收益和最近 7 日年化收益率表示。日每万份基金净收益是把货币基金每天运作的净收益平均摊到每一份额上，然后以 1 万份为标准进行衡量和比较的一个数据。最近 7 日年化收益率是以最近 7 个自然日日平均收益率折算的年收益率。

1. 日每万份基金净收益的计算

$$日每万份基金净收益 = \frac{当日基金净收益}{当日基金份额总额} \times 10\ 000$$

2. 7 日年化收益率的计算

货币市场基金在计算和披露最近 7 日年化收益率时，会由于收益分配频率的不同而有所不同。

$$按日结转份额的 7 日年化收益率 = \left\{ \left[\prod_{i=1}^{7} \left(1 + \frac{R_i}{10\ 000} \right) \right]^{\frac{365}{7}} - 1 \right\} \times 100\%$$

$$按月结转份额的 7 日年化收益率 = \frac{\sum_{i=1}^{7} R_i}{7} \times \frac{365}{10\ 000} \times 100\%$$

其中，R_i 为最近第 i 个自然日（包括计算当日）的每万份基金净收益。

在运用日每万份基金净收益指标和 7 日年化收益率指标对货币市场基金收益进行分析时，应特别注意指标之间的可比性问题。实际上，不同的份额结转方式使货币市场基金在收益指标上丧失了可比性。从日每万份基金净收益指标看，按日结转份额的基金在及时增加基金份额的同时将会摊薄每万份基金的日净收益；同时，份额的及时结转也增加了管理费计提的基础，使日每万份基金净收益有可能进一步降低。从 7 日年化收益率指标看，按日结转份额的 7 日年化收益率相当于按复利计息，因此在总收益不变的情况下，其数值要高于按月结转份额所计算的 7 日年化收益率。

（二）风险分析

用以反映货币市场基金风险的指标有投资组合的平均剩余期限、平均信用等级、收益的标准差、融资比例等。

1. 组合平均剩余期限

目前我国法规要求货币市场基金投资组合的平均剩余期限在每个交易日均不得超过 180 天。

2. 融资比例

一般情况下，如果货币市场基金财务杠杆的运用程度越高，其潜在的收益可能越高，但风险相应也越大。另外，按照规定，除非发生巨额赎回，货币市场基金债券正回购的资金余额不得超过 20%。因此，在比较不同货币市场基金收益率的时候，应同时考虑其同期财务杠杆的运用程度。

3. 浮动利率债券投资情况

货币市场基金可以投资于剩余期限小于 397 天但剩余存续期超过 397 天的浮动利率债券。虽然其剩余期限小于 397 天，但实际上该债券品种的期限往往很长（如 10 年），因此，该券种在收益率、流动性、信用风险、利率风险等方面会与同样剩余期限的其他券种存在差异。在判断基金组合剩余期限分布时，应充分考虑基金投资该类债券的情况。

◇ 资料卡

余额宝——互联网金融大潮催生的第一只创新型货币基金

2013 年 6 月 13 日，阿里集团旗下余额宝正式上线，成为第一只互联网货币基金。数据显示，截至 2014 年 1 月 16 日，余额宝规模突破 2 500 亿元，用户数达到 4 900 万人。从 0 到 2 500 亿元，余额宝只用了 200 多天；而这种增长呈不断加速趋势，截至 2014 年 12 月底，余额宝用户规模已突破 1 亿人，余额宝份额达到 5 789.36 亿元。

余额宝的"学名"为天弘增利宝货币基金，基金管理人为天弘基金管理公司。凭借着余额宝的蹿红，原本"名不见经传"的天弘基金管理公司在短期内盆丰钵满，以近 6 000 亿元的受托资产规模一举超越昔日基金老大华夏基金管理公司。如用一句话来概括余额宝，可直接引用天弘基金公司官网上的描述："首只互联网基金，专为支付宝定制，兼具理财与消费，一键开户，1 元起购，真正 T+0 支付。"

与传统货币基金不同，余额宝拥有互联网平台本身的优势：首先是海量的用户基数；其次呈现出的是全新的以消费为导向的生活化理财方式；再次，通过大数据分析用户需求、灵活定制产品，用户体验极佳。余额宝可以直接用于网络消费支付，余额宝成了网友们兼具理财功能的"电子钱包"，不仅起点低，而且效率高，使用便捷，加之利率远高于银行活期存款利率，因此，推出不久，余额宝便被追捧为"屌丝理财神器"，也催化了"微信理财通"等一系列互联网"宝宝"们的诞生。

以互联网为平台的"宝宝"们已经开始侵蚀银行垄断利益，正在倒逼传统经济进行革新。长期以来银行的垄断地位决定其存贷款利差大，这部分利差银行会悄悄放入自己口袋，散户基本得不到钱。而互联网货币基金却能以大资金的角色出现，将利差还给散户。这种方式自然更容易受到用户追捧。

因此，余额宝类产品的出现开启了互联网金融的新纪元，这种全新的金融模式已构成对传统经济的挑战，传统银行业被这种新模式倒逼，开始自我变革。

随着"宝宝们"竞争日趋激烈，高额收益逐步趋向平稳，余额宝的规模增长速度也有所放缓。据阿里集团相关人士介绍，未来余额宝会朝着两个方向发展：一是利用余额宝的技术为金融机构服务；另一方面则是将余额宝做成一个平台，将更多机构的更多活动接入进来。可以预见的是，余额宝的创新脚步不会停歇。

◇ 同步测试

单项选择题（以下各小题所给出的 4 个选项中，只有 1 项最符合题要求，请选出正确的选项）

法律规定，我国货币市场基金投资组合的平均剩余期限不得超过（　　　）天。

A. 365　　　　　　B. 397　　　　　　C. 180　　　　　　D. 90

多项选择题（以下各小题所给出的 **4** 个选项中，有 **2** 个或 **2** 个以上符合题目要求，请选出正确的选项）

1. 下列指标是衡量货币市场基金风险的有（　　　）。

A. 平均剩余期限
B. 融资比例
C. 浮动利率债券投资情况
D. 7 日年化收益率

2. 货币市场基金禁止投资的有（　　　）。

A. 股票
B. 可转换债
C. 剩余期限超过 397 天的债券
D. AA 级企业债

任务五　能够向客户提供混合基金的咨询服务

一、混合基金在投资组合中的作用

混合基金的风险低于股票基金，预期收益则要高于债券基金。它为投资者提供了一种在不同资产类别之间进行分散投资的工具，比较适合较为保守的投资者。

二、混合基金的类型

混合基金尽管会同时投资于股票、债券等，但却常常依据基金投资目标的不同而进行股票与债券的不同配比。因此，通常可以依据资产配置的不同将混合基金分为偏股型基金、偏债型基金、股债平衡型基金、灵活配置型基金等。

偏股型基金中股票的配置比例较高，债券的配置比例相对较低。通常，股票的配置比例在 50%～70%，债券的配置比例在 20%～40%。

偏债型基金与偏股型基金正好相反，债券的配置比例较高，股票的配置比例则相对较低。

股债平衡型基金股票与债券的配置比例较为均衡，比例均在 40%～60% 之间。

灵活配置型基金在股票、债券上的配置比例则会根据市场状况进行调整，有时股票的比例较高，有时债券的比例较高。

三、混合基金的风险

混合基金的风险主要取决于股票与债券配置的比例大小。一般而言，灵活配置型基金、偏股型基金的风险较高；偏债型基金的风险较低；股债平衡型基金的风险与收益则较为适中。

◇ 同步测试

多项选择题（以下各小题所给出的 **4** 个选项中，有 **2** 个或 **2** 个以上符合题目要求，请选出正确的选项）

1. 混合基金包括（　　　）基金。

A. 偏股型　　　B. 偏债型　　　C. 股债平衡型　　　D. 灵活配置型

2. 混合基金具有（　　　）特征。

A. 其风险低于股票基金　　　　　　B. 其风险高于股票基金

C. 预期收益低于货币市场基金　　　D. 预期收益则要高于债券基金

任务六　能够向客户提供保本基金的咨询服务

一、保本基金的特点

保本基金的最大特点是其招募说明书中明确规定了相关的担保条款，即在满足一定的持有期限后，为投资者提供本金或收益的保障。为能够做到本金安全或实现最低回报，保本基金通常会将大部分资金投资于与基金到期日一致的债券；同时，为提高收益水平，保本基金会将其余部分投资于股票、衍生工具等高风险资产上，使得市场不论是上涨还是下跌，该基金于投资期间到期时，都能保障其本金不遭受损失。

保本基金的投资目标是在锁定风险的同时力争有机会获得潜在的高回报。保本基金从本质上讲是一种混合基金。此类基金锁定了投资亏损的风险，产品风险较低，也并不放弃追求超额收益的空间，因此比较适合那些不能忍受投资亏损、比较稳健和保守的投资者。

二、保本基金的保本策略

保本基金于 20 世纪 80 年代中期起源于美国，其核心是运用投资组合保险策略进行基金的操作。

国际上比较流行的投资组合保险策略主要有对冲保险策略与固定比例投资组合保险策略（Constant Proportion Portfolio Insurance，CPPI）。

对冲保险策略主要依赖金融衍生产品，如股票期权、股指期货等，实现投资组合价值的保本与增值。国际成熟市场的保本投资策略目前较多采用衍生金融工具进行操作。国内尚缺乏这些金融工具，所以国内保本基金为实现保本的目的，主要选择 CPPI 作为投资中的保本策略。

CPPI 是一种通过比较投资组合现时净值与投资组合价值底线，从而动态调整投资组合中风险资产与保本资产的比例，以兼顾保本与增值目标的保本策略。CPPI 投资策略可分为以下 3 个投资步骤。

第一步，根据投资组合期末最低目标价值（基金的本金）和合理的折现率设定当前应持有的保本资产的价值，即投资组合的价值底线。

第二步，计算投资组合现时净值超过价值底线的数额。该值通常被称为"安全垫"，是风险投资（如股票投资）可承受的最高损失限额。

第三步，按安全垫的一定倍数确定风险资产投资的比例，并将其余资产投资于保本资产（如债券投资），从而在确保实现保本目标的同时，实现投资组合的增值。

风险资产投资额通常可用下式确定：

$$风险资产投资额 = 放大倍数 \times （投资组合现时净值 - 价值底线）$$
$$= 放大倍数 \times 安全垫$$

$$风险资产投资比例 = \frac{风险资产投资额}{基金净值} \times 100\%$$

如果安全垫不放大，将投资组合现时净值高于价值底线的资产完全用于风险资产投资，即使风险资产（股票）投资完全亏损，基金也能够实现到期保本。因此，可以适当放大安全垫的倍数，提高风险资产投资比例以增加基金的收益。例如，将投资债券确定的投资收益的 2 倍投资于股票，也就是将安全垫放大 1 倍，那么如果股票亏损的幅度在 50% 以内，则基金仍能实现保本目标。安全垫放大倍数的增加，尽管能提高基金的收益，但投资风险也将趋于同步增大；过小，则使基金收益不足。基金管理人必须在股票投资风险加大和收益增加这两者间寻找适当的平衡点。也就是说，要确定适当的安全垫放大倍数，力求既能保证基金本金的安全，又能尽量为投资者创造更多的收益。

通常，保本资产和风险资产的比例并不是经常发生变动的，必须在一定时间内维持恒定比例以避免出现过激投资行为。基金管理人一般只在市场可能发生剧烈变化时，才对基金安全垫的中长期放大倍数进行调整。在放大倍数一定的情况下，随着安全垫价值的上升，风险资产投资比例将随之上升。一旦投资组合现时净值向下接近价值底线，系统将自动降低风险资产的投资比例。

三、保本基金的类型

境外的保本基金形式多样。其中，基金提供的保证有本金保证、收益保证和红利保证，具体比例由基金公司自行规定。一般本金保证比例为 100%，但也有低于 100% 或高于 100% 的情况。至于是否提供收益保证和红利保证，则各基金情况各不相同。通常，保本基金若有担保人，则可为投资者提供到期后获得本金和收益的保障。

四、保本基金的投资风险

首先，保本基金有一个保本期，投资者只有持有到期后才获得本金保证或收益保证。如果投资者在到期前急需资金，提前赎回，则不享有保证承诺，投资可能发生亏损。保本基金的保本期通常在 3～5 年，但也有长至 7～10 年的。

其次，保本的性质在一定程度上限制了基金收益的上升空间。为了保证到期能够向投资者兑现保本承诺，保本基金通常会将大部分资金投资在期限与保本期一致的债券上。保本基金中债券的比例越高，其投资于高回报上的资产比例就越少，收益上升空间就会受到一定限制。

最后，尽管投资保本型基金亏本的风险几乎等于零，但投资者仍必须考虑投资的机会成本与通货膨胀损失。如果到期后不能取得比银行存款利率和通货膨胀率高的收益率，保本将变得毫无意义。投资时间的长短，决定投资机会成本的高低。投资期限越长，投资的机会成本越高。

五、保本基金的分析

保本基金的分析指标主要包括保本期、保本比例、赎回费、安全垫、担保人等。

保本基金通常有一个保本期。较长的保本期使基金经理有较大的操作灵活性，即在相同的保本比例要求下，经理人可适当提高风险性资产的投资比例，但保本期越长，投资者承担的机会成本越高，因此保本期是一个必须考虑的因素。

保本比例是到期时投资者可获得的本金保障比率。常见的保本比例介于 80%～100% 之间。保本比例是影响基金投资风险性资产比例的重要因素之一。其他条件相同时，保本比例较低的基金投资于风险性资产的比例较高。

通常，保本基金为避免投资者提前赎回资金，往往会对提前赎回基金的投资者收取较高的赎回费，这将会加大投资者退出投资的难度。

安全垫是风险资产投资可承受的最高损失限额。如果安全垫较小，基金将很难通过放大操作提高基金的收益。较高的安全垫在提高基金运作灵活性的同时也有助于增强基金到期保本的安全性。

◇ 同步测试

单项选择题（以下各小题所给出的 4 个选项中，只有 1 项最符合题目要求，请选出正确的选项）

下列指标不属于保本基金分析指标的是（　　）。

A. 保本期　　　　　　B. 保本比例　　　　　　C. 安全垫　　　　　　D. 久期

多项选择题（以下各小题所给出的 4 个选项中，有 2 个或 2 个以上符合题目要求，请选出正确的选项）

1. 下述是保本基金策略的是（　　）。

A. CAPM　　　　　　B. CPPI　　　　　　C. 对冲保险策略　　　D. APT

判断题（判断以下各小题的对错，正确的填 A，错误的填 B）

1. 保本基金最大的特点是其招募说明书中明确规定了相关的担保条款，为投资者提供本金或收益的保障。　　　　　　　　　　　　　　　　　　　　　　　　　　　　（　　）

2. CPPI 主要依赖金融衍生产品实现投资组合的保本与增值。　　　　　　　　（　　）

3. 安全垫放大倍数是风险资产投资可承受的最高损失限额。　　　　　　　　（　　）

任务七　能够向客户提供交易型开放式指数基金（ETF）的咨询服务

交易型开放式指数基金，通常又被称为交易所交易基金（Exchange Traded Funds，简称"ETF"），是一种在交易所上市交易的、基金份额可变的一种开放式基金。2004 年年底，我国第一支 ETF——上证 50ETF 的诞生，推动了开放式基金的重大创新。

一、ETF 的特点

（一）被动操作的指数型基金

ETF 以某一选定的指数所包含的成分证券为投资对象，依据构成指数的股票种类和比例，采取完全复制的方法。

（二）独特的实物申购赎回机制

所谓实物申购赎回机制，是指投资者向基金管理公司申购 ETF，需要使用这只 ETF 指定的一揽子股票来换取；赎回时得到的不是现金，而是相应的一揽子股票；如果想变现，需要再卖出这些股票。ETF 有"最小申购、赎回份额"的规定，只有资金达到一定规模的投资者才能参与 ETF 一级市场的实物申购赎回。

（三）实行一级市场与二级市场并存的交易制度

ETF 实行一级市场与二级市场并存的交易制度。在一级市场上，资金达到一定规模的投资者（基金份额通常要求在 50 万份以上）在交易时间内可以随时进行以股票换份额、以份额换股票的交易，中小投资者被排斥在一级市场之外。在二级市场上，ETF 与普通股票一样在市场挂牌交易。

ETF 本质上是一种指数基金，与传统的指数基金相比，ETF 的复制效果更好，成本更低，买卖更为方便，并可以进行套利交易，因此对投资者具有独特的吸引力。

二、ETF 的类型

根据 ETF 跟踪指数的不同，可将 ETF 分为股票型 ETF、债券型 ETF 等。

我国首只 ETF——上证 50ETF 采用的就是完全复制法。

股票型 ETF 可以进一步被分为全球指数 ETF、综合指数 ETF、行业指数 ETF、风格指数 ETF 等。根据复制方法的不同，可以将 ETF 分为完全复制型 ETF 与抽样复制型 ETF。

三、ETF 的套利交易

当同一商品在不同市场上价格不一致时就会存在套利交易。传统上，数量固定的证券会在供求关系的作用下，形成二级市场价格独立于自身净值的交易特色，如股票、封闭式基金即是如此。而数量不固定的证券，如开放式基金则不能形成二级市场价格，只能按净值进行交易。ETF 的独特之处在于实行一级市场与二级市场交易同步进行的制度安排，因此，投资者可以在 ETF 二级市场交易价格与基金份额净值二者之间存在差价时进行套利交易。

具体而言，当二级市场 ETF 交易价格低于其份额净值，即发生折价交易时，大的投资者可以通过在二级市场低价买进 ETF，然后在一级市场赎回（高价卖出）份额，再于二级市场上卖掉股票而实现套利交易。相反，当二级市场 ETF 交易价格高于其份额净值，即发生溢价交易时，大的投资者可以在二级市场买进一揽子股票，于一级市场按份额净值转换为 ETF（相当于低价买入 ETF）份额，再于二级市场上高价卖掉 ETF 而实现套利交易。套利机制的存在将会迫使 ETF 二级市场价格与净值趋于一致，使 ETF 既不会出现类似封闭式基金二级市场大幅折价交易、股票大幅溢价交易现象，也克服了开放式基金不能进行盘中交易的弱点。

折价套利会导致 ETF 总份额的减少，溢价套利会导致 ETF 总份额的扩大。但正常情况下，套利活动会使套利机会消失，因此套利机会并不多，通过套利活动引致的 ETF 规模的变动也就不会很大。ETF 规模的变动最终取决于市场对 ETF 的真正需求。

四、ETF 的风险

首先，与其他指数基金一样，ETF 会不可避免地承担所跟踪指数面临的系统性风险。其次，二级市场价格常常会高于或低于基金份额净值。此外，ETF 的收益率与所跟踪指数的收益率之间往往会存在跟踪误差。抽样复制、现金留存、基金分红以及基金费用等都会导致跟踪误差。

五、ETF的分析方法

在投资ETF时，投资者首先需要清楚ETF所跟踪的是什么指数，而且对指数所含成分股的分析以及指数构建方法的了解都是不可缺少的。用于分析ETF的收益指标包括二级市场价格收益率、基金净值收益率。用于分析ETF运作效率的指标主要有折（溢）价率、周转率、费用率、跟踪偏离度、跟踪误差等。

ETF的折（溢）价率与封闭式基金的折（溢）价率类似，等于二级市场价格与基金份额净值的比值减1。折（溢）价率大于一定幅度时会引发套利交易。同时，折（溢）价率也是一个反映ETF交易效率与市场流动性强弱的指标。

周转率通常用日或周表示，等于ETF二级市场成交量与ETF总份额之比。

作为被动型的指数基金，ETI的投资目标不是超越指数的表现，而是希望取得与指数基本一致的收益，因此基金收益与标的指数收益之间的偏离程度就成为评判ETF是否成功的一个指标。偏离程度越小，说明ETI在跟踪指数上表现得越好。偏离程度可以用跟踪误差与跟踪偏离度两个指标来衡量。

日跟踪误差＝ETF日净值收益率−标的指数日收益率

跟踪误差也可以用月、季等表示。

跟踪偏离度等于考察期内跟踪误差的标准差。

◇ 同步测试

单项选择题（以下各小题所给出的4个选项中，只有1项最符合题要求，请选出正确的选项）

1. ETF交易规则中规定，实行价格涨跌幅限制，涨跌幅比例为（　　），自上市首日起实行。

A. 5%　　　　B. 10%　　　　C. 15%　　　　D. 20%

2. ETF本质上是一类（　　）基金。

A. 货币型　　　　B. 债券型　　　　C. 混合型　　　　D. 指数型

多项选择题（以下各小题所给出的4个选项中，有2个或2个以上符合题目要求，请选出正确的选项）

1. ETF的申购对价、赎回对价包括（　　）。

A. 组合证券　　　　B. 现金替代　　　　C. 现金差额　　　　D. 其他对价

2. 下列是ETF特点的是（　　）。

A. 被动操作　　　　　　　　　　B. 实物申购赎回

C. 设置保本期　　　　　　　　　D. 两级市场并存

任务八　能够向客户提供上市开放式基金（LOF）的咨询服务

LOF（Listed Open-Ended Fund）是指通过深交所交易系统发行并上市交易的开放式基金。在基金募集期内，投资者除了可以通过基金管理人及其代销机构（如银行营业网点）

认购之外，还可以在具有基金代销资格的各证券营业部通过深交所交易系统认购。2004 年底，第一只 LOF——南方积极配置在深交所上交交易。

一、LOF 的特点

（1）LOF 本质上仍是开放式基金，基金份额总额不固定，基金份额可以在基金合同约定的时间和场所申购、赎回。

（2）LOF 的发售结合了银行等代销机构与深交所交易网络二者的销售优势。银行等代销机构网点仍沿用现行的营业柜台销售方式，深交所交易系统则采用通行的新股上网定价发行方式。

（3）LOF 获准在深交所上市交易后，投资者既可以选择在银行等代销机构按当日收市的基金份额净值申购、赎回基金份额，也可以选择在深交所各会员证券营业部按撮合成交价买卖基金份额。

LOF 的主要优势有以下几点。

（1）交易方便。LOF 的出现则可以让投资者像买卖股票和封闭式基金一样买卖开放式基金；传统的开放式基金从申购到赎回、收到赎回款最慢要 $T+7$ 日，而 LOF 在交易所上市后，可以实现 $T+1$ 交易。

（2）费用低廉。普通开放式基金申购、赎回双向费率一般为 1.5%。上市开放式基金在深交所交易的费用收取标准比照封闭式基金的有关规定办理，券商设定的交易手续费率最高不得超过基金成交金额的 0.3%。

（3）能提供套利机会。LOF 采用交易所交易和场外代销机构申购、赎回同时进行的交易机制，这种交易机制为投资者带来了跨市场的套利机会。

二、LOF 的类型

LOF 本质上是开放式基金，与 ETF 只是指数基金不同，LOF 投资策略上涵盖了指数型、股票型、混合型、QDII 等多种类型，为投资者提供了多样化的选择。

三、LOF 的套利交易

LOF 基金套利操作提供给投资者两种套利机会。

（1）当 LOF 基金二级市场交易价格超过基金净值时（以下简称 A 类套利），LOF 基金有二级市场交易价格和基金净值两种价格。LOF 基金二级市场交易价格如股票二级市场交易价格一样是投资者之间互相买卖所产生的价格。而 LOF 基金净值是基金管理公司利用募集资金购买股票、债券和其他金融工具后所形成的实际价值。交易价格在一天的交易时间里，是连续波动的，而基金净值是在每天收市后，由基金管理公司根据当天股票和债券等收盘价计算出来的。净值一天只有一个。

当 LOF 基金二级市场交易价格超过基金净值时，并且这样的差价足够大过其中的交易费用（一般申购费 1.5%+二级市场 0.3% 交易费用），那么 A 类套利机会就出现了。

比如，投资者以 1 元净值申购，二级市场价格在 1.04 元时，那么，投资者以 1.04 元卖出。扣除交易费用 0.018 元，投资者将获益 1.04-1.018=0.022 元，收益率达 2.2%。

以上是 A 类套利过程。

（2）当 LOF 基金二级市场交易价格低于基金净值（以下简称 B 类套利），并且这样的差价足够大过其中的交易费用（一般情况下，该费用＝二级市场 0.3% 交易费用＋赎回费用 0.5%）时，那么 B 类套利机会就出现了。

例如，投资者以 1.0 元在二级市场买入 LOF 基金，当基金净值是 1.04 元进行赎回，那么扣除 0.008 元交易费后，投资者获益 0.032 元，收益率达 3.2%。

需要注意的是，由于套利过程中进行跨系统转登记手续的时间较长，需要 2 个交易日，加上手续费的存在，当一、二级市场的价格差异不明显时，套利行为可能并不能获利。

四、LOF 的风险

LOF 投资策略上涵盖了指数型、股票型、混合型、QDII 等多种类型，因此 LOF 的风险因其投资策略的不同而各有不同，需要逐一分析。

总体而言，LOF 风险包括流动性风险、管理运作风险、投资标的价格波动风险等。

五、LOF 的分析

对 LOF 的分析，也需要根据其投资策略的不同而逐一分析，如果是指数型，则其分析方法与 ETF 类似，主要分析折（溢）价率、周转率、费用率、跟踪偏离度、跟踪误差等；如果是股票型，则分析指标主要有反映基金经营业绩方面的指标、反映基金风险大小的指标、反映基金组合特点的指标、反映基金操作成本的指标、反映基金操作策略的指标等。

◇ 同步测试

单项选择题（以下各小题所给出的 4 个选项中，只有 1 项最符合题要求，请选出正确的选项）

下列不属于 LOF 特点的是（　　）。

A. 交易方便　　　　B. 费用低廉　　　　C. 设置保本期　　　　D. 存在套利机会

任务九　能够向客户提供 QDII 基金的咨询服务

一、QDII 基金

2007 年 6 月 18 日，中国证监会颁布的《合格境内机构投资者境外证券投资管理试行办法》规定，符合条件的境内基金管理公司和证券公司，经中国证监会批准，可在境内募集资金进行境外证券投资管理。这种经中国证监会批准可以在境内募集资金进行境外证券投资的机构称为合格境内机构投资者（Qualified Domestic Institutional Investor, QDII）。QDII 是在我国人民币没有实现可自由兑换、资本项目尚未开放的情况下，有限度地允许境内投资者投资境外证券市场的一项过渡性的制度安排。目前除了基金管理公司和证券公司外，商业银行等其他金融机构也可以发行代客境外理财产品，但本教材主要涉及的是由基金管理公司发行的 QDII 产品，即 QDII 基金。QDII 基金可以人民币、美元或其他主要外汇货币为计价货币募集。

二、QDII 基金在投资组合中的作用

不同于只能投资于国内市场的公募基金，QDII 基金可以进行国际市场投资。通过 QDII 基金进行国际市场投资，不但为投资者提供了新的投资机会，而且由于国际证券市场常常与国内证券市场具有较低的相关性，也为投资者降低组合投资风险提供了新的途径。

三、QDII 基金的投资对象

1. 可投资对象

（1）银行存款、可转让存单、银行承兑汇票、银行票据、商业票据、回购协议、短期政府债券等货币市场工具；

（2）政府债券、公司债券、可转换债券、住房按揭支持证券、资产支持证券及经中国证监会认可的国际金融组织发行的证券；

（3）与中国证监会签署双边监管合作谅解备忘录的国家或地区证券市场挂牌交易的普通股、优先股、全球存托凭证和美国存托凭证、房地产信托凭证；

（4）在已与中国证监会签署双边监管合作谅解备忘录的国家或地区证券监管机构登记注册的公募基金；

（5）与固定收益、股权、信用、商品指数、基金等标的物挂钩的结构性投资产品；

（6）远期合约、互换及经中国证监会认可的境外交易所上市交易的权证、期权、期货等金融衍生产品。

2. 9 种禁止行为

（1）购买不动产；

（2）购买房地产抵押按揭，但是住房按揭支持证券可以，即应当投资于证券化的产品；

（3）购买贵重金属或代表贵重金属的凭证；

（4）购买实物商品；

（5）除应付赎回、交易清算等临时用途以外，借入现金，该临时用途借入现金的比例不得超过基金、集合计划资产净值的 10%；

（6）利用融资购买证券，但投资金融衍生品除外；

（7）参与未持有基础资产的卖空交易；

（8）从事证券承销业务；

（9）中国证监会禁止的其他行为。

四、QDII 基金的投资风险

QDII 基金的投资风险概括起来有以下 4 方面：

（1）国际市场投资会面临国内基金所没有的汇率风险；

（2）国际市场将会面临国别风险、新兴市场风险等特别投资风险；

（3）尽管进行国际市场投资有可能降低组合投资风险，但并不能排除市场风险；

（4）QDII 基金的流动性风险也需注意。由于 QDII 基金涉及跨境交易，基金申购、赎回的时间要长于国内其他基金。

◇ 同步测试

多项选择题（以下各小题所给出的 **4** 个选项中，有 **2** 个或 **2** 个以上符合题目要求，请选出正确的选项）

1. 基金行业的开放程度不断提高主要体现在（　　　）。

A. 合作基金管理公司数量增加

B. 合资基金管理公司数量增加

C. QDII 的推出使我国基金行业开始迈进国际市场

D. QFII 的推出使我国基金行业开始迈入国际市场

2. QDII 基金的投资风险有以下几点（　　　）。

A. 信用风险　　　　　B. 汇率风险　　　　　C. 利率风险　　　　　D. 流动性风险

判断题（判断以下各小题的对错，正确的填 **A**，错误的填 **B**）

1. QDII 基金份额净值应当以人民币计算并披露。　　　　　　　　　　　（　　　）

2. QFII 是可以在境内募集资金进行境外证券投资的机构。　　　　　　　（　　　）

任务十　分级基金

分级基金又叫"结构型基金"，是指在一个投资组合下，通过事先约定基金的风险收益分配，将基础份额分为预期风险收益较低的子份额和预期风险收益较高的子份额，并可将其中一类或全部类别份额上市交易的结构化证券投资基金。一般将预期风险收益较低的子份额称为 A 类份额，将预期风险收益较高的子份额称为 B 类份额。

一、分级基金的特点

（1）一只基金，多种选择。以股票型分级基金为例，基础份额一般被拆分为 A、B 两类子份额，其中 A 类份额通常约定固定的年化收益率，当基金投资出现亏损时，B 类份额需弥补 A 类份额的本金损失并满足最低回报要求；作为补偿，在基金表现较好时，A 类份额将部分超额收益让渡给 B 类份额。因此，通过风险收益的分配，一只基金可同时满足三类投资者需求：A 类份额具有低风险、收益稳定的特征，适合保守型投资者；B 类份额具有高风险、高收益的特征，适合激进型投资者；基础份额风险、收益适中，适合稳健型投资者。

（2）交易所上市，可分离交易。分级基金可通过场外、场内两种方式募集，并可通过跨系统转托管实现场外与场内市场的转换。基金成立后，场内基础份额拆分为 A 类份额和 B 类份额，并上市交易，实现了不同风险收益特征的份额可分离交易。

（3）份额分级，资产合并运作。尽管分级基金将基础份额拆分为不同风险收益特征的子份额，但基金资产仍作为一个整体进行投资运作。

（4）内含衍生工具与杠杆特性。通过收益分配权的分割与收益保障等结构化条款的设计，使分级基金具有杠杆化的特性，并内含衍生工具特性。

（5）多种价值实现方式。分级基金内含结构化设计，具有期权、杠杆、二级市场交易、套利等多重价值实现方式。

二、分级基金的分类

（1）按运作方式不同，分为封闭式分级基金与开放式分级基金。封闭式分级基金基础份额只能在基金发行时购买，发行结束后不能申购赎回基础份额，只能通过二级市场买卖分级份额。开放式分级基金能够满足投资者在基金日常运作期间申购赎回分级基金基础份额的需求，并通过配对转换的功能实现基础份额与分级份额之间的联通。

（2）按投资对象不同，可分为股票型分级基金、债券型分级基金、混合型分级基金等。

（3）按投资风格不同，可分为主动投资型分级基金、被动投资（指数化）型分级基金。

（4）按募集方式不同，可分为合并募集和分开募集两类。

（5）根据收益分配不同，可分为简单融资型分级基金与复杂型分级基金。简单融资型分级基金相当于 B 类份额向 A 类份额借款而获得杠杆，复杂分级型分级基金则暗含多个期权，估值更为复杂。我国现有分级基金多为简单融资型。

三、分级基金的投资风险

鉴于分级基金的复杂性，投资者应关注以下方面的风险。

（1）分级基金虽然将基础份额拆分为不同风险收益特征的子份额，但基金资产仍作为一个整体在运作，因此，同样面临各种投资运作风险。

（2）尽管分级基金的 A 类份额具有低风险且预期收益相对稳定的特点，但极端情形下仍然可能面临无法取得约定收益甚至遭受本金损失的风险。

（3）分级基金的高杠杆具有"双刃剑"的作用，上涨时能放大收益，下跌时亏损也同步放大。

（4）估值合理性问题。分级基金份额参考净值的估算采用简化的"清算原则"，这一方法未考虑分级份额包含的期权价值，不能反映分级份额的真实价值。

◇ 同步测试

判断题（判断以下各小题的对错，正确的填 A，错误的填 B）

1. 分级基金的 A 类份额因为约定了基准收益，因此其可视为储蓄替代品，没有任何风险，可保本保收益。　　　　　　　　　　　　　　　　　　　　　　　　（　　）

2. 分级基金一般将预期风险收益较低的子份额称为 B 类份额，将预期风险收益较高的子份额称为 A 类份额。　　　　　　　　　　　　　　　　　　　　　　　　　（　　）

实训任务一

1. 登录天天基金网（www. 1234567. com. cn）查找不同类型的基金。

2. 分组讨论不同类型基金的收益风险特征。

3. 假设投资者拟投资基金的金额为 5 万元，根据投资者的风险承受力（保守型、稳健型、激进型）设计与之匹配的基金组合投资方案。

◇ 同步测试答案

任务一

单项选择题：1. C　2. D　3. D

多项选择题：AD　2. ABC　3. ABCD

判断题：1. B　2. B　3. B

任务二

单项选择题：1. C　2. C

判断题：B

任务三

判断题：1. A　2. B

任务四

单项选择题：C

多项选择题：1. ABC　2. ABCD

任务五

多项选择题：1. ABCD　2. AD

任务六

单项选择题：D

多项选择题：BC

判断题：1. A　2. B　3. B

任务七

单项选择题：1. B　2. D

多项选择题：1. ABCD　2. ABD

任务八

单项选择题：C

任务九

多项选择题：1. BC　2. ABCD

判断题：1. B　2. B

任务十

判断题：1. B　2. B

第三单元

基 金 设 立

▶ 知识目标

1. 各类主要基金的募集设立程序；
2. 基金契约的主要内容和作用；
3. 招募说明书的主要内容和作用；
4. 基金的发行与认购流程；
5. 基金设立的主要监管要求。

▶ 能力目标

1. 能够指导客户阅读并理解招募说明书的主要条款；
2. 能够指导客户阅读并理解托管协议的主要条款；
3. 能够回答客户有关基金募集和设立的专业问题。

基金的募集是指基金管理公司根据有关规定向中国证监会提交募集申请文件、发售基金份额、募集资金的行为。基金的募集一般要经过申请、核准、发售、合同生效四个步骤。

任务一　掌握封闭式基金的募集规程

一、封闭式基金的募集程序

封闭式基金的募集要经过申请、核准、发售、备案、公告五个程序。

（一）基金募集申请

我国基金管理人进行基金的募集，必须根据《证券投资基金法》的有关规定，向中国证监会提交相关文件。申请募集基金应提交的主要文件包括：募集基金的申请报告、基金合同草案、基金托管协议草案和招募说明书草案等。

（二）基金募集申请的核准

根据《证券投资基金法》的规定，中国证监会应当自受理基金募集申请之日起 6 个月内作出核准或不予核准的决定。基金募集申请经中国证监会核准后方可发售基金份额。

（三）基金份额的发售

基金管理人应当自收到准予注册文件之日起 6 个月内进行基金募集。超过 6 个月开始募集，原注册的事项未发生实质性变化的，应当报国务院证券监督管理机构备案；发生实质性变化的，应当向国务院证券监督管理机构重新提交注册申请。

基金募集不得超过国务院证券监督管理机构准予注册的基金募集期限。基金募集期限自基金份额发售之日起计算。

基金管理人应当在基金份额发售的3日前公布招募说明书、基金合同及其他有关文件。

基金募集期间募集的资金应当存入专门账户，在基金募集行为结束前任何人不得动用。

（四）基金合同生效

（1）基金募集期限届满，封闭式基金需满足募集的基金份额总额达到核准规模的80%以上、基金份额持有人不少于200人的要求。

基金管理人应当自募集期限届满之日起10日内聘请法定验资机构验资，自收到验资报告之日起10日内，向国务院证券监督管理机构提交验资报告，办理基金备案手续，并予以公告。

投资人交纳认购的基金份额的款项时，基金合同成立；基金管理人向国务院证券监督管理机构办理基金备案手续，基金合同生效。

（2）基金募集期限届满，基金不满足有关募集要求的基金募集失败，基金管理人应承担以下责任：

① 以固有财产承担因募集行为而产生的债务和费用；

② 在基金募集期限届满30日内返还投资者已缴纳的款项，并加计银行同期存款利息。

二、封闭式基金募集申请文件

申请募集封闭式基金应提交的主要文件包括：基金申请报告、基金合同草案、基金托管协议草案、招募说明书草案等。

基金申请报告是基金公司向证监会基金监管部门表达设立一只新基金的愿望的书面文件，主要内容包括：基金名称、拟申请设立基金的必要性和可行性、基金类型、基金规模、存续期间、发行价格、发行对象、基金的交易或申购与赎回安排、拟委托的托管人和管理人以及主要发起人签字、盖章等。

基金合同是基金管理人、基金托管人、基金发起人为设立投资基金而订立的用以明确基金当事人各方权利和义务关系的书面文件。投资者缴纳基金份额认购款项时，即表明其对基金合同的承认和接受，此时基金合同成立。

招募说明书要充分披露可能对投资人做出投资判断产生重大影响的一切信息。包括基金管理人情况、基金托管人情况、基金销售渠道、申购和赎回的方式及价格、费用种类及比率、基金的投资目标、基金的会计核算原则、收益分配方式等。基金招募说明书是投资人了解基金最基本也是最重要的信息披露文件之一，是投资前的必读文件。

基金托管协议是基金管理人与基金托管人（有托管资格的商业银行或证监会认可的其他机构）就基金资产托管一事达成的协议书。协议书以合同的形式明确委托人和托管人的责任和权利、义务关系。主要目的在于明确双方在基金财产保管、投资运作、净值计算、收益分配、信息披露及相互监督等事宜中的权利义务及职责，确保基金财产的安全，保护基金份额持有人的合法权益。

基金托管协议包含两类重要信息，一是基金管理人和基金托管人之间的相互监督和核查。比如，基金托管人应依据法律法规和基金合同的约定，对基金投资对象、投资范围、投融资比例、投资禁止行为、基金参与银行间市场的信用风险控制等进行监督；基金管理人应对基金托管人履行账户开设、净值复核、清算交收等托管职责情况等进行核查。二是协议当事人权责约定中事关持有人权益的重要事项。比如，当事人在净值计算和复核中重要环节的权责，包括管理人与托管人依法自行商定估值方法的情形和程序、管理人或托管人发现估值未能维护持有人权益时的处理、估值错误时的处理及责任认定等。

三、封闭式基金份额的发售和认购

基金管理人应当自收到核准文件之日起 6 个月内进行封闭式基金份额的发售。目前，我国封闭式基金的募集期限一般为 3 个月。基金管理人应当在基金份额发售的 3 日前公布招募说明书、基金合同。

封闭式基金份额的发售，由基金管理人负责办理。

在发售方式上，主要有网上发售与网下发售两种方式。网上发售是指通过与证券交易所的交易系统联网的全国各地证券营业部，向公众发售基金份额的发行方式。网下发售方式是指通过基金管理人指定的营业网点和承销商的指定账户，向机构或个人投资者发售基金份额的方式。

封闭式基金的认购价格一般采用 1 元基金份额面值加计 0.01 元发售费用的方式加以确定。拟认购封闭式基金份额的投资人必须开立沪、深证券账户或沪、深基金账户及资金账户，根据计划认购量在资金账户中存入足额资金，并以"份额"为单位提交认购申请。认购申请一经受理就不能撤单。

【想一想】基金合同的成立与生效有何区别？

◇ 知识拓展

私募基金招募说明书主要内容

1. 前言：概要描述资金募集目标、风险揭示、募资条件、募集说明等
2. 目录：列名招募说明书所涵盖的主要章节名称
3. 工业与市场数据：概要陈述项目所属行业现状与必要市场数据，并包括如下信息：项目公司未来 5 年行情信息、保密投资者问卷、认购协议书等
4. 发行简介：公司介绍、发行规模股份说明、认购说明、认购结束、发行期限、收益使用、投资者适当性、风险因素等
5. 前瞻申明：对可预见的未来重要事项的申明
6. 风险因素：陈述本投资项目的具体风险因素
7. 收益使用：陈述成功发行后所募集资金的使用途径
8. 转售限制：陈述对所发行基金份额转售的限制条件
9. 市场份额：陈述基金发行后的市场份额情况
10. 资本结构：陈述基金成功发行后公司新的股本结构
11. 股利政策：陈述项目盈利后的分红规则
12. 股份稀释：陈述基金成功发行后项目公司股份结构稀释情况

13. 商业计划：概要陈述项目商业计划

14. 公司性质：陈述公司项目性质与实施现状

15. 管理团队：陈述项目管理团队现状及主要管理人员简历

16. 主要股东权益说明

17. 报酬说明：陈述项目执行与管理人员酬劳说明

18. 股份说明：陈述股份发行说明

19. 募资计划：陈述私募计划

20. 发行条件：陈述股份私募发行的具体条件，包括：投资者适当性标准、认购流程等

◇ **同步测试**

单项选择题（以下各小题所给出的 4 个选项中，只有 1 项最符合题要求，请选出正确的选项）

1. 证券投资基金中的（　　）基金，在完成募集后，基金份额可以在证券交易所上市。

A. 封闭式　　　　B. 开放式　　　　C. 公司型　　　　D. 契约型

2. 中国证监会应当自受理封闭式基金募集申请之日起（　　）个月内作出核准或不予核准的决定。

A. 3　　　　　B. 6　　　　　C. 9　　　　　D. 12

判断题（判断以下各小题的对错，正确的填 A，错误的填 B）

1. 基金募集期限届满，封闭式基金需满足募集的基金份额总额达到核准规模的 90% 以上、基金份额持有人不少于 200 人的要求。　　　　　　　　　　　　　　　（　　）

2. 基金招募说明书是投资人了解基金的最基本也是最重要的信息披露文件之一，是投资前的必读文件。　　　　　　　　　　　　　　　　　　　　　　　　　　　（　　）

任务二　掌握开放式基金的募集规程和认购方法

一、开放式基金的募集

（一）开放式基金募集的程序

开放式基金的募集程序与封闭式基金的募集程序相似，也要经过申请、核准、发售、备案、公告五个步骤。

（二）申请募集文件

开放式基金应提交的申请募集文件项目与封闭式基金基本相同，但开放式基金在一些文件的具体内容上与封闭式基金有所不同。比如招募说明书，由于开放式基金的申购是一个持续的过程，其间有关基金的诸多因素均有可能发生变化，为此，招募说明书（公开说明书）必须定期更新。通常，自基金合同生效之日起，每 6 个月更新一次，并于 6 个月结束之日后的 45 日内公告，更新内容截至 6 个月的最后一日。

（三）募集申请的核准

国务院证券监督管理机构应当自受理开放式基金募集申请之日起 6 个月内作出核准或者

不予核准的决定。

（四）开放式基金的募集期

基金管理人应当自收到准予注册文件之日起 6 个月内进行基金募集。超过 6 个月开始募集，原注册的事项未发生实质性变化的，应当报国务院证券监督管理机构备案；发生实质性变化的，应当向国务院证券监督管理机构重新提交注册申请。

基金募集不得超过国务院证券监督管理机构准予注册的基金募集期限。基金募集期限自基金份额发售之日起计算。

（五）开放式基金份额的发售

开放式基金份额的发售，由基金管理人负责办理。

基金管理人应当在基金份额发售的 3 日前公布招募说明书、基金合同及其他有关文件。

基金募集期间募集的资金应当存入专门账户，在基金募集行为结束前任何人不得动用。

（六）开放式基金的基金合同生效

开放式基金募集的基金份额总额超过准予注册的最低募集份额总额，并且基金份额持有人人数符合国务院证券监督管理机构规定的，基金管理人应当自募集期限届满之日起 10 日内聘请法定验资机构验资，自收到验资报告之日起 10 日内，向国务院证券监督管理机构提交验资报告，办理基金备案手续，并予以公告。

投资人交纳认购的基金份额的款项时，基金合同成立；基金管理人向国务院证券监督管理机构办理基金备案手续，基金合同生效。

基金募集期限届满，基金不满足有关募集要求的基金募集失败，基金管理人应承担的责任与封闭式基金相同。

二、开放式基金的认购

（一）开放式基金的认购渠道

基金销售由基金管理人负责办理；基金管理人可以委托取得基金代销业务资格的其他机构代为办理。我国可以办理开放式基金的认购业务的机构主要包括：商业银行、证券公司、证券投资咨询机构、专业基金销售机构，以及中国证监会规定的其他具备基金代销业务资格的机构。

（二）认购步骤

投资者参与认购开放式基金，分开户、认购、确认三个步骤。

1. 基金账户的开立

基金账户：用于记录其持有的基金份额余额和变动情况的账户。

基金投资者主要分为个人投资者和机构投资者。

个人投资者申请开立基金账户，一般需提供下列资料：

（1）开户申请表；

（2）本人法定身份证件（身份证、军官证、士兵证、武警证、护照等）；

（3）委托他人代为开户的，代办人须携带授权委托书、代办人有效身份证件；

（4）在基金代销银行或证券公司开设的资金账户；

（5）风险承受能力测试（个人版）。

机构投资者申请开立基金账户，一般需提供下列资料：

（1）开户申请表；

（2）营业执照（最新年检过的副本）或工商行政管理部门颁发的注册登记书、组织机构代码证、税务登记证复印件；

（3）指定银行账户的银行《开户许可证》或《开立银行账户申请表》或指定银行出具的开户证明；

（4）《印鉴卡》；

（5）《开放式基金业务授权委托书》、经办人身份证、法定代表人身份证；

（6）《客户风险承受能力测试（机构版）》。

2. 资金账户的开立

资金账户是投资者在基金代销银行、证券公司等基金代销机构开立的用于基金业务的结算账户。

3. 认购确认

个人投资者办理开放式基金认购申请时，需在资金账户中存入足够的现金。

个人投资者除可亲自到基金销售网点认购基金外，还可以通过电话、网上交易、传真等方式提交认购申请。机构投资者办理开放式基金认购申请时，需先在资金账户中存入足够的现金，填写加盖机构公章和法定代表人章的认购申请表进行基金的认购。投资者 T 日提交认购申请后，一般可于 $T+2$ 日后到办理认购的网点查询认购申请的受理情况。

（三）认购方式与认购费率

1. 认购方式

开放式基金的认购采取金额认购的方式，即投资者在办理认购申请时，不是直接以认购数量提出申请，而是以金额申请。在扣除相应费用后，再以基金面值为基准换算为认购数量。

2. 前端收费模式与后端收费模式

在基金份额认购上存在两种收费模式：前端收费模式和后端收费模式。前端收费指在认购基金份额时就支付认购费用；后端收费指在认购基金份额时不支付认购费用，在赎回基金份额时才支付认购费用。后端收费模式是为了鼓励投资者长期持有基金，因此后端收费的认购费率一般设计为随着基金持有时间的延长而递减，持有至一定期限后费率可降为 0。

3. 认购费用及认购份额的计算

基金认购费率统一以净认购金额为基础收取，认购金额扣除认购费用后为净认购金额；净认购金额除以基金份额面值就是投资者实际认购基金的基金份额数量。计算公式为：

净认购额＝认购额÷（1+认购费率）

认购费用＝净认购额×认购费率

认购份额＝（净认购金额+认购利息）÷份额面值

举例：2003 年 7 月 22 日，小张投资 2 万元认购华夏回报基金，认购费率为 1%，2003 年 9 月 5 日设立成功，期间利息为 8.76 元。请计算其认购费用和认购份额。

净认购额＝认购额÷（1+认购费率）＝20 000÷（1+1%）＝19 801.98 元

认购费用＝净认购额×认购费率＝19 801.98 ×1%＝198.02 元

认购份额＝（净认购金额+认购利息）÷份额面值

＝（19 801.98+8.76）÷1＝19 810.74 份

（四）不同基金类型的认购费率

《证券投资者基金销售管理办法》规定，基金销售机构办理基金销售业务，可以按照基金合同和招募说明书的约定向投资人收取认购费。目前，我国股票型基金的认购费率大多在 1%～1.5%，债券型基金的认购费率通常在 1% 以下，货币型基金认购费通常为 0。

◇ 同步测试

单项选择题（以下各小题所给出的 **4** 个选项中，只有 **1** 项最符合题要求，请选出正确的选项）

基金管理人应当在基金份额发售的（　　）日前公布招募说明书、基金合同及其他有关文件。

A. 1　　　　　　　　B. 2　　　　　　　　C. 3　　　　　　　　D. 4

判断题（判断以下各小题的对错，正确的填 **A**，错误的填 **B**）

1. 货币型基金认购费通常为 0。（　　）

2. 基金认购费率统一以认购总金额为基础收取。（　　）

任务三　掌握 ETF 和 LOF 的认购规程

一、ETF 份额的认购

在 ETF 的募集期内，根据投资者认购渠道的不同，可分为场内认购和场外认购。场内认购是指投资者通过基金管理人指定的基金发售代理机构，使用证券交易所的交易网络系统进行的认购。场外认购是指投资者通过基金管理人或其指定的发售代理机构进行的认购。

根据投资者认购 ETF 份额所支付的对价种类，ETF 份额的认购又可分为现金认购和证券认购。现金认购是指用现金换购 ETF 份额的行为，证券认购是指用指定证券换购 ETF 份额的行为。

按交易所的相关规则，我国的投资者在 ETF 募集期间，认购 ETF 的方式有场内现金认购、场外现金认购、网上组合证券认购和网下组合证券认购。

二、LOF 份额的认购

LOF 份额的认购分场外认购和场内认购两种方式。场外认购的基金份额注册登记在中国证券登记结算公司的开放式基金注册登记系统；场内认购的基金份额注册登记在中国证券登记结算公司的证券登记结算系统。

基金募集期内，投资者可通过具有基金代销业务资格的证券经营网点场内认购 LOF 份额，也可通过基金管理人及其代销机构的营业网点场外认购 LOF 份额。

场内认购 LOF 份额，应持深圳人民币普通证券账户或证券投资基金账户；场外认购 LOF 份额，应使用中国证券登记结算公司深圳开放式基金账户。

投资者在 LOF 份额募集期间可以重复认购，认购申报提交后，不得撤销。

认购 LOF 份额应当使用现金。

◇ 同步测试

多项选择题（以下各小题所给出的 4 个选项中，有 2 个或 2 个以上符合题目要求，请选出正确的选项）

认购 ETF 的方式有（　　　）。

A. 场内现金认购
B. 场外现金认购
C. 网上组合证券认购
D. 网下组合证券认购

任务四　了解基金设立的监管要点

一、对基金募集申请的核准

基金募集申请核准是基金运作的首要业务环节。各国的方式不同，主要分为核准制与注册制。所谓核准制，也被称作实质管理原则。在核准制下，公开募集基金在符合法律规定的条件下，证券监督管理机构可以对申请提交的材料进行实质审查，然后作出核准与不核准的决定。注册制是指公开募集基金的基金管理人依法向证券监督管理机构送交法律规定的文件，证券监督管理机构只负责审查申请人提供的信息和资料在形式上是否符合法律规定，而不进行实质审查。申请人提交的材料只要符合法律规定，证券监督管理机构便不得以发行价格或其他条件不公平，或投资策略不合理等理由而拒绝注册。

在资本市场发达的国家和地区，一般实行的是注册制。我国公募基金产品募集原来采取的是核准制。自 2014 年 8 月 8 日起，公募基金产品募集申请正式从核准制改为注册制。

根据证监会规定的产品注册程序，基金公司需要提供申请报告、基金合同草案、基金托管协议草案、基金招募说明书草案、律师事务所出具的法律意见书以及中国证监会规定提交的其他文件。证监会采用电子化系统对基金进行注册审查，对常规基金产品，按照简易程序注册，注册审查时间原则上不超过 20 个工作日；对其他产品，按照普通程序注册，注册审查时间不超过 6 个月。现存的大部分产品都可以走简易注册程序，只有分级基金以及其他特殊产品如对冲、理财等基金仍是走普通注册流程。

二、基金募集申请核准的主要内容

（一）对基金募集申请材料进行齐备性审查

中国证监会对报送的申请报告、基金合同草案、托管协议草案和招募说明书草案等必要文件是否齐备进行审查。

（二）对基金募集申请材料进行合规性审查

（1）拟任基金管理人、基金托管人是否具备法规规定的条件。

（2）拟募集的基金具备法规规定的条件：

① 有明确、合法的投资方向；

② 有明确的基金运作方式；

③ 符合法律法规关于基金品种的规定；

④ 不与拟任基金管理人已管理的基金雷同；

⑤ 基金合同、招募说明书等法律文件符合法律法规的规定。

（三）对基金募集申请进行评审

中国证监会受理基金募集申请后，根据审慎监管原则决定是否组织评审会对基金募集申请进行评审。近年来，中国证监会逐步优化审核程序，除较大创新、复杂产品外，原则上不再组织评审会。

（四）作出核准或者不予核准的决定

中国证监会应当自受理基金募集申请之日起 6 个月内作出核准或者不予核准的决定。

（五）办理基金备案

获准发售基金份额之后，基金管理人将在规定的募集期限发售基金份额。当募集的基金份额总额、基金份额持有人人数符合法律法规规定的基金设立条件时，基金管理人须按规定办理验资和基金备案手续。

中国证监会自收到基金管理人验资报告和备案材料之日起 3 个工作日内予以书面确认；自中国证监会书面确认之日起，基金备案手续办理完毕，基金合同生效。

◇ **同步测试**

单项选择题（以下各小题所给出的 4 个选项中，只有 1 项最符合题要求，请选出正确的选项）

目前我国对公募基金的募集申请实行的是（　　　）。

A. 核准制　　　　　B. 注册制　　　　　C. 公司制　　　　　D. 契约制

◇ **实训设计**

将学生分组，每组 4 人。每组从基金管理公司的官方网站下载 2 只基金的招募说明书和托管协议；在教师指导下分小组研读、讨论、比较招募说明书和托管协议；学生分组对招募说明书和托管协议设计问题和对答；最后进行角色扮演。

1. 角色扮演客户和大堂经理（关于招募说明书的问与答）

2. 角色扮演新客户和大堂经理（关于托管协议的问与答）

◇ **同步测试答案**

任务一

单项选择题：1. A　2. B

判断题：1. B　2. A

任务二

单项选择题：1. C

判断题：1. A　2. B

任务三

多项选择题：1. ABCD

任务四

单项选择题：1. B

基金绩效评价与选择

▶ **知识目标**

1. 了解基金绩效衡量的目的和要素；
2. 理解基金净值收益率的含义和作用；
3. 掌握不同基金的绩效对比分析的方法；
4. 掌握基金风险调整绩效衡量方法；
5. 了解基金择时能力衡量指标的意义；
6. 了解基金绩效贡献分析的方法。

▶ **能力目标**

1. 会在有关网站查阅中介机构的基金评级报告；
2. 学会计算基金净值收益率；
3. 能够读懂并理解基金评级报告的含义；
3. 初步具备将合适的基金推荐给合适的客户的能力。

任务一 了解基金绩效衡量的目的和要素

一、基金绩效衡量的目的

基金绩效衡量是对基金经理投资能力的衡量，其目的在于将具有超凡投资能力的优秀基金经理鉴别出来。基金绩效衡量不同于对基金组合本身表现的衡量。基金组合表现本身的衡量着重反映组合本身的回报情况，并不考虑投资目标、投资范围、投资约束、组合风险、投资风格的不同对基金组合表现的影响。但为了对基金经理的投资能力做出正确的衡量，基金绩效衡量必须对投资能力以外的因素加以控制或进行可比性处理。

投资者需要根据基金经理的投资表现来了解基金在多大程度上实现了投资目标，监测基金的投资策略，并为进一步的投资选择提供决策依据。投资顾问需要依据基金的投资表现向投资者提供有效的投资建议。基金管理公司一方面为吸引基金投资会利用其业绩表现进行市场营销，另一方面会根据绩效衡量提供的反馈机制进行投资监控，并为改进投资操作提供帮助。管理部门从保护投资者利益的角度出发也会对如何恰当地使用绩效衡量指标加以规范。所有这些方面都依赖于对基金绩效的正确衡量以及对绩效信息的恰当利用。不言而喻，不正确的绩效信息以及对绩效信息的不恰当运用都会带来不利甚至灾难性的后果。

二、基金绩效衡量的困难性与需要考虑的因素

基金绩效衡量的基础在于假设基金经理比普通投资大众具有信息优势。他们或者可以获取比一般投资者更多的私人信息，或者可以利用其独到的分析技术对公开信息进行更好的加工和利用。在这种假设的基础上，人们期望能够通过绩效衡量将具有超凡投资能力的优秀基金经理鉴别出来。但问题是要对基金经理的真实表现加以衡量并非易事。

首先，基金的投资表现实际上反映了投资技巧与投资运气的综合影响，绩效表现好的基金可能是高超的投资技巧使然，也可能是运气使然。理论上尽管可以通过统计方法对两种情况的影响作出一定的分析判断，但实际上很难将二者的影响完全区分开来。换言之，统计干扰问题很难解决。在存在干扰的情况下，要验证一个基金经理是否具有高超的投资技巧，统计上需要有大量的观察值，而这一要求在实际中往往很难得到满足。

其次，对绩效表现好坏的衡量涉及比较基准的选择问题。采用不同的比较基准，结论常常会大相径庭，而适合基准的选取并不一目了然。

再次，投资目标、投资限制、操作策略、资产配置、风险水平的不同往往使基金之间的绩效不可比，因此可比性问题常常使基金之间有意义的比较变得非常困难。

最后，绩效衡量的一个隐含假设为基金本身的情况是稳定的，但实际上基金经理常常会根据实际情况对自己的操作策略、风险水平做出调整，从而也会使衡量结果的可靠性受到很大的影响。

此外，衡量角度的不同、绩效表现的多面性（如既要评价组合表现的风险调整收益，也要评价组合的分散性程度）以及基金投资是投资者财富的一部分还是全部等，都会使绩效衡量问题变得复杂化。

目前，尽管在对基金绩效的衡量上各种技术和方法层出不穷，但至今仍没有一个为人们所广泛认可的方法。可综合下列因素对基金绩效做出有效的衡量。

（一）基金的投资目标

基金的投资目标不同，其投资范围、操作策略及其所受的投资约束也就不同。例如，债券型基金与股票型基金由于投资对象不同，在基金绩效衡量上就不具有可比性。再例如，一个仅可以进行小型股票投资的基金经理与一个仅投资于大型公司的基金经理也不具有可比性。因此，在绩效比较中必须注意投资目标对基金绩效衡量可比性所造成的影响。

（二）基金的风险水平

现代投资理论表明，投资收益是由投资风险驱动的，而投资组合的风险水平深深地影响着组合的投资表现，表现较好的基金可能仅仅是由于其所承担的风险较高所致。因此，为了对不同风险水平基金的投资表现做出恰当的考察，必须考察该基金所获得的收益是否足以弥补其所承担的风险水平，即需要在风险调整的基础上对基金的绩效加以衡量。

（三）比较基准

从成熟市场看，大多数基金经理人倾向专注于某一特定的投资风格，而不同投资风格的基金可能受市场周期性因素的影响而在不同阶段表现出不同的群体特征。因此，在基金的相对比较上，必须注意比较基准的合理选择。

（四）时期选择

在基金绩效比较中，计算的开始时间和所选择的计算时期不同，衡量结果也会不同。一些公司常常会挑选对自己有利的计算时期进行业绩的发布，因此，必须注意时期选择对绩效评价可能造成的偏误。

（五）基金组合的稳定性

基金操作策略的改变、资产配置比例的重新设置、经理的更换等都会影响到基金组合的稳定性。因此，在实际评价中必须考虑这些问题。

三、绩效衡量问题的不同视角

（一）内部衡量与外部衡量

基金公司可以利用详尽的持股与交易数据从内部对基金的绩效表现进行深入和符合实际的评价，研究者、投资者以及基金评价机构只能依赖收益率等数据从外部对基金的绩效做出分析评判。

（二）实务衡量与理论衡量

实务上对基金业绩的考察主要采用两种方法：一是将选定的基金表现与市场指数的表现加以比较；二是将选定的基金表现与该基金相似的一组基金的表现进行相对比较。这些方法的优点是直观易行，但在实际应用中也存在如何选取适合的市场指数，如何对基金进行分组等问题的困扰，特别是同组比较实际上存在同组基金风险一致的隐含假设。

与实务方法不同，理论上对基金绩效表现的衡量则以各种风险调整收益指标以及各种绩效评估模型为基础，理论方法一般均需要特定的假设条件。因此，理论方法在应用上也存在一定的局限性，其有效性也常常受到人们的怀疑。

（三）短期衡量与长期衡量

短期衡量通常是对近3年表现的衡量。长期衡量则通常将考察期设定在3年（含）以上。与成本理论中的短期最优不等于长期最优类似，基金的短期表现与长期表现也常常不一致。一般认为，基金投资是一项长期投资，投资者更应注重基金在长期的一贯表现，但实际上短期表现往往更会受到投资者的重视。

（四）事前衡量与事后衡量

事后衡量是对基金过去表现的衡量。所有绩效衡量指标均是事后衡量。"过去的表现并不代表未来表现"，事后衡量的有用性常常受到质疑。对人们更有用的是对基金绩效的未来变化能够起到预测作用的事前绩效衡量，但迄今为止还没有可靠的事前绩效衡量方法，因此，人们也只能将事后衡量的结果作为有效决策的出发点。

（五）微观衡量与宏观衡量

微观绩效衡量主要是对个别基金绩效的衡量。宏观绩效衡量则力求反映全部基金的整体表现。

（六）绝对衡量与相对衡量

仅依据基金自身的表现进行的绩效衡量为绝对衡量。通过与指数表现或相似基金的相互比较进行的绩效衡量则被称为相对衡量。收益、风险、风险调整收益指标均有绝对与相对之分。

（七）基金衡量与公司衡量

基金衡量侧重于对基金本身表现的数量分析。公司衡量则更看重管理公司本身素质的衡量。

◇ 资料卡

目前中国的基金评级机构有三类，一是外资评级机构，以晨星、理柏为代表，评级结果具有较高的权威性；二是以银河证券为代表的券商评级机构，另外中信、海通、国泰君安等都有一套自己的评级体系；三是独立的理财机构发布的基金评级，国内的天相、玖富、德胜等是其代表。

◇ 同步测试

单项选择题（以下各小题所给出的 **4** 个选项中，只有 **1** 项最符合题要求，请选出正确的选项）

1. 对表现好坏的基金衡量会涉及（　　）的选择问题。

A. 风险水平　　　　B. 比较基准　　　　C. 操作策略　　　　D. 业绩计算时期

2. 着重对管理公司本身素质的衡量属于（　　）。

A. 基金衡量　　　　B. 绝对衡量　　　　C. 公司衡量　　　　D. 相对衡量

3. 基金绩效衡量是对基金经理（　　）的衡量。

A. 风险偏好　　　　　　　　　　　B. 管理运作能力

C. 投资能力　　　　　　　　　　　D. 投资风格及水平

4. 对个别基金绩效的衡量属于（　　）。

A. 绝对衡量　　　　B. 相对衡量　　　　C. 微观衡量　　　　D. 实务衡量

多项选择题（以下各小题所给出的 **4** 个选项中，有 **2** 个或 **2** 个以上符合题目要求，请选出正确的选项）

1. 影响基金组合稳定性的因素有（　　）。

A. 基金操作策略的改变　　　　　　B. 基金经理的更换

C. 证券市场状况的变换　　　　　　D. 资产配置比例的重新设置

2. 基金绩效衡量需要考虑的因素包括（　　）。

A. 风险水平　　　　　　　　　　　B. 比较基准

C. 时期选择　　　　　　　　　　　D. 基金组合的稳定性

3. 基金绩效衡量的困难性在于（　　）。

A. 基金绩效表现的多面性

B. 基金之间绩效的不可比性

C. 比较基准的选择

D. 投资表现实质上反映了投资技巧与运气的综合影响

4. 基金绩效衡量问题的不同视角包括（　　）。

A. 内部衡量与外部衡量　　　　　　B. 实务衡量与理论衡量

C. 短期衡量与长期衡量　　　　　　D. 事前衡量与事后衡量

判断题（判断以下各小题的对错，正确的填 A，错误的填 B）

实务衡量的优点是直观易行。   （　　）

任务二　能够计算基金净值收益率

一、简单（净值）收益率计算

简单（净值）收益率的计算不考虑分红再投资时间价值的影响，计算公式如下：

$$R = \frac{NAV_t + D - NAV_{t-1}}{NAV_{t-1}} \times 100\%$$

式中：R——简单收益率；

　　　　NAV_t、NAV_{t-1}——期末、期初基金的份额净值；

　　　　D——在考察期内，每份基金的分红金额。

举例：假设某基金在 2012 年 12 月 3 日的份额净值为 1.484 8 元，2013 年 9 月 1 日的份额净值为 1.788 6 元，期间基金曾经在 2013 年 2 月 28 日每 10 份分红 2.75 元，那么这一阶段该基金的简单收益率则为：

$$R = [(1.788\ 6 - 1.484\ 8) + (2.75 \div 10)] \div 1.484\ 8 \times 100\% = 38.98\%$$

二、时间加权收益率

简单（净值）收益率由于没有考虑分红的时间价值，因此只能是一种基金收益率的近似计算。时间加权收益率由于考虑到了分红再投资，能更准确地对基金的真实投资表现做出衡量。

时间加权收益率的假设前提是红利以除息前一日的单位净值减去每份基金分红后的份额净值立即进行了再投资。分别计算分红前后的分段收益率，时间加权收益率可由分段收益率的连乘得到：

$$R = [(1+R_1)(1+R_2)\cdots(1+R_n) - 1] \times 100\%$$

$$= \left[\frac{NAV_1}{NAV_0} \cdot \frac{NAV_2}{NAV_1 - D_1} \cdots \frac{NAV_{n-1}}{NAV_{n-2} - D_{n-2}} \cdot \frac{NAV_n}{NAV_{n-1} - D_{n-1}} - 1 \right] \times 100\%$$

式中：R_1——第一次分红之前的收益率；

　　　　R_2——第一次分红至第二次分红期间的收益率，R_n 以此类推；

　　　　NAV_0——基金期初份额净值；

　　　　$NAV_1, \cdots, NAV_{n-1}$——分别表示除息前一日基金份额净值；

　　　　NAV_n——期末份额净值；

　　　　$D_1, D_2, \cdots, D_{n-1}$——份额基金分红。

举例：上例中，假设该基金在除息前一日的份额净值为 1.897 6 元，则：

$$R_1 = \left(\frac{1.897\ 6}{1.484\ 8} - 1 \right) \times 100\% = 27.80\%$$

$$R_2 = \left(\frac{1.788\ 6}{1.897\ 6 - 0.275\ 0} - 1 \right) \times 100\% = 10.23\%$$

因此，该基金在该期间的时间加权收益率为：$R = [(1+0.2780)(1+1.1023) - 1] \times 100\% = 40.87\%$。

可以看出，在该例中，由于第二段收益率为正，考虑分红再投资的时间加权收益率在数值上也就大于简单收益率。

在时间加权收益率的计算上，另一种更容易理解的方法是，将分红转换成基金份额进行再投资。每单位 0.2750 的分红，可以转换为 0.16948 份 $[=0.2750 \div (1.8976-0.2750)]$ 的基金。假设初期投资者持有一份的基金，那么期末的投资价值将等于 2.0917 （$=1.16948 \times 1.7886$），基金在该期间的收益率为 40.87%（$=2.0917 \div 1.4848 \times 100\%$）。计算结果与第一种方法一致。

时间加权收益率反映了 1 元投资在不取出的情况下（分红再投资）的收益率，其计算将不受分红多少的影响，可以准确地反映基金经理的真实投资表现，现已成为衡量基金收益率的标准方法。

三、算术平均收益率与几何平均收益率

在对多期收益率的衡量与比较上，常常会用到平均收益率指标。平均收益率的计算有两种方法：算术平均收益率与几何平均收益率。

算术平均收益率的计算公式为：

$$\overline{R}_A = \frac{\sum\limits_{t=1}^{n} R_t}{n} \times 100\%$$

式中：R_t——各期收益率；

　　　n——期数。

几何平均收益率的计算公式为：

$$\overline{R}_G = \left(\sqrt[n]{\prod_{t=1}^{n} (1 + R_t)} - 1 \right) \times 100\%$$

式中：$\prod$——连乘符号。

举例：假设某基金第一年的收益率为 50%，第二年的收益率为 -50%，该基金的算术平均收益率为 0，年几何平均收益率为 -13.40%，那么该用哪一个平均收益率呢？

假设最初在该基金上的投资为 100 元，这 100 元投资 2 年后变为 75 元，2 年累计亏损为 25%，相当于每年亏损 -13.40%。可以看出，几何平均收益率能正确地算出投资的最终价值，而算术平均数则高估了投资的收益率。

一般地，算术平均收益率要大于几何平均收益率，每期的收益率差距越大，两种平均方法的差距越大。

几何平均收益率可以准确地衡量基金表现的实际收益情况，因此，常用于对基金过去收益率的衡量上。算术平均收益率一般可以用作对平均收益率的无偏估计，因此它更多地被用来对将来收益率的估计。

1 年以上的长期收益率往往需要转换为便于比较的年平均收益率。

举例：一个基金 3 年零 9 个月（相当于 3.75 年）的累计收益率为 25%，那么该基金的

年平均收益率则可以用几何平均收益率的公式计算如下：

$$\overline{R}_G = [(1 + 25\%)^{\frac{1}{3.75}} - 1] \times 100\% = 6.13\%$$

需要注意的是，对 1 年以下的收益率一般不进行年平均收益率的计算。

四、年化收益率

有时需要将阶段收益率换算成年收益率，这就涉及年（度）化收益率（简称"年化收益率"）的计算。年化收益率有简单年化收益率与精确年化收益率之分。

已知季度收益率，简单年化收益率的计算公式如下：

$$R_{年} = \sum_{i=1}^{4} R_i$$

式中：$R_{年}$——年化收益率；

R_i——季度收益率。

已知季度收益率，精确年化收益率的计算公式如下：

$$R_{年} = \prod_{i=1}^{4}(1 + R_i) - 1$$

举例：假设某基金每季度的收益率分别为：7.5%、-2.00%、3.00%、5.00%，则简单年化收益率为：

$$R_{年} = 7.5\% - 2.00\% + 3.00\% + 5.00\% = 13.50\%$$

精确年化收益率为：

$$R_{年} = [(1+7.5\%) \times (1-2\%) \times (1+3\%) \times (1+5\%) - 1] \times 100\%$$
$$= 13.94\%$$

◇ 同步测试

单项选择题（以下各小题所给出的 **4** 个选项中，只有 **1** 项最符合题要求，请选出正确的选项）

《基金净值表现的编制及披露》属于基金信息披露的（　　）。

A. 国家法律　　　　　B. 部门规章　　　　　C. 规范性文件　　　　　D. 自律性规则

多项选择题（以下各小题所给出的 **4** 个选项中，有 **2** 个或 **2** 个以上符合题目要求，请选出正确的选项）

衡量基金净值收益率的指标包括（　　）。

A. 简单净值收益率　　　　　　　　　B. 时间加权收益率

C. 算术平均收益率与几何平均收益率　　　D. 年化收益率

判断题（判断以下各小题的对错，正确的填 **A**，错误的填 **B**）

算术平均收益率可以准确地衡量基金表现的实际收益情况，因此常用于对基金过去收益率的衡量上。

（　　）

任务三　掌握基金绩效的收益率衡量的方法

时间加权收益率给出了基金经理人的绝对表现，但投资者却无法据此判断基金经理人业绩表现的优劣。基金表现的优劣只能通过相对表现做出评判。分组比较与基准比较是两个最主要的比较方法。

一、分组比较法

分组比较就是根据资产配置的不同、风格的不同、投资区域的不同等，将具有可比性的相似基金放在一起进行业绩的相对比较，其结果常以排序、百分位、星号等形式给出。这种比较要比不分组的全域比较更能给出有意义的衡量结果。

分组比较的基本思路是，通过恰当的分组，尽可能地消除由于类型差异对基金经理人业绩所造成的不利影响。如由于股票市场周期性波动的影响，一段时间以来，成长性基金的表现普遍较好，而价值性基金的表现较差。如果将它们分在一组比较，价值性基金的相对表现就会普遍较差；反之，价值型基金的相对表现就会较好。这种由于市场原因而引起的业绩的相对变动将不利于对基金经理投资技巧高低的区分。

尽管分组比较目前仍然是最普遍、最直观、最受媒体欢迎的绩效评价方法，但该方法在应用上却存在一系列潜在的问题。第一，要做到"公平"分组很困难，从而也就使比较的有效性受到质疑。第二，很多分组含义模糊，因此有时投资者并不清楚在与什么比较。第三，分组比较隐含地假设了同组基金具有相同的风险水平，但实际上同组基金之间的风险水平可能差异很大，未考虑风险调整因素的分组比较也就存在较大的问题。第四，如果一个投资者将自己所投资的基金与同组中位基金的业绩进行比较，由于在比较之前，无法确定该基金的业绩，而且中位基金会不断变化，因此也就无法很好地比较。第五，投资者更关心的是基金是否达到了其投资目的，如果仅关注基金在同组的相对比较，将会偏离绩效评价的根本目的。

二、基准比较法

基准比较法是通过给被评价的基金定义一个适当的基准组合，比较基金收益率与基准组合收益率的差异来对基金表现加以衡量的一种方法。基准组合是可投资的、未经管理的、与基金具有相同风格的组合。

一个良好的基准组合应具有如下五个方面的特征：

（1）明确的组成成分，即构成组合的成分证券的名称、权重是非常清晰的；

（2）可实际投资的，即可以通过投资基准组合来跟踪积极管理的组合；

（3）可衡量的，即指基准组合的收益率具有可计算性；

（4）适当的，即与被评价基金具有相同的风格与风险特征；

（5）预先确定的，即基准组合的构造先于被评估基金的设立。基准组合可以是全市场指数、风格指数，也可以是由不同指数复合而成的复合指数。

与分组比较法一样，基准比较法在实际应用中也存在一定的问题。一是在如何选取适合的指数上，投资者常常会无所适从，因为要从市场上已有的指数中选出一个与基金投资风格完全对应的指数非常困难。二是基准指数的风格可能由于其中股票性质的变化而发生变化。如价值指数中的股票，可能会变为成长型的股票，如果不进行定期调整，该指数就不适宜再作为衡量价值基金表现的基准继续使用。同样，基金的风格也可能随时间的变化而变化。三是基金经理常有与基准组合比赛的念头。这方面主要存在两种做法：一种是通过持有不包括在基准中的资产，尽力在业绩上超过基准组合的表现；另一种是尽力模仿基准组合，而不思进取。四是公开的市场指数并不包含现金余额，但基金在大多数情况下不可能进行全额投资，这也会为比较增加困难。五是公开的市场指数并不包含交易成本，而基金在投资中必定会有交易成本，也常常引起比较上的不公平。

◇ 同步测试

多项选择题（以下各小题所给出的 4 个选项中，有 2 个或 2 个以上符合题目要求，请选出正确的选项）

1. 分组比较就是根据（   ）等，将具有可比性的相似基金放在一起进行业绩的相对比较。

A. 资产配置的不同 　　　　　　　　　B. 市场主体的不同

C. 风格的不同 　　　　　　　　　　　D. 投资区域的不同

2. 基金绩效收益率衡量的主要方法有（   ）。

A. 宏观分析法 　　　　　　　　　　　B. 微观分析法

C. 分组比较法 　　　　　　　　　　　D. 基准比较法

判断题（判断以下各小题的对错，正确的填 A，错误的填 B）

1. 基金绩效衡量的目的是把具有极大升值潜力的基金挖掘出来。　　　　　（　　）

2. 基准组合可以是全市场指数、风格指数，也可以是由不同指数复合而成的复合指数。

（　　）

任务四　知晓风险调整绩效衡量方法

一、对基金收益率进行风险调整的必要性

现代投资理论的研究表明，风险的大小在决定组合的表现上具有基础性的作用，这样直接以收益率的高低进行绩效的衡量就存在很大的问题。表现好的基金可能是由于所承担的风险较高使然，并不表明基金经理在投资上有较高的投资技巧；而表现差的基金可能是风险较小的基金，也并不必然表明基金经理的投资技巧差强人意。风险调整衡量指标的基本思路就是通过对收益加以风险调整，得到一个可以同时对收益与风险加以考虑的综合指标，以期能够排除风险因素对绩效评价的不利影响。

二、三大经典风险调整收益衡量方法

（一）特雷诺指数

第一个风险调整衡量方法是由特雷诺（Treynor，1965）提出的，因此也被称为"特雷诺指数"。特雷诺指数给出了基金份额系统风险的超额收益率。用公式可表示为：

$$T_P = \frac{\overline{R}_P - \overline{R}_f}{\beta_P}$$

式中：T_P——基金 P 的特雷诺指数；

　　　$\overline{R}_P$——考察期内基金 P 的平均回报率；

$\overline{R}_{\mathrm{f}}$——考察期内平均无风险收益率；

β_{P}——基金 P 的系统风险。

举例：假设基金 A、基金 C 的季度平均收益率分别为 2.50%、2.00%，系统风险分别为 1.20、0.80，市场组合的季平均收益率为 2.20%，季平均无风险收益率为 0.65%，则不难得到，基金 A、基金 C 的特雷诺指数分别等于 1.54、1.69，市场指数的特雷诺指数为 1.47，因此基金 C 的表现要好于基金 A，它们的表现都要好于市场的表现。

特雷诺指数用的是系统风险而不是全部风险，因此，当一项资产只是资产组合中的一部分时，特雷诺指数就可以作为衡量绩效表现的恰当指标加以应用。

特雷诺指数的问题是无法衡量基金经理的风险分散程度。值并不会因为组合中所包含的证券数量的增加而降低，因此当基金分散程度提高时，特雷诺指数可能并不会变大。

（二）夏普指数

夏普指数是由诺贝尔经济学得主威廉·夏普于 1966 年提出的另一个风险调整衡量指标。夏普指数以标准差作为基金风险的度量，给出了基金份额标准差的超额收益率。夏普指数调整的是全部风险，因此，当某基金就是投资者的全部投资时，可以用夏普指数作为绩效衡量的适宜指标。

夏普指数用公式可表示为：

$$S_{\mathrm{P}} = \frac{\overline{R}_{\mathrm{P}} - \overline{R}_{\mathrm{f}}}{\sigma_{\mathrm{P}}}$$

式中：S_{P}——夏普指数；

$\overline{R}_{\mathrm{P}}$——基金的平均收益率；

$\overline{R}_{\mathrm{f}}$——基金的平均无风险利率；

σ_{P}——基金的标准差。

（三）詹森指数

詹森指数是由詹森（Jensen，1968，1969）在 CAPM 模型基础上发展出的一个风险调整差异衡量指标。

根据 CAPM 模型，在 SML（资本市场线）线上可以构建一个与施加积极管理的基金组合的系统风险相等的、由无风险资产与市场组合组成的消极投资组合。詹森认为将管理组合的实际收益率（R_{P}）与具有相同风险水平的消极（虚构）投资组合的期望收益率 $[E(R_{\mathrm{P}})]$ 进行比较，二者之差可以作为绩效优劣的一种衡量标准，即詹森指数 α_{P} 可用下式表示为：

$$\alpha_{\mathrm{P}} = R_{\mathrm{P}} - E(R_{\mathrm{P}})$$

实际应用中，对詹森指数的最佳估计可通过下面的回归方程进行：

$$\hat{\alpha}_{\mathrm{P}} = R_{\mathrm{P}} - [\overline{R}_{\mathrm{f}} + (\overline{R}_{\mathrm{M}} - \overline{R}_{\mathrm{f}})\hat{\beta}_{\mathrm{P}}]$$

式中：$\hat{\alpha}_{\mathrm{P}}$——$\alpha_{\mathrm{P}}$ 的最小二乘估计；

R_{P}——组合的实际收益率；

$\overline{R}_{\mathrm{f}}$——平均无风险收益率；

$\overline{R}_M$ ——市场平均收益率；

$\hat{\beta}_P$ —— β_P 的最小二乘估计。

如果 $\hat{\alpha}_P = 0$，说明基金组合的收益率与处于同等风险水平的被动组合的收益率不存在显著差异，该基金的表现就被称为是中性的。只有成功地预测到市场变化或正确地选择股票，或同时具备这两种能力，实施积极管理的基金组合才能获得超过市场平均收益率的超常绩效表现，这时 $\hat{\alpha}_P > 0$。如 $\hat{\alpha}_P < 0$，则基金的绩效表现未超越市场平均水平，不尽如人意。

三、三种风险调整衡量方法的区别与联系

夏普指数与特雷诺指数给出的是单位风险的超额收益率，因而是一种比率衡量指标；而詹森指数给出的是差异收益率。比率衡量指标与差异衡量指标在对基金绩效的排序上有可能给出不同的结论。用特雷诺指数评价基金 A 和 B，结论是基金 B 的绩效优于基金 A，如图 4-1 所示；但用詹森指数衡量，基金 A 则要好于基金 B。

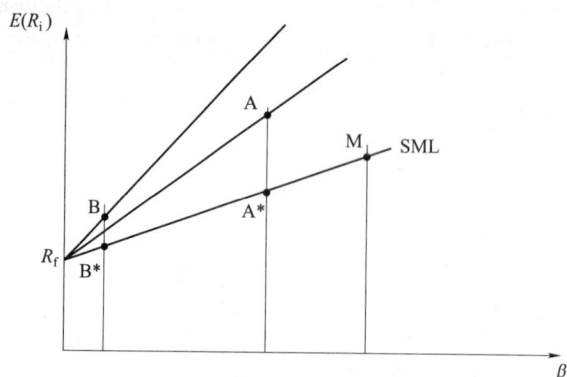

图 4-1　比率与差异衡量指标对基金绩效的不同评价

（一）夏普指数与特雷诺指数尽管衡量的都是单位风险的收益率，但二者对风险的计量不同

夏普指数考虑的是总风险（以标准差衡量），而特雷诺指数考虑的是市场风险（以 β 值衡量）。当投资者将其大部分资金投资于一只基金时，他就会比较关心该基金的全部风险，因此也就会将标准差作为对基金风险的适宜衡量指标。这时，适宜的衡量指标就应该是夏普指数。当投资者不仅仅投资于无风险证券和单一基金组合，所要评价的投资组合仅仅是该投资者全部投资的一个组成部分时，就会比较关注该组合的市场风险，在这种情况下，β 值会被认为是适当的风险度量指标，从而对基金绩效衡量的适宜指标就应该是特雷诺指数。

（二）夏普指数与特雷诺指数在对基金绩效的排序结论上有可能不一致

一般而言，当基金完全分散投资或高度分散，用夏普比率和特雷诺比率所进行的业绩排序是一致的。但当分散程度较差的组合与分散程度较好的组合进行比较时，用两个指标衡量的结果就可能不同。两种衡量方法评价结果的不同是由分散水平的不同引起的。一个分散程度差的组合的特雷诺指数可能很好，但夏普指数可能很差。此外，二者在对基金绩效表现是否优于市场指数的评判上也可能不一致。由于二者提供了关于业绩不同但相互补充的信息，

因此应同时使用。

（三）特雷诺指数与詹森指数只考虑了绩效的深度，而夏普指数则同时考虑了绩效的深度与广度

基金组合的绩效可以从深度与广度两个方面进行。深度指的是基金经理所获得的超额回报的大小，而广度则对组合的分散程度加以考虑。

组合的标准差会随着组合中证券数量的增加而减少，因此夏普指数可以同时对组合的深度与广度加以考察；那些分散程度不高的组合，其夏普指数会较低。相反，由于特雷诺指数与詹森指数对风险的考虑只涉及 β 值，而组合的 β 值并不会随着组合中证券数量的增加而减少，因此也就不能对绩效的广度作出考察。

（四）詹森指数要求用样本期内所有变量的样本数据进行回归计算

这与只用整个时期全部变量的平均收益率（投资组合、市场组合和无风险资产）的特雷诺指数和夏普指数是不一样的。

四、经典绩效衡量方法存在的问题

（一）CAPM 的有效性问题

建立在 CAPM 基础上的三大风险调整收益衡量指标的有效性，在很大程度上要依赖于 CAPM 的有效性，而 CAPM 可能并不是一个正确的定价模型，如果是这样的话，以 β 为基础的绩效衡量就是不合适的。

（二）SML 误定可能引致的绩效衡量误差

建立在 SML 之上的詹森指数和特雷诺指数都要求一个市场组合，但在实际应用过程中只能选择一个准市场组合作为市场组合的替代品。以替代品作为市场组合进行绩效评价，绩效排名可能不同于真实市场组合下的排名。

（三）基金组合的风险水平并非一成不变

当基金经理预期市场有向好的走势时，基金经理会提高组合的平均 β 值，增强组合对市场组合的敏感性；当预期市场走势向弱时，则会降低组合的平均 β 值，增加债券的购买或现金的储备。这样，很多管理组合的风险水平实际上会处于不断的调整状态。因此，用历史数据对组合风险的估计可能与组合目前的风险水平出入很大，这样，绩效评价结果的可靠性就会受到很大影响。再比如，在两个时间段中，基金经理可能会采取不同的投资策略，从而使得基金在两个时间段的标准差不同，这时如果对这种策略的改变视而不见，将两个阶段合并考察，夏普指数将不再有效。

（四）以单一市场组合为基准的衡量指标会使绩效评价有失偏颇

建立在 CAPM 之上的三大经典的评价指标都立足于与市场组合表现相联系的单一基准组合的比较，因而被统称为单一基准的绩效评价方法。用单一基准组合并不能对组合的绩效进行正确的评价。

例如，用主要由大公司的股票构造的上证 180 指数的表现来衡量完全由投资于小公司股票的基金组合的表现，可能会得到南辕北辙的结论。在这种情况下，我们无法确定正值的詹森指数究竟是源于基金经理的优秀选股能力，还是因为小型公司股票作为一个整体在这一阶

段的表现好于主要由大公司的股票构造的 180 指数。也就是说，这时对基金组合适宜的评价基准应该是小公司股价指数的表现，而不是与其表现不相干的 180 指数的表现。当基金组合中包含不同的资产类别时，如同时投资于股票和债券的平衡型基金，使用单一市场指数对组合绩效表现加以评价也是不适宜的，这时用多因素模型更具合理性。

五、风险调整收益衡量的其他方法

建立在 CAPM 之上的三大经典风险调整绩效衡量方法，为有效衡量基金的绩效表现提供了重要的途径。在此基础上，基于对风险的不同计量或调整方式的不同，其他一些风险调整衡量方法也相继被提了出来，并在实践中得到广泛的应用。

（一）信息比率

信息比率（IR）以马柯威茨的均异模型为基础，可以用来衡量基金的均异特性。其计算公式如下：

$$IR = \frac{\overline{D}_P}{\sigma_{D_P}}$$

式中：$D_P = R_P - R_b$，是基金与基准组合的差异收益率；

$\overline{D}_P = \overline{R}_P - \overline{R}_b$，是差异收益率的均值；

$\sigma_{D_P} = \sqrt{\dfrac{\displaystyle\sum_{t=1}^{T}(D_{Pt} - \overline{D}_P)^2}{T-1}}$，是差异收益率的标准差。

基金收益率相对于基准组合收益率的差异收益率的均值，反映了基金收益率相对于基准组合收益率的表现。基金收益率与基准组合收益率之间的差异收益率的标准差，通常被称为"跟踪误差"（Tracking Error），反映了积极管理的风险。信息比率越大，说明基金经理单位跟踪误差所获得的超额收益越高。因此，信息比率较大的基金的表现要好于信息比率较低的基金。

（二）M^2 测度

尽管可以根据夏普指数的大小对组合绩效表现的优劣加以排序，但夏普指数本身的数值却难以加以解释。为此，诺贝尔经济学奖获得者 France Modigliani 与其孙女 Leah Modigliani（1997）提出了一个赋予夏普比率以数值化解释的指标，即 M^2 测度的指标：

$$M^2 = \overline{R}_{P*} - \overline{R}_M = S_P \sigma_M + R_f - \overline{R}_M = \frac{\sigma_M}{\sigma_P}(\overline{R}_P - R_f) - \overline{R}_M + R_f$$

式中：M^2——测度；

$\overline{R}_P$、$\overline{R}_{P*}$——基金 P 在 σ_P 与 σ_M 水平下的平均收益率；

σ_P、σ_M——基金 P 和市场组合 M 的标准差；

R_f——无风险收益率。

M^2 测度的几何含义如图 4-2 所示。

这一方法的基本思想就是通过无风险利率下的借贷，将被评价组合（基金）的标准差调整到与基准指数相同的水平下，进而对基金相对基准指数的表现作出考察。由于 M^2 测度

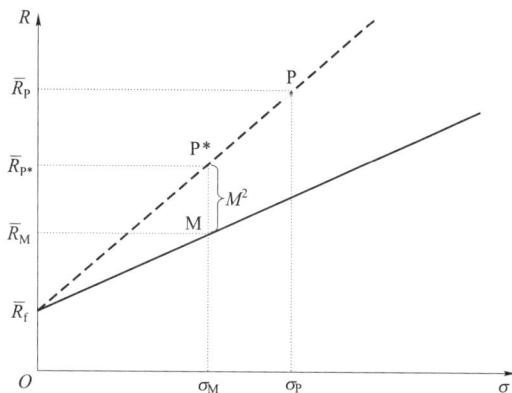

图 4-2　M^2 的测度

实际上表现为两个收益率之差，因此也就比夏普指数更容易为人们所理解与接受。不过，M^2 测度与夏普指数对基金绩效表现的排序是一致的。

◇ 同步测试

单项选择题（以下各小题所给出的 **4** 个选项中，只有 **1** 项最符合题目要求，请选出正确的选项）

1.（　　）要求用样本期内所有变量的样本数据进行回归计算。

A. 詹森指数　　　　　　　　　　B. 夏普指数

C. 标准普尔指数　　　　　　　　D. 特雷诺指数

多项选择题（以下各小题所给出的 **4** 个选项中，有 **2** 个或 **2** 个以上符合题目要求，请选出正确的选项）

1. 一个良好的基准组合应具有的特征包括（　　　）。

A. 明确的组成成分　　　　　　　B. 可实际投资的

C. 可衡量的　　　　　　　　　　D. 适当的

2. 三大经典风险调整收益衡量方法是指（　　　）。

A. 特雷诺指数　　　　　　　　　B. 夏普指数

C. 标准普尔指数　　　　　　　　D. 詹森指数

判断题（判断以下各小题的对错，正确的填 **A**，错误的填 **B**）

特雷诺指数考虑的是全部风险。　　　　　　　　　　　　　　　　（　　　）

任务五　知晓择时能力衡量

一、择时活动与基金绩效的正确衡量

在用特雷诺指数和詹森指数对基金绩效进行衡量时，存在一个隐含假设，即基金组合的 β 值是稳定不变的。但实际上，基金经理常常会根据自己对市场大势的判断而调整现金头寸或改变组合的 β 值。在这种情况下，采用特雷诺指数和詹森指数往往不能对基金的投资能力作出正确的评判。

基金经理的投资能力可以被分为股票选择能力（简称"选股能力"）与市场选择能力（简称"择时能力"）两个方面。所谓选股能力，是指基金经理对个股的预测能力。具有选股能力的基金经理能够买入价格低估的股票，卖出价格高估的股票。所谓"择时能力"，是指基金经理对市场整体走势的预测能力。具有择时能力的基金经理能够正确地估计市场的走势，因而可以在牛市时，降低现金头寸或提高基金组合的 β 值；在熊市时，提高现金头寸或降低基金组合的 β 值。

二、现金比例变化法

在市场繁荣期，成功的择时能力表现为基金的现金比例或持有的债券比例较小；在市场萧条期，基金的现金比例或持有的债券比例应较大。现金比例变化法就是一种较为直观的、通过分析基金在不同市场环境下现金比例的变化情况来评价基金经理择时能力的方法。为便于说明，这里将债券等同为现金，并以债券指数的收益率作为现金收益率，只考虑基金在股票与现金资产之间进行资产的转换。

使用这种方法，首先需要确定基金的正常现金比例。正常现金比例可以是基金投资政策规定的，也可以评价期基金现金比例的平均值作为代表。实际现金比例相对于正常现金比例的偏离即可以被看作主动性的择时活动所致，进而可以用下式衡量择时活动的"损益"情况：

$$择时损益 = （股票实际配置比例 - 正常配置比例） \times 股票指数收益率 +$$
$$（现金实际配置比例 - 正常配置比例） \times 现金收益率$$

举例：假设某季上证 A 股指数的收益率为 10%，现金（债券）的收益率为 2%。基金投资政策规定，基金的股票投资比例为 80%，现金（债券）的投资比例为 20%，但基金在实际投资过程中股票的投资比例为 60%，现金（债券）的投资比例为 40%，则可以根据上式得到该基金在本季的择时效果：

$$择时损益 = （60\% - 80\%） \times 10\% + （40\% - 20\%） \times 2\%$$
$$= -2\% + 0.40\% = -1.60\%$$

可以看出，由于在该季股票市场相对于现金（债券）处于强势，但基金却减少了在股票上的投资，保留了更多的现金比例，因此其错误的择时活动导致了基金市场时机选择的损失。

三、成功概率法

成功概率法是根据对市场走势的预测而正确改变现金比例的百分比来对基金择时能力进行衡量的方法。由于股票市场的涨跌概率大约各占 60% 与 40%，因此一个没有任何市场预测能力的基金经理，如果总是将市场看作牛市，其正确预测市场的概率将高达 60%。为了对这种衡量偏误加以纠正，使用成功概率法对择时能力进行评价的一个重要步骤是需要将市场划分为牛市和熊市两个不同的阶段，通过分别考察基金经理在两种情况下的预测能力，对基金的择时能力做出衡量。

设 P_1 表示基金经理正确地预测到牛市的概率，P_2 表示基金经理正确地预测到熊市的概率，成功概率可由下式给出：

$$成功概率 = （P_1 + P_2 - 1） \times 100\%$$

举例：假设在 20 个季度内，股票市场出现上扬的季度数有 12 个，其余 8 个季度则出现下跌。在股票市场上扬的季度中，择时损益为正值的季度数有 8 个；在股票市场出现下跌的季度中，择时损益为正值的季度数为 6 个，计算该基金的成功概率。

由条件可得：

$$P_1 = 8 \div 12 = 0.666\ 7, P_2 = 6 \div 8 = 0.75$$

因此，成功概率 $= (0.666\ 7 + 0.75 - 1) \times 100\% = 41.67\%$。

这一数字明显大于零，因此可以肯定该基金经理具有优异的择时能力。

四、二次项法

一个成功的市场选择者，能够在市场处于涨势时提高其组合的 β 值，而在市场处于下跌时降低其组合的 β 值。二次项法是由特雷诺与梅热（Masuy）于 1966 年提出的，因此通常又被称为"T-M 模型"。

对一个成功的市场选择者而言，其 β 值可表示为：

$$\beta_{it} = \beta_i + \gamma_i (R_{Mt} - R_f)$$

正值的 γ_i 表明，组合经理能随市场的上涨（下跌）而提升（降低）其组合的系统风险。将上式带入单因素詹森指数模型，就得到了一个带有二次项的、可以将詹森的总体衡量分解为选股能力 α 和市场选择能力 γ_i 的模型：

$$R_i - R_f = \alpha + \beta_i (R_M - R_f) + \gamma_i (R_M - R_f)^2 + \varepsilon_i$$

原假设是 $\gamma_i = 0$。如果 $\gamma_i > 0$，表明基金经理具有成功的市场选择能力。也就是说，一个成功的市场选择者能够在市场高涨时提高组合的 β 值，在市场低迷时降低 β 值。

五、双 β 方法

亨茵科桑（Henriksson）和莫顿（Merton）于 1981 年提出了另一种相似却更为简单的对选股和择时能力进行估计的方法。他们假设，在具有择时能力的情况下，资产组合的值只取两个值：市场上升时期 β 取较大的值，市场下降时期 β 取较小的值。

莫顿和亨茵科桑通过在一般回归方程中加入一个虚拟变量来对择时能力进行估计：

$$R_i - R_f = \alpha + \beta_1 (R_M - R_f) + \beta_2 (R_M - R_f) D + \varepsilon_i$$

这里，D 是一个虚拟变量。当 $R_M > R_f$ 时，$D = 1$；当 $R_M < R_f$ 时，$D = 0$。ε_i 是零均值的随机残差。如果 β_2 为正，说明存在市场选择能力。α 用来衡量经理的选股表现。这样，基金的 β 值在市场下跌时为 β_1，在市场上扬时为 $\beta_1 + \beta_2$。因此，这种方法被称为"双 β 模型"或"H-M 模型"。

◇ 同步测试

单项选择题（以下各小题所给出的 4 个选项中，只有 1 项最符合题要求，请选出正确的选项）

1. 使用现金比例变化法，首先需要确定基金的（　　）。

A. 现金比例　　　　　　　　　　　　B. 正常现金比例

C. 特殊现金比例　　　　　　　　　　D. 投资比例

任务六　了解绩效贡献分析

对基金绩效表现优劣加以衡量只是问题的一个方面，而人们对造成基金收益率与基准组合收益率之间收益差别的原因更感兴趣。这就是绩效贡献（归因或归属）分析所要回答的问题。

基金管理者一般既需要在股票、债券、货币市场工具等大类资产方面做出关于资产配置的方向性决定，又需要在资产配置的基础上进行细类资产的选择，如在股票投资方面进行行业的选择，在债券投资方面进行短、中、长期债券的选择等，最后还必须进行具体证券的选择，如个股的选择等。研究业绩贡献的目的就是把总的业绩分解为一个个的组成部分，以考察基金经理在每一个部分的选择能力。

一、资产配置选择能力与证券选择能力的衡量

基金在不同资产类别上的实际配置比例对正常比例的偏离，代表了基金经理在资产配置方面所进行的积极选择。因此，不同类别资产实际权重与正常比例之差乘以相应资产类别的市场指数收益率的和，就可以作为资产配置选择能力的一个衡量指标。类似地，基金在不同类别资产上的实际收益率与相应类别资产指数收益率的不同，代表了基金经理在证券选择方面所进行的积极操作的贡献。因此，基金在不同类别资产上的实际收益率与相应类别资产指数收益率的差乘以基金在相应资产的实际权重的和，就可以作为证券选择能力的一个衡量指标。

假设在一个考察期，基金 P 包括了 N 类资产，基金在第 i 类资产上事先确定的正常的（政策规定的）投资比例为 w_{hi}，而实际的投资比例为 w_{Pi}。第 i 类资产所对应的基准指数的收益率为 R_{bi}，基金在该类资产上的实际投资收益率为 R_{Pi}。

根据投资组合收益率的计算公式，在考察期内基金 P 的实际收益率可表示为：

$$R_P = \sum_{i=1}^{N} w_{Pi} R_{Pi}$$

基准组合的收益率可表示为：

$$R_b = \sum_{i=1}^{N} w_{bi} R_{bi}$$

（R_P-R_b）代表了基金收益率与基准的差异收益率。资产配置效果（贡献）可由下式给出：

$$T_P = \sum_{i=1}^{N} (w_{Pi} - w_{bi}) R_{bi}$$

当 $T_P>0$，说明基金经理在资产配置上具有良好的选择能力；反之，则说明基金经理在资产配置上不具有良好的选择能力。资产配置实际上反映了基金经理对各个市场走势的预测能力，因此资产配置能力实际上反映了基金在宏观上的择时能力。

证券选择效果（贡献）可由下式给出：

$$S_P = \sum_{i=1}^{N} (R_{Pi} - R_{bi}) w_{Pi}$$

同样，$S_P>0$，表示基金经理具有良好的证券选择能力。

不难验证有：

$$R_P-R_b=T_P+S_P$$

举例：假设某基金的投资政策规定基金在股票、债券、现金上的正常投资比例分别是 80%、15%、5%，但基金季初在股票、债券和现金上的实际投资比例分别是 70%、20%、10%，股票指数、债券指数、银行存款利率当季度的收益率分别是 10%、4%、1%，那么，资产配置贡献可计算如下：

$$T_P=(70\%-80\%)\times10\%+(20\%-15\%)\times4\%+(10\%-5\%)\times1\%=-0.75\%$$

由于基金降低了在股票上的投资比例，而股票在当季却表现强势，因此，错误的资产配置拖累了基金的整体表现。

二、行业或部门选择能力的衡量

用与考察基金资产配置能力类似的方法，可以对基金在各类资产内部细类资产的选择能力进行进一步的衡量。这里仅在股票投资上对基金在行业或部门上的选择能力进行说明。

假设在一个考察期内，基金 P 在第 j 个行业上的实际投资比例为 w_{Pj}，而第 j 个行业在市场指数中的权重为 w_j，第 j 个行业的行业指数在考察期内的收益率为 R_j，那么，行业或部门选择能力则可以用下式加以衡量：

$$T=\sum_{j=1}^{n}(w_{Pj}-w_j)R_i$$

从基金股票投资收益率中减去股票指数收益率，再减去行业或部门选择贡献，就可以得到基金股票选择的贡献。

◇ 同步测试

多项选择题（以下各小题所给出的 **4** 个选项中，有 **2** 个或 **2** 个以上符合题目要求，请选出正确的选项）

基金绩效贡献分析主要内容包括（　　　）。

A. 资产配置选择能力与证券选择能力的衡量

B. 行业或部门选择能力的衡量

C. 基金收益率进行风险调整的衡量

D. 基金投资者组合稳定性的衡量

▶ 实训安排

1. 上网查询主要中介机构的基金评级报告。

2. 以晨星评级报告为案例训练学生学习阅读中介机构的基金评级报告。

3. 头脑风暴：

分小组研讨：目前（根据当时的证券市场背景）手中有 2 万元闲置资金，选 2 只基金，怎么选？

◇ 同步测试答案

任务一
单项选择题：1. B　2. C　3. C　4. C

多项选择题：1. ABD　2. ABCD　3. ABCD　4. ABCD

判断题：A

任务二
单项选择题：C

多项选择题：ABCD

判断题：B

任务三
多项选择题：1. ACD　2. CD

判断题：1. B　2. A

任务四
单项选择题：A

多项选择题：1. ABCD　2. ABD

判断题：B

任务五
单项选择题：B

任务六
多项选择题：AB

第五单元

基金的交易、费用与登记

▶ 知识目标

1. 使学生熟悉各种购买基金渠道；
2. 掌握认购、申购的区别；
3. 区别前端收费与后端收费；
4. 熟悉日常申购与赎回的计算方法；
5. 基金交易原则；
6. 基金定投优势及投资方法。

▶ 能力目标

1. 能够迅速帮客户开户；
2. 能够向客户清楚地介绍基金状态；
3. 会指导客户完成开放式基金认购、申购与赎回；
4. 熟练计算开放式基金在交易过程发生的费用。

任务一　掌握封闭式基金的交易要点

一、上市交易的条件

封闭式基金上市交易须达到以下条件：

（1）基金的募集符合《证券投资基金法》规定（封闭式基金募集的基金份额总额应达到准予注册规模的百分之八十以上）；

（2）基金合同期限为五年以上；

（3）基金募集金额不低于二亿元人民币；

（4）基金份额持有人不少于一千人；

（5）基金份额上市交易规则规定的其他条件。

二、交易账户的开立

投资者买卖封闭式基金必须开立深、沪证券账户或深、沪基金账户及资金账户。基金账户只能用于基金、国债及其他债券的认购交易。个人投资者开立基金账户，须凭本人有效身份证件进行实名开户。每个有效证件只允许开设 1 个基金账户，已开设证券账户的不能再重复开设基金账户。每位投资者只能开设和使用 1 个资金账户，并只能对应 1 个股票账户或基金账户。

三、交易规则

封闭式基金的交易规则与股票相同，具体规则如下。

（1）交易时间：封闭式基金的交易时间为每周一至周五，每天上午 9:30—11:30、下午 13:00—15:00。

（2）交易原则：封闭式基金的交易遵从"价格优先、时间优先"的原则。

（3）交易方式：我国封闭式基金的交易采用电脑集合竞价和连续竞价两种方式。集合竞价是指对一段时间内接收的买卖申报一次性集中撮合的竞价方式。连续竞价是指对买卖申报逐笔连续撮合的竞价方式。

（4）报价规则：报价单位为每份基金价格。申报价格最小变动单位是 0.001 元人民币，买入与卖出封闭式基金份额申报数量应为 100 份或其整数倍，单笔最大数量应低于 100 万份。

特别注意：

（1）封闭式基金交易的涨跌幅限制比例为 10%（基金上市首日无涨跌幅限制）；

（2）封闭式基金的交收同 A 股一样实行 $T+1$ 交割、交收。

四、交易费用

我国基金交易佣金不得高于成交金额的 0.3%，不足 5 元的按 5 元收取。上海证券交易所还按成交面值的 0.05% 收取登记过户费，由证券公司向投资者收取。该项费用由证券登记公司与证券公司平分。

在上海、深圳证券交易所上市的封闭式基金不收取印花税。

五、折（溢）价率

折（溢）价率用来反映封闭式基金份额净值与其二级市场价格之间的关系。折（溢）价率的计算公式如下：

$$折（溢）价率＝（二级市场价格－基金份额净值）/基金份额净值×100\%$$
$$＝（二级市场价格/基金份额净值－1）×100\%$$

当二级市场价格高于基金份额净值时，为溢价交易；当二级市场价格低于基金份额净值时，为折价交易。当折价率较高时，往往被认为是买入封闭式基金的好时机。但实际上并不尽然，在弱市时可能出现价格与份额净值同步下降的情形。

◇ 同步测试

单项选择题（以下各小题所给出的 4 个选项中，只有 1 项最符合题目要求，请选出正确的选项）

封闭式基金募集的基金份额总额应达到准予注册规模的百分之（　　）以上。

A. 60　　　　　　　B. 70　　　　　　　C. 80　　　　　　　D. 90

多项选择题（以下各小题所给出的 4 个选项中，有 2 个或 2 个以上符合题目要求，请选出正确的选项）

封闭式基金份额上市交易，应符合下列（　　　）条件。

A. 基金份额总额达到核准规模的 80% 以上

B. 基金合同期限为 5 年以上

C. 基金募集金额不低于 2 亿元人民币

D. 基金份额持有人不少于 1 000 人

任务二 掌握开放式基金的申购、赎回要点

一、申购、赎回的概念

1. 申购

投资者在开放基金合同生效后，申请购买基金份额的行为。

2. 赎回

基金份额持有人要求基金管理人购回其所持有的开放式基金份额的行为。

3. 封闭期

开放式基金合同生效后初期，可以在基金合同和招募说明书规定的期限内接受申购，不办理赎回，但该期限最长不得超过 3 个月。封闭期结束后，开放式基金将进行日常申购、赎回。

二、申购、赎回的场所

开放式基金的申购和赎回可以通过基金管理人的直销中心与基金销售代理人的代销网点进行。投资者也可以通过基金管理人或其指定的基金销售代理人以电话、传真或互联网等形式进行申购、赎回。

三、申购和认购的区别

认购指在基金设立募集期内，投资者申请购买基金份额的行为。

申购指在基金合同生效后，投资者申请购买基金份额的行为。

认购期购买的基金份额一般要经过封闭期才能赎回；申购的基金份额要在申购成功后的第二个工作日才能赎回。

通常，投资者在份额发售期内已经正式受理的认购申请不得撤销；对于当日提交的申购申请，投资者可以在当日 15:00 提交撤销申请，15:00 后则无法撤销申请。

四、申购、赎回原则

（一）股票基金、债券基金的申购、赎回原则

1. "未知价"交易原则

即投资者在申购、赎回时并不能即时获知买卖的成交价格。申购、赎回价格只能以申购、赎回日交易时间结束后，基金管理人公布的基金份额净值为基准进行计算。这与股票、

封闭式基金等大多数金融产品按"已知价"原则进行买卖不同。

2. "金额申购、份额赎回"原则

即申购以金额申请，赎回以份额申请，这是适应"未知价格"情况下的一种最为简便、安全的交易方式。在这种交易方式下，确切的购买数量和卖回金额在买卖当时是无法确定的，只有在交易的下一个工作日才能获知。

（二）货币市场基金的申购、赎回原则

1. "确定价"原则即申购、赎回

基金份额价格以 1 元人民币为基准进行计算。

2. "金额申购、份额赎回"原则

即申购以金额申请，赎回以份额申请。

五、收费模式与申购份额、赎回金额的确定

（一）收费模式与申购费率

基金管理人办理开放式基金份额的申购，可以收取申购费，但申购费率不得超过申购金额的 5%。认购费和申购费可以在基金份额发售或者申购时收取，也可以在赎回时从赎回金额中扣除。

基金管理人办理开放式基金份额的赎回，应当收取赎回费，但中国证监会另有规定的除外。赎回费率不得超过基金份额赎回金额的 5%。赎回费在扣除手续费后，余额不得低于赎回费总额的 25%，并应当归入基金财产。

基金管理人可以根据投资者的认购金额、申购金额的数量适用不同的认购、申购费率标准。

与基金份额的认购类似，在基金份额的申购上，也存在前端收费模式与后端收费模式。

（二）申购份额的确定

$$净申购金额＝申购金额/（1+申购费率）$$
$$申购费用＝净申购金额×申购费率$$
$$申购份额＝净申购金额/申购当日基金单位净值$$

举例：某基金申购费率，100 万元以上（含 100 万元）～500 万元以下为 0.9%。假定 T 日的基金份额净值为 1.25 元。若申购金额为 100 万元，计算其净申购金额、申购费用和申购份额。

$$净申购金额＝申购金额/（1+申购费率）$$
$$=1\ 000\ 000÷（1+0.9\%）$$
$$=991\ 080.28（元）$$
$$申购费用＝净申购金额×申购费率$$
$$=991\ 080.28×0.9\%$$
$$=8\ 919.72（元）$$
$$申购份额＝净申购金额/申购当日基金单位净值$$
$$=991\ 080.28÷1.25$$
$$=792\ 864.22（份）$$

（三）赎回金额的确定

$$赎回总额＝赎回数量×赎回日基金份额净值$$
$$赎回费用＝赎回总额×赎回费率$$
$$赎回金额＝赎回总额－赎回费用$$

举例：某投资者赎回持有期未满一年的长信金利趋势基金 1 万份，对应的赎回费率为 0.5%，假设赎回当日基金份额净值是 1.100 0 元，其在申购时已交纳前端申购费用，计算该投资者的赎回金额。

$$赎回总额＝赎回数量×赎回日基金份额净值$$
$$＝10\ 000×1.1＝11\ 000（元）$$
$$赎回费用＝赎回总额×赎回费率$$
$$＝11\ 000×0.5\%＝55（元）$$
$$赎回金额＝11\ 000－55＝10\ 945（元）$$

赎回费率一般按持有时间的长短分级设置。持有时间越长，适用的赎回费率越低。实行后端收费的基金，扣除后端认购、申购费，才是投资者最终得到的赎回金额，即：

$$赎回金额＝赎回总额－后端收费金额－赎回费用$$

（四）货币市场基金的手续费

货币市场基金费用较低，通常申购、赎回费率为零。一般地，货币型基金从基金财产中计提不高于 2.5‰的比例的销售服务费，用于基金的持续销售和给基金份额持有人提供服务。

六、申购、赎回款项的支付

申购采用全额交款方式。若资金在规定时间内未全额到账，则申购不成功；申购不成功或无效，款项将退回投资者账户。

赎回款项在自受理基金投资者有效赎回申请之日起 7 个工作日内划至赎回人资金账户，但 QDII 基金是在 $T+10$ 日内支付赎回款项。

七、申购、赎回的登记

投资者申购基金成功后，注册登记机构一般在 $T+1$ 日为投资者办理增加权益的登记手续；投资者自 $T+2$ 日起有权赎回该部分基金份额。投资者赎回基金份额成功后，注册登记机构一般在 $T+1$ 日为投资者办理扣除权益的登记手续。

对于 QDII 基金，投资者在 T 日申请申购或赎回，$T+2$ 日基金公司确认，$T+3$ 日投资者可查询结果。

基金管理人可以在法律法规允许的范围内，对注册登记办理时间进行调整，并最迟于开始实施前 3 个工作日在至少一种中国证监会指定的信息披露媒体公告。

八、巨额赎回的认定及处理方式

（一）巨额赎回的认定

单个开放日基金净赎回申请超过基金总份额的 10% 时，为巨额赎回。单个开放日的净赎回申请，是指该基金的赎回申请加上基金转换中该基金的转出申请之和，扣除当日发生的该基金申购申请及基金转换中该基金的转入申请之和后得到的余额。

（二）巨额赎回的处理方式

出现巨额赎回时，基金管理人可以根据基金当时的资产组合状况决定接受全额赎回或部分延期赎回。

1. 接受全额赎回

当基金管理人认为有能力兑付投资者的全部赎回申请时，按正常赎回程序执行。

2. 部分延期赎回

基金管理人在当日接受赎回比率不低于上一日基金总份额 10% 的前提下，对其余赎回申请延期办理。未受理部分除投资者在提交赎回申请时选择将当日未获受理部分予以撤销者外，延迟至下一开放日办理。转入下一开放日的赎回申请不享有赎回优先权，并将以下一个开放日的基金份额净值为基准计算赎回金额。

九、基金定投

一般而言，基金的投资方式有两种：单笔投资和定期定额投资。定投是"定期定额"投资的简称，就是每隔一段固定时间（如每月的某一天）以固定的金额投资于同一只开放式基金。定投的最大好处就是平均投资成本，降低选时的风险。

（一）基金定投优势

（1）定期投资，积少成多。投资者可能每隔一段时间都会有一些闲散资金，通过定投可以"聚沙成丘"，在不知不觉中积攒一笔不小的财富。

（2）不用考虑投资时点。投资者都追求"低买高卖"，但却很少有人在投资时能掌握最佳的买卖时点，为避免这种人为的主观判断失误，投资者可通过定投来投资市场，不必太在乎进场时点和市场价格，无须为其短期波动而改变长期投资决策。

（3）平均投资，分散风险。资金是分期投入的，投资的成本有高有低，长期下来可以起到平均成本的作用。假设从 2010 年 3 月至 5 月，将每个月的 5 日设为定投扣款日，每月投入 1 000 元购买 AB 股票型基金（不考虑申购费用），那么随着基金净值的波动，每个月的定投份额变化如表 5-1 所示。

表 5-1　AB 基金定投日期及份额变化

扣款日期	单位净值/元	份额/份	累计份额/份
2010-03-05	0.999 0	1 001.00	1 001.00
2010-04-05	1.053 0	949.67	1 950.67
2010-05-05	1.033 0	968.05	2 918.72

从表 5-1 可以看出，同样投入 1 000 元在不同的市场点位买到的份额不等。点位高时，通常基金的单位净值也较高，买到的基金份额较少；点位较低时，通常基金的单位净值也较低，买到的基金份额较多。如此一来，虽然我们仍无法完全规避市场风险，却可以通过定投、自动逢高减筹、逢低加码的方式，有效地降低投资期内的平均成本，熨平投资中的高峰和低谷，降低整体风险，在熊市中缩短资金回本时间，牛市中避免错过反弹时机。

（4）自动扣款，手续简便。只需去基金代销机构办理一次性的手续，今后每期的扣款申购均自动进行。

基金定投的诀窍在于平摊成本、分散风险。它尤其适合那些看好股市长期向好趋势但不善于择时的普通投资人，是一项长跑者的游戏，是坚持的胜利。

（二）基金定投适合人群

（1）年轻的月光族。可以在发工资后留下日常生活费，部分剩余资金做定投，培养良好的理财习惯。

（2）领固定薪水的上班族。大部分的上班族薪资所得在应付日常生活开销后，结余金额往往不多，小额的定期定额投资方式最为适合；而且由于上班族大多并不具备较高的投资水平，无法准确判断进出场的时机，所以通过基金定投这种工具，追求资产的增值。

（3）在未来某一时点有较大资金需求者。例如，三年后须付购房首付款、二十年后子女出国的留学基金，乃至于三十年后自己的退休养老基金等。

（4）不喜欢承担过大投资风险者。由于定期定额投资有投资成本加权平均的优点，能有效平均整体投资成本，使得价格波动的风险下降，是长期投资者对市场长期看好的良好工具。

（三）基金定投合理步骤

（1）确定定投目标。在已知未来将有大额资金需求时，提早以定期定额的投资方式规划，不但不会造成自己经济上的负担，更能让每月的小钱在未来变成大钱。

（2）确定定投时间。基金定投时间可分为：申购时间，即把每月的哪一天作为定投日，可根据各人习惯和收入到位情况而定；定投期限，可确定为3～8年或更长，但最短不低于1年。一般来说，定投时间越长，风险越小；定投时间越短，风险越大，要降低风险只有延长投资期限。

（3）确定定投对象。选基金公司时要选择实力强、治理结构好、管理规范的基金公司。

（4）确定定投额度。适合定投的额度应根据理财规划的具体目标而设定，同时结合未来的财务现金流状况，大多数投资者会在每月定投500～2 000元。

（四）定投时期长短与基金类型选择

定投时间3年以内，建议购买中等风险的混合基金。定投时间在5年以上甚至更长时间，一定要选择一只收益潜力较高的股票型基金；因为基金定投最突出的一个优势就是平滑投资成本，因此波动较为明显的基金更适合分享市场震荡上行的收益。一般来说，定投的期限应至少等于一个完整的经济周期或者熊牛转换周期。经济周期通常包括低迷、复苏、高涨、衰退四种状态，一般历时5年左右。遵循市场周期投资，也许会经历熊市，但也不会错过牛市，还可以省去选时的烦恼。因为投资者永远无法准确地预测下一步的市场走向，只要坚持定投，在熊市中积攒的大量筹码到了牛市里就能获得不错的收益。如果将定投期限定得过短，并且又刚好处于衰退状态的市场，那么定投的风险就大大增加了。

（五）定投时机的把握

定投并不意味着可以完全放弃时机的选择。中线的定投，投资时间在一个市场周期左右可以称为中期投资，进入和退出的时点比较重要，震荡筑底时正是开始定投的最佳时机。

长线的定投，投资时间大于一个市场周期甚至更长时间的可以称为长期投资。进入时机相对不重要，较重要的是退出时机的选择。

◇ 资料卡

客户咨询基金定投实务答疑

1 问：定投等同于强制储蓄吗？

答：不等同。虽然两者都能起到抑制消费的作用，但是，强制储蓄是从收入中取出一部分资金存入银行，获取无风险的定期或者活期存款利息；定投则是将这一部分资金用于申购基金份额，间接参与证券市场投资，有助于引导投资者进行长期投资、平均投资成本，可以让投资者在承担一定的风险下，有机会获取较高的预期收益。也就是说，定投并不能规避基金投资所固有的风险，不能保证收益，也不是强制储蓄的等效理财方式。

2 问：定投适合风险承受能力低的投资者吗？

答：比较适合。基金定投是有效降低市场波动风险的理财策略之一，能在平摊成本的同时抓住获利的机会，适合风险承受能力较低、投资期限较长的稳健投资者。

3 问：定投债券型基金有必要吗？

答：定投的优势，是在市场的波动中降低投资风险、博取长期市场上涨而带来的收益。一般来说，定投波动较大的主动型基金，如股票型、偏股型基金，长期定投分散风险的效果显著，还能够分享经济的长期成长；而对于收益相对平稳、波动性较弱的基金，如债券型基金、货币市场基金，定投平抑成本的效果则很微弱。但是，如果投资者的风险承受能力非常低，或者看好债券型基金在未来一段时期的表现，则也可定投债券型基金。

4 问：基金定投可以断供吗？如何办理相关手续？

答：可以。在两种情况下基金会断供：① 账户中余额不足当期应扣的金额时（或者连续两期没有成功扣款，不同的机构规定不同，请咨询您开通定投业务的机构），无须办理任何手续，定投就会自动暂停；② 向您签订定投协议的银行、券商等机构申请暂停扣款。

5 问：定投停了一段时间想要重续怎么办？

答：① 若因为账户余额不足而被动暂停定投，只要向扣款账户中存入多于当月应扣金额的款项，即可继续扣款；② 如果此前是主动申请暂停定投，则只要向基金代销机构申请继续定投、办理相关手续后即可恢复定期扣款（具体请详询各基金代销机构）。

6 问：定投可以获取超额收益还是市场平均收益？

答：通常而言，在经济向上的情况下是可以获得市场的平均增长率回报的。在熊市中，会比大盘跌得少，跌幅也会少于一次性申购时的情况。如果懂得在明显的经济周期的不同阶段做好波段，特别是在熊市反复震荡过程中多积累筹码，耐心持有到牛市来临，将可以在有效规避市场风险的同时享受到相当不错的收益。

7 问：赎回基金后，定投协议会否立即终止？

答：不会。赎回基金只是减少您此前所拥有的基金份额，对您之后的定期基金申购不会有任何影响。一般说来，只有向签订定投协议的渠道申请终止定投，定投协议才会终止（具体请详询各个销售渠道）。

◇ **同步测试**

判断题（判断以下各小题的对错，正确的填 A，错误的填 B）

1. 开放式基金的登记业务，可以由基金管理人办理，也可以委托中国证监会认定的其他机构办理。　　　　　　　　　　　　　　　　　　　　　　　　　（　　）

2. 开放式基金的前端收费模式是指在认购基金份额时不收费，在赎回基金时才支付认购费用的收费模式。　　　　　　　　　　　　　　　　　　　　　　　　（　　）

3. 开放式基金的申购、赎回全部采用"未知价"进行。　　　　　　　　（　　）

4. 基金定投的最大好处就是熨平投资成本，降低选时的风险。　　　　（　　）

5. 中线的定投进入和退出的时点较重要，震荡筑底时不是开始定投的最佳时机。

　　　　　　　　　　　　　　　　　　　　　　　　　　　　　　　　（　　）

任务三　了解开放式基金份额的转换、非交易过户、转托管与冻结

一、开放式基金份额的转换

开放式基金份额的转换是指投资者不需要先赎回已持有的基金份额，就可以将其持有的基金份额转换为同一基金管理人管理的另一基金份额的一种业务模式。

基金份额的转换一般采取未知价法，投资者采用"份额转换"的原则提交申请，即在销售机构以"份额"为单位提交转换申请，以转出和转入基金申请当日的份额净值为基础计算转入份额。

基金份额的转换常常还会收取一定的转换费用。由于基金份额的转换不需要先赎回已持有的基金再购买另一只基金，因此综合费用仍较低。

二、开放式基金的非交易过户

开放式基金非交易过户是指不采用申购、赎回等基金交易方式，将一定数量的基金份额按照一定规则从某一投资者基金账户转移到另一投资者基金账户的行为。

只有在继承、捐赠、司法强制执行和经注册登记机构认可这几种情形下，方可实施非交易过户。办理非交易过户须提供基金注册登记机构要求提供的相关资料，且接受划转的主体必须是合格的个人投资者或机构投资者。

三、开放式基金份额的转托管

基金持有人可以办理其基金份额在不同销售机构的转托管手续。开放式基金转托管的办理有两步转托管和一步转托管两种方式。两步转托管为基金持有人在原销售机构办理转出手续后，还须到转入机构办理转入手续；一步转托管为基金持有人在原销售机构同时办理转出、转入手续，投资人在转出方申报，基金份额转托管一次完成。

四、基金份额的冻结

基金份额的冻结指基金份额被设定为不能交易的状态。基金注册与过户登记人只受理国

家有权机关依法要求的基金账户或基金份额的冻结与解冻。基金账户或基金份额被冻结的，被冻结部分产生的权益（包括现金分红和红利再投资）一并冻结。

◇ **同步测试**

多项选择题（以下各小题所给出的 4 个选项中，有 2 个或 2 个以上符合题目要求，请选出正确的选项）

在以下（　　　）情形下，开放式基金可以实施非交易过户。

A. 继承　　　　　　　　　　　　B. 捐赠

C. 司法强制执行　　　　　　　　D. 基金注册登记机构认可的其他情形

判断题（判断以下各小题的对错，正确的填 A，错误的填 B）

1. 开放式基金转托管的办理有两步转托管和一步转托管两种方式。　　　　（　　　）

2. 基金账户或基金份额被冻结的，被冻结部分产生的权益（包括现金分红和红利再投资）仍然可以提取。　　　　（　　　）

任务四　知晓交易型开放式指数基金（ETF）的交易

一、ETF 份额折算与变更登记

（一）ETF 份额折算的时间

基金合同生效后，基金管理人应逐步调整实际组合直至达到跟踪指数要求，此过程为 ETF 建仓阶段。ETF 建仓期不超过 3 个月。基金建仓结束后，为方便投资者跟踪基金份额净值变化，基金管理人通常会以某一选定日期作为基金折算日，以标的指数的 1‰（或 1%）作为份额净值，对原来的基金份额进行折算。

（二）ETF 份额折算的原则

ETF 基金份额折算由基金管理人办理，并由登记结算机构进行基金份额的变更登记。基金份额折算后，基金份额总额与基金份额持有人持有的基金份额将发生调整，但调整后的基金份额持有人持有的基金份额占基金份额总额的比例不发生变化。基金份额折算对基金份额持有人的收益无实质性影响。基金份额折算后，基金份额持有人按照折算后的基金份额享有权利并承担义务。

（三）ETF 基金份额折算的方法

假设基金管理人确定基金份额折算日（T 日）。T 日收市后，基金管理人计算当日的基金资产净值 X 和基金份额总额 Y。

T 日标的指数收盘值为 I，若以标的指数的 1‰ 作为基金份额净值进行基金份额的折算，则 T 日的目标基金份额净值为 $I/1\,000$，基金份额折算比例的计算公式为：

$$折算比例 = \frac{X/Y}{I/1\,000}$$

以四舍五入的方法保留小数点后 8 位。

$$折算后的份额 = 原持有份额 \times 折算比例$$

举例：假设某投资者在基金募集期内认购了 10 000 份 ETF，基金份额折算日的基金资产净值为 4 250 000 380.95 元，折算前的基金份额总额为 4 150 020 180 份，当日标的指数收盘值为 2 145.36 元。

$$折算比例 = (4\ 250\ 000\ 380.95 \div 4\ 150\ 020\ 180) \div (2\ 145.36 \div 1\ 000)$$
$$= 0.477\ 351\ 82$$

该投资者折算后的基金份额 = 10 000×0.477 351 82 = 4 773.518 2（份）

二、ETF 份额的交易规则

基金合同生效后，基金管理人可向证券交易所申请上市。ETF 上市后二级市场的交易与封闭式基金类似，要遵循下列交易规则：

（1）基金上市首日的开盘参考价为前一工作日基金份额净值；

（2）基金实行价格涨跌幅限制，涨跌幅比例为 10%，自上市首日起实行；

（3）基金买入申报数量为 100 份或其整数倍，不足 100 份的部分可以卖出；

（4）基金申报价格最小变动单位为 0.001 元。

三、ETF 份额的申购与赎回

（一）申购和赎回的时间

1. 申购、赎回的开始时间

基金在基金份额折算日之后可开始办理申购。基金自基金合同生效日后不超过 3 个月的时间起开始办理赎回。

基金管理人应于申购开始日、赎回开始日前至少 3 个工作日在至少一种中国证监会指定的信息披露媒体公告。

2. 开放日及开放时间

投资者可办理申购、赎回等业务的开放日为证券交易所的交易日，开放时间为 9∶30—11∶30 和 13∶00—15∶00，除此时间之外不办理基金份额的申购、赎回。

（二）申购和赎回的数额限制

投资者申购、赎回的基金份额需为最小申购、赎回单位的整数倍。目前，我国 ETF 的最小申购、赎回单位一般为 50 万份或 100 万份。

（三）申购和赎回的原则

（1）场内申购赎回 ETF 采用份额申购、份额赎回的方式，即申购和赎回均以份额申请。场外申购赎回采用金额申购、份额赎回的方式，即申购以金额申请，赎回以份额申请。

（2）场外申购赎回 ETF 的申购对价、赎回对价包括组合证券、现金替代、现金差额及其他对价。场外申购赎回 ETF 时，申购对价、赎回对价为现金。

（3）申购、赎回申请提交后不得撤销。

（四）申购和赎回的程序

（1）申购和赎回申请的提出。

（2）申购和赎回申请的确认与通知。基金投资者申购、赎回申请在受理当日进行确认。

（3）申购和赎回的清算交收与登记。投资者 *T* 日申购、赎回成功后，登记结算机构在 *T*

日收市后为投资者办理基金份额与组合证券的清算交收以及现金替代等的清算。在 $T+1$ 日办理现金替代等的交收以及现金差额的清算；在 $T+2$ 日办理现金差额的交收，并将结果发送给申购、赎回代理证券公司、基金管理人和基金托管人。

（五）申购、赎回清单

1. 申购、赎回清单的内容

T 日申购、赎回清单公告内容包括最小申购、赎回单位所对应的组合证券内各成分证券数据、现金替代、T 日预估现金部分、$T-1$ 日现金差额、基金份额净值及其他相关内容。

2. 组合证券相关内容

组合证券指基金标的指数所包含的全部或部分证券。申购、赎回清单将公告最小申购、赎回单位所对应的各成分证券名称、证券代码及数量。

3. 现金替代相关内容

现金替代指在申购、赎回过程中，投资者按基金合同和招募说明书的规定，用于替代组合证券中部分证券的一定数量的现金。现金替代有三种类型：禁止现金替代、可以现金替代和必须现金替代。

（1）禁止现金替代：在申购、赎回基金份额时，该成分证券不允许使用现金作为替代。

（2）可以现金替代：在申购基金份额时，允许使用现金作为全部或部分该成分证券的替代，但在赎回基金份额时，该成分证券不允许使用现金作为替代。

$$替代金额 = 替代证券数量 \times 该证券最新价格 \times (1 + 现金替代溢价比例)$$

其中，最新价格的确定原则为：该证券正常交易时，采用最新成交价；该证券正常交易中出现涨跌停时，采用涨跌停价格；该证券停牌且当日有成交时，采用最新成交价；该证券停牌且当日无成交时，采用前一交易日收盘价。

（3）必须现金替代：在申购、赎回基金份额时，该成分证券必须使用现金作为替代。必须现金替代的证券一般是由于标的指数调整即将被剔除的成分证券。对于必须现金替代的证券，基金管理人将在申购、赎回清单中公告替代的一定数量的现金，即"固定替代金额"。

$$固定替代金额 = 申购、赎回清单中该证券的数量 \times$$
$$该证券经除权调整的 T-1 日收盘价$$

◇ 同步测试

多项选择题（以下各小题所给出的 4 个选项中，有 2 个或 2 个以上符合题目要求，请选出正确的选项）

场内申购、赎回 ETF 采用的方式是（　　　　）。

A. 份额申购　　　　B. 金额赎回　　　　C. 金额申购　　　　D. 份额赎回

判断题（判断以下各小题的对错，正确的填 A，错误的填 B）

1. ETF 份额的认购可用现金认购，也可用证券认购。　　　　　　　　　（　　　）

2. ETF 的建仓期为 6 个月以内。　　　　　　　　　　　　　　　　　（　　　）

任务五　知晓上市开放式基金（LOF）的募集与交易

一、LOF 募集概述

目前，我国只有深圳证券交易所开办上市开放式基金（LOF）业务。上市开放式基金的募集分场外募集与场内募集两部分。场外募集的基金份额注册登记在中国结算公司的开放式基金注册登记系统；场内募集的基金份额登记在中国结算公司的证券登记结算系统。

二、LOF 的场外募集

LOF 场外募集与普通开放式基金的募集无异，投资者可以通过基金管理人或银行、证券公司等基金代销机构进行认购。投资者通过基金管理人及其他代销机构从场外认购 LOF，应使用中国结算公司深圳开放式基金账户。

深圳开放式基金账户可通过下列方式开立。

（1）已有深圳证券账户的投资者，可通过基金管理人或代销机构以其深圳证券账户申请注册深圳开放式基金账户。

（2）尚无深圳证券账户的投资者，可直接申请账户注册。

（3）已通过基金管理人或代销机构办理过深圳开放式基金账户注册手续的投资者，可在原处直接办理开放式基金业务申报。

（4）已通过基金管理人或代销机构办理过深圳开放式基金账户注册手续的投资者，重新办理注册手续。必须按金额进行认购（以元为单位）。

三、LOF 的场内募集

LOF 场内募集沿用新股网上定价模式，但无配号及中签环节。

投资者通过深圳证券交易所交易系统认购的，必须按照份额进行认购（即投资者的认购申报以基金份额为单位）。

四、封闭期与开放期

基金合同生效后即进入封闭期，封闭期一般不超过 3 个月。在封闭期内，基金不受理赎回。

基金开放日应为证券交易所的正常交易日。基金管理人在确定开放时间后，至少提前 5 个工作日将有关基金开放事项通知深圳证券交易所和中国结算公司。经深圳证券交易所和中国结算公司确认无误后，基金管理人至少提前 3 个工作日公告。

五、LOF 的上市交易

LOF 完成登记托管手续后，由基金管理人向深圳证券交易所提交上市申请，申请在交易所挂牌上市。

LOF 在交易所的交易规则与封闭式基金基本相同，具体内容如下。

第一，买入 LOF 申报数量应当为 100 份或其整数倍，申报价格最小变动单位为 0.001 元人民币。

第二，深圳证券交易所对 LOF 交易实行价格涨跌幅限制，涨跌幅比例为 10%，自上市首日起执行。

第三，投资者 T 日卖出基金份额的资金 $T+1$ 日即可到账，而赎回资金至少 $T+2$ 日到账。

六、LOF 份额的申购、赎回

LOF 份额的场内、场外申购和赎回均采取"金额申购、份额赎回"原则，即申购以金额申报，赎回以份额申报。申购申报单位为 1 元人民币，赎回申报单位为 1 份基金份额。

申购、赎回流程如下。

（1）T 日，场内投资者以深圳证券账户通过证券经营机构向交易所交易系统申报基金申购、赎回申请；场外投资者以深圳开放式基金账户通过代销机构提交基金申购、赎回申请。

（2）$T+1$ 日，中国结算公司根据基金管理人传送的申购、赎回确认数据，进行场内、场外申购、赎回的基金份额登记过户处理。

（3）自 $T+2$ 日起，投资者申购份额可用。

七、LOF 份额转托管

LOF 份额的转托管业务包含两种类型：系统内转托管和跨系统转托管。

系统内转托管是指投资者将托管在某证券经营机构的 LOF 份额转托管到其他证券经营机构，或将托管在某基金管理人或其代销机构的 LOF 份额转托管到其他基金代销机构或基金管理人的操作。

跨系统转托管指投资者将持有的基金份额在基金注册登记系统和证券登记结算之间进行转登记的行为。登记在基金注册登记系统的基金份额只能申请赎回；登记在证券登记结算系统中的基金份额既可以在交易所卖出，也可以直接申请赎回。投资者拟申请将登记在基金注册登记系统中的基金份额进行上市交易，必须先办理跨系统转托管，即将登记在基金注册登记系统中的基金份额转托管至证券登记结算系统。

目前，基金份额的跨系统转托管需要 2 个工作日的时间，即如投资人 T 日提交跨系统转托管申请，如处理成功，$T+2$ 日起，转托管转入的基金份额可赎回或卖出。

处于下列情形之一的 LOF 份额不得办理跨系统转托管：

第一，处于募集期内或封闭期内的 LOF 份额；

第二，分红派息前 $R-2$ 日至 R 日的 LOF 份额；

第三，处于质押、冻结状态的 LOF 份额。

◇ 同步测试

多项选择题（以下各小题所给出的 4 个选项中，有 2 个或 2 个以上符合题目要求，请选出正确的选项）

1. LOF 份额的转托管业务包括（　　）。

A. 从场内到场内转托管　　　　　　　　B. 从场内到场外转托管

C. 从场外到场内转托管　　　　　　　　D. 从场外到场外转托管

2. 下列有关 LOF 的募集，说法正确的是（　　）。

A. LOF 的募集分为场外和场内募集两部分

B. 场外募集的基金份额注册登记在中国结算公司的开放式基金注册登记系统

C. 场外募集的基金份额注册登记在中国结算公司的证券登记系统

D. 场内募集的基金份额注册登记在中国结算公司的证券登记系统

判断题（判断以下各小题的对错，正确的填 A，错误的填 B）

目前我国只有上海证券交易所开办 LOF 基金的交易。　　　　　　　　　　（　　）

任务六　了解开放式基金份额的登记

一、开放式基金份额的登记

开放式基金份额的登记，是指投资认购基金份额后，由登记机构为投资者建立基金账户，在投资者的基金账户中进行登记，表明投资者所持有的基金份额。

基金登记机构不但负责基金份额的登记工作，而且还承担着与基金份额登记有关的份额存管、资金清算和资金交收等业务。登记机构对确保开放式基金的健康运作有着重要的作用。从国外的情况看，登记机构承担的工作包括：

第一，对基金份额的申购、赎回、转换进行确认与登记；

第二，负责红利的发放或红利的再投资；

第三，根据基金申购与赎回的情况，完成与销售机构和托管银行之间的资金划拨；

第四，向投资者报告账户的业绩表现，接受投资者的电话咨询，邮寄基金报表、分红通知、税务处理资料等。

二、开放式基金登记机构及其职责

我国《证券投资基金法》规定，开放式基金的登记业务可以由基金管理人办理，也可以委托中国证监会认定的其他机构办理。

（一）我国开放式基金注册登记体系的模式

（1）基金管理人自建注册登记系统的"内置"模式。

（2）委托中国证券登记结算有限责任公司作为注册登记系统的"外置"模式。

（3）以上两种情况兼有的"混合"模式。

（二）基金注册登记机构的主要职责

（1）建立并管理投资者基金份额账户。

（2）负责基金份额登记。

（3）确认基金交易。

（4）代理发放红利。

（5）建立并保管基金投资者名册。

（6）基金合同或者登记代理协议规定的其他职责。

三、基金份额登记流程

基金登记过程实际上是登记机构通过登记系统对基金投资者所投资基金份额及其变动的确认、记账过程。具体流程如下。

T 日，投资者的申购、赎回申请信息通过代销机构网点传送至代销机构总部，由代销机构总部将本代销机构的申购、赎回申请信息汇总后统一传送至注册登记机构。

$T+1$ 日，注册登记机构根据 T 日各代销机构的申购、赎回申请数据及 T 日的基金份额净值统一进行确认处理，并将确认的基金份额登记至投资者的账户，然后将确认后的申购、赎回数据信息下发至各代销机构。各代销机构再下发至各所属网点。同时，注册登记机构也将登记数据发送至基金托管人。至此，注册登记机构完成对基金份额持有人的基金份额登记。如果投资者提交的信息不符合注册登记的有关规定，最后的确认信息将是投资者申购、赎回失败。

四、申购、赎回资金清算流程

基金份额申购、赎回的资金清算是根据登记机构确认的投资者申购、赎回数据信息进行的。

由于基金申购、赎回的资金清算依据登记机构的确认数据进行，资金的汇划要落后于投资者的申购、赎回申请。为保护基金持有人的利益，有关法规明确规定，基金管理人应当自收到投资者申购、赎回申请之日起 3 个工作日内，对该申购、赎回的有效性进行确认。申购款应于 5 日内到达基金在银行的存款账户，赎回款于 7 日到达投资者基金账户。

目前我国各基金申购、赎回的资金，申购款一般在 $T+2$ 日内到达基金银行存款账户，赎回款于 $T+3$ 日内从基金银行存款账户划出。对于货币市场基金，一般 $T+1$ 日从基金银行存款账户划出，最快可以划出当天到达投资者资金账户。

基金申购、赎回资金流程见图 5-1。

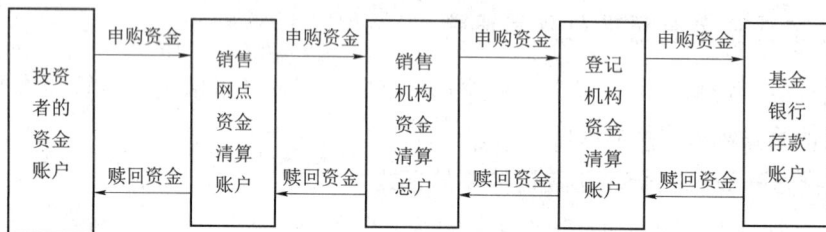

图 5-1　基金申购、赎回资金流程图

◇ **同步测试**

多项选择题（以下各小题所给出的 **4** 个选项中，有 **2** 个或 **2** 个以上符合题目要求，请选出正确的选项）

1. 下列属于开放式基金中货币市场基金的申购、赎回原则的是（　　）。

A. 未知价原则　　　　　　　　　　B. 确定价原则

C. 金额申购、份额赎回原则　　　　D. 份额申购、金额赎回原则

2. 基金注册登记机构的主要职责有（　　）

A. 建立并管理投资者基金份额账户　　B. 负责基金份额登记

C. 确认基金交易　　　　　　　　　　D. 对投资者进行风险提示和教育

实训安排

1. 选择基金模拟交易模块，指导学生注册模拟账户，讲解实际开户的过程及渠道，对不同的渠道优劣加以分析，特别指出开户注意事项。教师演示然后学生操练并掌握。

2. 布置学生选择三只基金（股票型、债权型、混合型各一只），模拟进行申购及赎回。

3. 追踪基金模拟交易情况并分析损益情况，模拟交易记录单示例如下。

基金模拟交易记录单

班级　　　姓名　　　学号

初始资金：

时间	申购或赎回	基金名称	基金代码	基金净值	金额/份额	资金余额
损益分析						

◇ 同步测试答案

任务一

单项选择题：C

多项选择题：ABCD

任务二

判断题：1. A　2. B　3. B　4. A　5. B

任务三

多项选择题：ABCD

判断题：1. A　2. B

任务四

多项选择题：AD

判断题：1. A　2. B

任务五

多项选择题：1. ABCD　2. ABD

判断题：B

任务六

多项选择题：1. BC　2. ABC

基 金 运 作

▶ 知识目标

1. 掌握基金管理公司的行业准入资格、职责和具体业务；
2. 了解基金管理公司机构设置及各机构的职责；
3. 掌握基金托管人的主要职责。

▶ 能力目标

1. 理解基金管理公司的职责及日常运作，并能回答投资者有关基金公司运作的问题；
2. 理解托管人的职责及日常运作，并能回答投资者有关基金托管的问题。

任务一 知晓基金管理人行业进入资格、职责和具体业务

一、基金管理公司的市场准入

进入任何一个行业都有一个资格把控，主体进入基金业也不例外，而且比一般非金融行业要更严格。原因很简单，只有够格的主体才能承担行业责任和社会责任。《证券投资基金法》规定，公开募集基金的基金管理人，由基金管理公司或者经国务院证券监督管理机构按照规定核准的其他机构担任。

同时，《证券投资基金法》还规定，设立管理公开募集基金的基金管理公司，应当具备下列条件，并经国务院证券监督管理机构批准：

（1）有符合本法和《中华人民共和国公司法》规定的章程；

（2）注册资本不低于一亿元人民币，且必须为实缴货币资本；

（3）主要股东应当具有经营金融业务或者管理金融机构的良好业绩、良好的财务状况和社会信誉，资产规模达到国务院规定的标准，最近三年没有违法记录；

（4）取得基金从业资格的人员达到法定人数；

（5）董事、监事、高级管理人员具备相应的任职条件；

（6）有符合要求的营业场所、安全防范设施和与基金管理业务有关的其他设施；

（7）有良好的内部治理结构、完善的内部稽核监控制度、风险控制制度；

（8）法律、行政法规规定的和经国务院批准的国务院证券监督管理机构规定的其他条件。

二、基金管理人的职责

《证券投资基金法》规定，公开募集基金的基金管理人应当履行下列职责：

（1）依法募集资金，办理基金份额的发售和登记事宜；

（2）办理基金备案手续；

（3）对所管理的不同基金财产分别管理、分别记账，进行证券投资；

（4）按照基金合同的约定确定基金收益分配方案，及时向基金份额持有人分配收益；

（5）进行基金会计核算并编制基金财务会计报告；

（6）编制中期和年度基金报告；

（7）计算并公告基金资产净值，确定基金份额申购、赎回价格；

（8）办理与基金财产管理业务活动有关的信息披露事项；

（9）按照规定召集基金份额持有人大会；

（10）保存基金财产管理业务活动的记录、账册、报表和其他相关资料；

（11）以基金管理人名义，代表基金份额持有人利益行使诉讼权利或者实施其他法律行为；

（12）国务院证券监督管理机构规定的其他职责。

从以上对基金管理人职责的规定中不难看出，在基金运作的整个过程中，基金管理人扮演着关键角色，只有基金管理人才有权发售基金份额，进行基金财产的投资管理。与基金募集和管理有关的事务性工作，如基金份额的注册登记、基金资产的会计核算、基金的分红派息、持有人大会的召集、基金托管机构的选择通常也由基金管理人承担。

基金管理人的投资管理能力与风险控制能力的高低直接关系到投资者投资回报的高低与投资目标能否实现。

基金管理人任何不规范的操作都有可能对投资者的利益造成损害。基金管理人必须以投资者的利益为最高利益，严防利益冲突与利益输送。

三、基金管理公司的主要业务

随着基金行业的发展，基金管理公司的发展呈现出向综合资产管理机构发展的趋势。目前，基金管理公司的主要业务如下。

（一）证券投资基金业务

1. 基金募集与销售

依法募集基金是基金管理公司的一项法定权利，能否将基金成功推向市场并不断扩大基金财产规模，对基金管理公司的经营有着重要意义。基金管理公司必须在市场调研的基础上进行基金产品的开发，围绕客户需求来开发设计基金产品。

2. 基金的投资管理

投资管理业务是基金管理公司最核心的一项业务。努力为投资者提供与市场上同类产品相比具有竞争力的投资回报，是基金管理公司工作的重中之重。

3. 基金运营服务

基金运营事务是基金投资管理与市场营销工作的后台保障，它通常包括基金注册登记、核算与估值、基金清算和信息披露等业务。

（二）特定资产管理业务

特定资产管理业务，又称"专户理财业务"，指基金管理公司向特定客户募集资金或者接受特定客户财产委托担任资产管理人，由商业银行担任资产托管人，为资产委托人的利益，运用委托财产进行证券投资的活动。

特定资产管理业务于 2008 年向基金管理公司开放，使基金公司在向综合资产管理机构转变方面迈出一大步。特定资产管理业务的开展，有利于基金管理公司为高净值客户提供"量体裁衣"式理财服务，也有利于基金管理公司收入来源的多元化。

2012 年 11 月 1 日起新修订施行的《基金管理公司特定客户资产管理业务试点办法》，对基金管理公司特定客户资产管理业务进行了全面规范。

为单一客户办理特定资产管理业务的，客户委托的初始资产不得低于 3 000 万元人民币；为多个客户办理特定资产管理业务的，每个客户委托资产不低于 100 万元人民币。

基金管理公司申请特定客户资产管理业务的基本条件为：

（1）经营行为规范且最近 1 年内没有因违法违规行为受到行政处罚或被监管机构责令整改，没有因违法违规行为正在被监管机构调查；

（2）已经配备了适当的专业人员从事特定资产管理业务；

（3）已经就防范利益输送、违规承诺收益或者承担损失、不正当竞争等行为制定了有效的业务规则和措施；

（4）已经建立公平交易管理制度，明确了公平交易的原则、内容以及实现公平交易的具体措施；

（5）已经建立有效的投资监控制度和报告制度，能够及时发现异常交易行为；

（6）中国证监会根据审慎监管原则确定的其他条件。

（三）投资咨询服务

2006 年 2 月，证监会基金部《关于基金管理公司向特定对象提供投资咨询服务有关问题的通知》规定，可以向 QFII、境内保险公司等机构提供投资咨询服务。基金管理公司向特定对象提供投资咨询服务时不得有下列行为：

（1）侵害基金份额持有人和其他客户的合法权益；

（2）承诺投资收益；

（3）与投资咨询客户约定分享投资收益或者分担投资损失；

（4）通过广告等公开方式招揽投资咨询客户；

（5）代理投资咨询客户从事证券投资。

（四）全国社会保障基金管理及企业年金管理业务

根据《全国社会保障基金投资管理暂行办法》和《企业年金基金管理试行办法》的规定，基金管理公司可作为投资管理人管理社会保障基金和企业年金基金。目前，部分取得投资管理人资格的基金管理公司已开展了管理社会保障基金和企业年金基金的业务。

（五）QDII 业务

符合条件的基金管理公司可以申请合格境内机构投资者（QDII）资格，开展境外投资业务。基金管理公司申请 QDII 业务资格，应具备以下条件。

（1）申请人的财务稳健，资信良好。净资产不少于 2 亿元人民币；经营证券投资基金管理业务达2年以上；在最近一个季度末资产管理规模不少于200亿元人民币或等值外汇资产。

（2）具有5年以上境外证券市场投资管理经验和相关专业资质的中级以上管理人员不少于1名，具有3年以上境外证券市场投资管理相关经验的人员不少于3名。

（3）具有健全的治理结构和完善的内控制度，经营行为规范。

（4）最近3年没有受到监管机构的重大处罚，没有重大事项正在接受司法部门、监管机构的立案调查。

（5）中国证监会根据审慎监管原则规定的其他条件。

四、基金管理公司的业务特点

基金管理公司的业务具有以下特点：

（1）基金管理公司管理的是投资者的资产，一般不进行负债经营，因此，基金管理公司的经营风险相对具有较高负债的银行、保险公司等其他金融机构要低得多；

（2）基金管理公司的收入主要来自以资产规模为基础的管理费，因此资产管理规模的扩大对基金管理公司具有重要的意义；

（3）投资管理能力是基金管理公司的核心竞争力，因此基金管理公司在经营上更多地体现出一种知识密集型产业的特色；

（4）开放式基金要求必须披露上一工作日的份额净值，而净值的高低直接关系到投资者的利益，因此，基金管理公司的业务对时间与准确性的要求很高，任何失误与迟误都会造成很大问题。

◇ 同步检测

单项选择题（以下各小题所给出的**4**个选项中，只有**1**项最符合题目要求，请选出正确的选项）

1. 基金管理公司最核心的业务是（　　　）。

A. 基金设立　　　　　B. 投资管理　　　　　C. 基金发行　　　　　D. 风险管理

2. 基金管理公司为单一客户办理特定资产管理业务的，客户委托的初始资产不得低于（　　）万元人民币。

A. 1 000　　　　　　B. 3 000　　　　　　C. 5 000　　　　　　D. 6 000

多项选择题（以下各小题所给出的**4**个选项中，有**2**个或**2**个以上符合题目要求，请选出正确的选项）

1. 基金的运作活动从管理人的角度看，可以分为（　　　）。

A. 基金的市场营销　　　　　　　　B. 基金的投资管理

C. 基金的后台管理　　　　　　　　D. 基金的托管

2. 下列属于基金管理公司业务的特点的是（　　　）。

A. 一般不进行负债经营

B. 收入主要来自于基金管理费

C. 投资管理能力是公司的核心竞争力

D. 业务上对时间及准确性的要求很高，失误和迟误会造成巨大的经济损失

判断题（判断以下各小题的对错，正确的填 A，错误的填 B）

1. 若一个基金管理人同时管理运作两个或两个以上的基金，则各只基金资产可以不分立账户。　　　　　　　　　　　　　　　　　　　　　　　　　　　　　　（　　）

2. 在基金的运作中，基金管理人实际上处于中心位置，起着核心作用。　　（　　）

3. 基金管理人负责办理的信息披露事项具体涉及基金募集交易、投资运作、净值披露等环节。　　　　　　　　　　　　　　　　　　　　　　　　　　　　　　　　（　　）

任务二　了解基金管理公司机构设置

有效的组织构架是实现有效管理的基础，对基金管理公司也是同样的道理。基金管理公司典型的机构设置如图 6-1 所示。

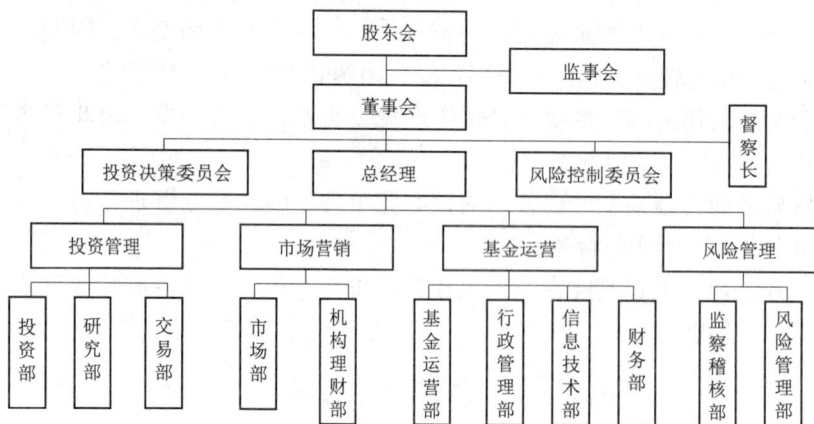

图 6-1　基金管理公司典型的机构设置

一、专业委员会

（一）投资决策委员会

投资决策委员会是基金管理公司管理基金投资的最高决策机构，是非常设的议事机构，在遵守国家有关法律法规、条例的前提下，拥有对所管理基金的投资事务的最高决策权。投资决策委员会一般由基金管理公司的总经理、分管投资的副总经理、投资总监、研究部经理、投资部经理及其他相关人员担任，负责决定公司所管理基金的投资计划、投资策略、投资原则、投资目标、资产分配及投资组合的总体计划等。

（二）风险控制委员会

风险控制委员会也是非常设议事机构，一般由副总经理、监察稽核部经理及其他相关人员组成。风险控制委员会的主要职责是制定和监督执行风险控制政策，根据市场变化对基金的投资组合进行风险评估，并提出风控建议。

二、投资管理部门

（一）投资部

投资部负责根据投资决策委员会制定的投资原则和计划进行股票选择和组合管理，向交易部下达投资指令。

（二）研究部

研究部是基金投资运作的支撑部门，主要从事宏观经济分析、行业发展状况分析和上市公司投资价值分析。

（三）交易部

交易部是基金投资运作的具体执行部门，负责组织、制订和执行交易计划。

交易部的主要职能有：

（1）执行投资部的交易指令，记录并保存每日投资交易情况；

（2）保持与各证券交易商的联系并控制相应的交易额度；

（3）负责基金交易席位的安排、交易量管理等。

目前，有些公司出于更好地控制风险的需要，已将该部门划归基金运营体系，从而加强了对投研部门的制衡。

三、风险管理部门

（一）监察稽核部

监察稽核部负责对公司进行独立监督，其职责主要包括基金管理稽核、财务管理稽核和业务稽核等，定期向董事会提交分析报告。

（二）风险管理部

风险管理部负责对公司运营过程中产生的或潜在的风险进行有效管理。该部门工作主要对公司高级管理层负责，对各部门运作流程中的各环节进行监控，提供有关风险评估、测算、日常风险点检查、风控措施等方面的报告及建议。

四、市场营销部门

（一）市场部

市场部负责基金产品的设计、募集和客户服务及持续营销等工作。市场部的主要职能有：

（1）根据基金市场的现状和未来发展趋势以及基金公司内部状况设计基金产品，并完成相应的法律文件；

（2）负责基金营销工作，包括策划、推广、组织、实施等；

（3）对客户提出的申购、赎回要求提供服务，负责公司的形象设计以及公共关系的建立、往来与联系等。

（二）机构理财部

机构理财部是基金管理公司为适应向受托资产管理方向发展需要而设立的独立部门，专门服务于提供该类型资金的机构。独立设置该部门是为了更好地处理好共同基金与受托资产管理业务间的利益冲突问题，因两块业务须在组织上、业务上进行适当隔离。

五、基金运营部门

基金运营部负责基金的注册与过户登记以及基金会计与结算，其职责包括基金清算和基金会计两部分。

基金清算是基金份额和资金的结算交收；基金会计是有关基金业务的会计处理。

六、后台支持部门

（一）行政管理部

行政管理部是基金管理公司的后勤部门，为基金管理公司的日常运作提供文件管理、文字秘书、劳动保障、员工聘用、人力资源培训等行政事务的后台支持。

（二）信息技术部

信息技术部负责基金管理公司业务和管理发展所需要的电脑软、硬件的支持，确保各信息技术系统软件业务功能运转正常。

（三）财务部

财务部是负责处理基金管理公司自身财务事务的部门，包括有关费用支付、管理费收缴、公司员工的薪酬发放、公司年度财务预算和决算等。

◇ 同步测试

单项选择题（以下各小题所给出的 **4** 个选项中，只有 **1** 项最符合题目要求，请选出正确的选项）

下列各项中不是后台支持部门的组成部分的是（　　）。

A. 市场部　　　　　B. 行政管理部　　　　C. 信息技术部　　　　D. 财务部

多项选择题（以下各小题所给出的 **4** 个选项中，有 **2** 个或 **2** 个以上符合题目要求，请选出正确的选项）

基金管理公司的机构设置中包括（　　）等部门。

A. 投资管理　　　　B. 风险管理　　　　C. 市场营销　　　　D. 基金运营

任务三　掌握基金投资运作管理内容和程序

基金投资管理是基金管理公司的核心业务，基金管理公司的投资部门具体负责基金的投资管理业务。

一、投资决策

（一）投资决策机构

我国基金管理公司大多在内部设有投资决策委员会，负责指导基金资产的运作，确定基金投资策略和投资组合的原则。投资决策委员会是公司非常设机构，是公司最高投资决策机构，一般由公司总经理、分管投资的副总经理、投资总监、研究总监等相关人员组成。

投资决策委员会的主要职责包括：

（1）制定投资管理相关制度；

（2）确定基金投资的基本方针、原则、策略及投资限制；

（3）审定基金资产配置比例或比例范围；

（4）确定各基金经理可以自主决定投资的权限；

（5）审批各基金经理提出的投资额超过自主投资额度的投资项目；

（6）定期审议基金经理的投资报告，考核基金经理的工作绩效。

（二）投资决策制定

我国基金管理公司一般的决策程序如下。

1. 公司研究发展部提出研究报告

研究发展部负责向投资决策委员会和其他投资部门提供研究报告。研究报告包括：宏观经济分析报告、行业分析报告、上市公司分析报告和证券市场行情报告。

2. 投资决策委员会决定基金的总体投资计划

投资决策委员会在认真分析研究发展部提供的研究报告及其投资建议的基础上，根据现行法律法规和基金合同的有关规定，决定基金的总体投资计划。

3. 基金投资部制订投资组合的具体方案

在投资决策委员会制订的总体投资计划的基础上，投资部在研究发展部的研究报告的支持下，建立备选股票库，构建投资组合方案等。

4. 风险控制委员会提出风险控制建议

为降低投资风险，风险控制委员会通过监控投资决策实施和执行的整个过程，并根据市场价格水平及公司的风险控制政策，提出风险控制建议。

基金管理公司上述投资决策流程，如图6-2所示。

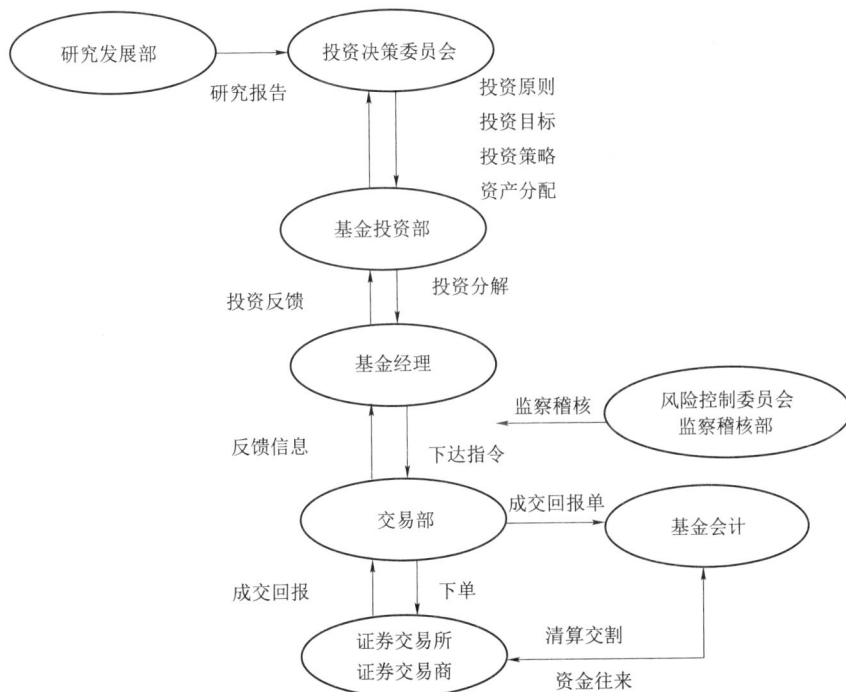

图6-2　基金管理公司投资决策流程

（三）投资决策实施

投资决策实施就是由基金经理根据投资决策中规定的投资对象、投资结构和持仓比例等，在市场上选择合适的股票、债券和其他有价证券来构建投资组合。交易员的地位和作用也相当重要。基金经理下达交易指令后要由交易员负责完成。交易指令具体包括买入（卖出）何种有价证券、买入（卖出）的时间和数量、买入（卖出）的价格控制等。交易员接受交易指令后，寻找合适的机会，以尽可能低的价格买入并以尽可能高的价格卖出有价证券。

二、投资研究

投资研究是基金管理公司进行实际投资的基础和前提，基金实际投资绩效在很大程度上取决于投资研究的水平。研究内容包括：宏观与策略研究、行业研究、个股研究。

（一）宏观与策略研究

宏观与策略研究主要针对国家宏观经济状况以及市场的研究，提出资产配置建议。

（二）行业研究

对各行业的发展环境和政策动向等进行评估，提出行业资产配置建议。

（三）个股研究

单个股票研究始于对行业内上市公司的初步筛选，选出具有研究价值的公司以建立备选股票池；在股票池的基础上，研究员对上市公司及其所在行业进行进一步的分析，确定值得实地调研的公司；在实地调研之后，分析师拟订财务模型进行估值并完成投资报告，所有这些报告最后经部门讨论等方式通过后，进入股票池。

就债券研究而言，侧重于债券久期的判断和券种的选择。研究员通过对宏观及利率走势的判断，以及对长短期债券、不同信用等级债券利差的判断，决定债券的久期策略，再依券种的信用程度、流动性等指标以及一级和二级市场供需情况等提出分析报告。

除了自身的研究力量外，基金管理公司还普遍依靠大量的外部研究报告，主要是作为卖方的证券公司的研究报告。通过内外部研究力量的交流和整合，提升基金管理公司整体的研究能力。

三、投资交易

交易是实现基金经理投资指令的最后环节。各基金管理公司设立中央交易室，推行首席交易员负责制，严格执行交易行为准则，所有投资指令须经风控部门审核，确认合法合规和完整性后方可执行，以对基金经理的交易行为进行约束。

四、投资风险控制

为切实保障投资者利益，基金管理公司须建立完整的风险控制机制，并确保该机制能够得到有效执行。

（1）基金管理公司设有风险控制委员会等风险控制机构，负责从整体上控制基金运作中的风险。

（2）制定内部风险控制制度。主要包括：按照法律法规和基金合同规定的投资比例进行投资，严禁超范围和越权投资；基金管理公司管理的基金资产与其自有资产严格独立，分账管理；实行集中交易制度，每笔交易必须有书面记录；加强信息隔离墙制度，实行空间隔离和门禁制度，防止敏感信息的不当流动；前台和后台部门应独立运作，不相容岗位应彼此牵制。

（3）内部监察稽核控制。监察稽核的目的是检查、评价公司内控制度的合法合规性和有效性；监督公司内控制度的执行情况；揭示公司运营过程中可能存在的风险点并提出建议。

五、基金投资管理人员的监督管理

投资管理人员是指在基金管理公司中负责基金投资、研究、交易的人员以及实际履行相应职责的人员。具体包括公司投资决策委员会成员，公司分管投资、研究、交易业务的高级管理人员，公司投资、研究、交易部门的负责人，基金经理和基金经理助理等。

对基金管理公司投资管理人员的基本行为规范包括：投资管理人员应当维护基金份额持有人的利益；在基金份额持有人的利益与公司、股东及与股东有关联关系的机构和个人等发生利益冲突时，投资管理人员应当坚持基金份额持有人利益优先的原则。

投资管理人员不得利用基金财产或管理基金份额向任何机构和个人进行利益输送，不得从事或者配合他人从事损害基金份额持有人利益的活动。投资管理人员应当树立长期、稳健、对基金份额持有人负责的理念，审慎签署并认真履行聘用合同，而且提前解除聘用合同应当有正当的理由。投资管理人员应当牢固树立合规意识和风险控制意识，强化投资风险管理，提高风险管理水平，审慎开展投资活动。

投资管理人员不得直接或间接为其他任何机构和个人进行证券投资活动，不得直接或间接接受证券公司、投资公司、上市公司等其他任何机构和个人提供的礼金、旅游服务等各种形式的利益。未经公司允许，投资管理人员不得以公司或个人名义参加与履行职责有关的社会活动或会议，严禁投资管理人员利用参加会议之便牟取不当利益，损害基金份额持有人的合法权益。公司应当加强对投资管理人员的合规教育，定期进行合规培训，提高其合规意识。每个投资管理人员每年接受合规培训的时间不得少于 20 小时。公司不得聘用从其他公司离任未满 3 个月的基金经理从事投资、研究、交易等相关业务。基金经理管理基金未满 1 年的，公司不得变更基金经理。

六、基金从业人员投资证券投资基金的监督管理

中国证监会 2012 年 6 月 12 日发布新修订的《关于基金从业人员投资证券投资基金有关事项的规定》，要求如下。

（1）基金从业人员投资基金应当遵守有关法律法规及任职单位管理制度的规定，遵循公平、公开、公正的原则，防范利益冲突和利益输送，禁止利用内幕信息及其他未公开信息违规买卖基金，不得利用职务便利牟取个人利益。

（2）基金从业人员持有基金份额的期限不得少于 6 个月，高级管理人员、基金投资和研究部门负责人持有本公司管理的基金份额及基金经理持有本人管理的基金份额的期限不得少于 1 年，投资货币市场基金以及其他现金管理工具基金不受上述期限限制。

（3）基金从业人员应当自投资基金之日起 5 个工作日内真实、准确、完整地向本单位

申报所投资基金的名称、时间、价格、份额数量、费率等信息。

（4）基金管理公司应当在基金合同生效公告、上市交易公告书及相关基金半年度报告和年度报告中披露下列信息：

① 本公司基金从业人员持有基金份额的总量及占该只基金总份额的比例；

② 本公司高级管理人员、基金投资和研究部门负责人持有该只基金份额总量的数量区间；

③ 该只基金的基金经理持有该只基金份额总量的数量区间。

◇ 同步测试

单项选择题（以下各小题所给出的 **4** 个选项中，只有 **1** 项最符合题目要求，请选出正确的选项）

1. 下列各项中不属于对基金管理公司进行监督的事项的是（　　）。

A. 基金管理公司设立审核　　　　B. 基金管理公司重大事项变更审核

C. 对基金托管银行履行职责情况的监督　　D. 基金管理公司股权处置监管

多项选择题（以下各小题所给出的 **4** 个选项中，有 **2** 个或 **2** 个以上符合题目要求，请选出正确的选项）

1. 基金的投资决策过程涉及（　　）。

A. 研究发展部　　　　　　　　　B. 基金投资部

C. 风险控制委员会　　　　　　　D. 投资决策委员会

2. 基金投资研究是基金管理公司进行实际投资的基础和前提，研究内容包括（　　）。

A. 宏观与策略研究　　　　　　　B. 行业研究

C. 个股研究　　　　　　　　　　D. 风险控制研究

任务四　掌握基金托管人职责、作用和托管业务流程

基金托管人是证券投资基金的主要当事人之一。在基金运作中引入基金托管人制度，有利于基金财产的安全和投资者利益的保护。

基金托管人的职责主要体现在基金资产保管、投资运作监督、基金资金清算以及会计复核等方面。

一、基金托管人及基金资产托管业务

基金托管人是根据法律法规的要求，在证券投资基金运作中承担资产保管、资金清算、会计复核、投资运作监督等相关职责的当事人。

托管人主要有以下四项职责。

（1）资产保管，即基金托管人应为基金资产设立独立的账户，保证基金的全部资产安全完整。

（2）资金清算，即执行基金管理人的投资指令，办理基金名下的资金往来。

（3）会计复核，即建立基金账册并进行会计核算，复核审查管理人计算的基金资产净

值和份额净值。

（4）投资运作监督，监督基金管理人的行为是否符合基金合同的规定。

基金托管人主要通过托管业务获取托管费作为其主要收入来源，托管规模与其托管费收入成正比。

二、基金托管人在基金运作中的作用

（1）防止基金财产挪作他用，有效保障资产安全。

（2）通过基金托管人对基金管理人的投资运作进行监督，可以促使基金管理人按照有关法规和基金合同约定的要求运作基金财产，有利于保护基金份额持有人的权益。

（3）通过托管人的会计核算和净值计算，有利于防范、减少基金会计核算中的差错，保证基金份额净值与会计核算的真实性和准确性。

三、基金托管人的市场准入

根据 2013 年 6 月 1 日起施行的新《证券投资基金法》，基金托管人由依法设立的商业银行或者其他金融机构担任。

担任基金托管人，应当具备下列条件：

（1）净资产和资本充足率符合有关规定；

（2）设有专门的基金托管部门；

（3）取得基金从业资格的专职人员达到法定人数；

（4）有安全保管基金财产的条件；

（5）有安全高效的清算、交割系统；

（6）有符合要求的营业场所、安全防范设施和与基金托管业务有关的其他设施；

（7）有完善的内部稽核监控制度和风险控制制度；

（8）法律、行政法规规定的和经国务院批准的国务院证券监督管理机构、国务院银行业监督管理机构规定的其他条件。

四、基金托管人的职责

（1）安全保管基金财产；

（2）按照规定开设基金财产的资金账户和证券账户；

（3）对所托管的不同基金财产分别设置账户，确保基金财产的完整与独立；

（4）保存基金托管业务活动的记录、账册、报表和其他相关资料；

（5）按照基金合同的约定，根据基金管理人的投资指令，及时办理清算、交割事宜；

（6）办理与基金托管业务活动有关的信息披露事项；

（7）对基金财务会计报告、中期和年度基金报告出具意见；

（8）复核、审查基金管理人计算的基金资产净值和基金份额申购、赎回价格；

（9）按照规定召集基金份额持有人大会；

（10）按照规定监督基金管理人的投资运作；

（11）国务院证券监督管理机构规定的其他职责。

五、基金托管业务流程

以开放式基金的托管为例，基金托管业务流程主要分四个阶段：签署基金合同、基金募集、基金运作和基金终止。

（1）签署基金合同阶段是基金托管人介入基金托管业务的起始阶段。在这一阶段，托管人与拟募集基金的基金管理公司商洽基金募集及托管业务合作事宜。如达成合作意向后，双方草拟、共同签署基金合同（草案）、托管协议（草案），提交监管机构。

（2）基金募集阶段是基金托管人开展基金托管业务的准备阶段。在基金募集期间，基金托管人要进行基金托管业务的各项准备。该阶段的主要工作有：刻制基金业务用章、财务用章，开立基金的各类资金账户、证券账户，建立基金账册，与管理人及注册登记机构进行技术系统的联调、测试，将基金有关参数输入监控系统，在募集结束后接受管理人按规定验资后的募集资金划入基金资金账户。如果基金募集不成立，则由基金管理人承担将募集资金返还到投资人账户的职责。

（3）基金运作阶段是基金托管人全面行使职责的主要阶段。基金合同生效后，基金管理人开始进行投资运作，基金托管人也开始根据法律法规和基金合同等的规定，进行各类托管业务的运作。托管人在该阶段的主要工作有：安全、独立保管基金的全部财产；每个工作日进行基金资产净值计算与会计核算，并与管理人核对；根据管理人的指令办理资金划拨；监督基金投资范围、投资比例、投资风格、关联交易等；承担基金定期报告、招募说明书（更新）等信息披露文件的复核监督；对基金费用提取、收益分配、基金份额持有人大会等业务的实施承担监督职责；保管基金份额持有人名册、重要合同、有关实物证券、业务档案等。

（4）基金终止阶段是基金托管人尽责的善后阶段。在更换托管人或基金终止清算两种情形下，根据法律法规的要求，托管人要参与基金终止清算，按规定保存清算结果和相关资料。

基金托管人的业务操作流程如图 6-3 所示。

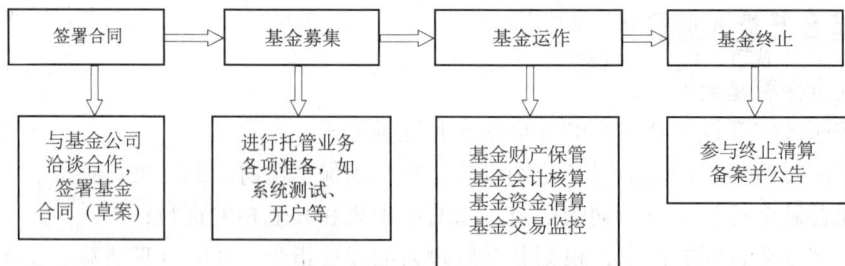

图 6-3　基金托管人的业务操作流程

◇ 同步测试

判断题（判断以下各小题的对错，正确的填 A，错误的填 B）

1. 基金托管部门拟从事基金清算、核算、投资监督、信息披露等业务的执业人员不少于 3 人。　　　　　　　　　　　　　　　　　　　　　　　　　　　　（　　）

2.《证券投资基金托管资格管理办法》对托管准入有更详细的规定：最近 3 个会计年

度的年末净资产均不低于 30 亿元人民币；设有专门的基金托管部门；基金托管部门拟从事基金清算、核算、投资监督信息披露等业务的执业人员不少于 5 人，并具有基金从业资格；有安全保管基金财产的条件等。　　　　　　　　　　　　　　　　　　（　　）

任务五　了解基金托管人对基金财产的保管要求和内容

一、基金财产保管的基本要求

（一）保证基金资产的安全

基金托管人的首要职责就是要保证基金财产的安全，独立、完整、安全地保管基金的全部资产。基金托管人必须将基金资产与自有资产、不同基金的资产严格分开，要为基金设立独立的账户，单独核算，分账管理。不同基金之间在持有人名册登记、账户设置、资金划拨、账册记录等方面应完全独立，实行专户、专人管理。不同基金的债权债务是不能相互抵消的。

（二）依法处分基金财产

未接到基金管理人的指令，基金托管人不得自行运用、处分、分配基金的任何资产。对基金管理人非法的、不合规的投资指令，托管人应当拒绝执行，并提示管理人或向监管部门报告。

（三）严守基金商业秘密

基金信息公开披露前，托管人应严守基金商业秘密，不得向他人泄露。

（四）对基金财产的损失承担赔偿责任

托管人在履行职责过程中违反法律法规或基金合同约定，给基金财产或基金份额持有人造成损失的，应对自身行为依法承担赔偿责任；因与管理人的共同行为给基金财产或基金份额持有人造成损害的，也应承担连带赔偿责任。

二、基金财产保管的内容

（一）保管基金印章

基金托管人代基金刻制的基金章、基金财务专用章及基金业务章等基金印章均由托管人代为保管和使用。保管好基金印章是保证基金资产安全的前提，因此，基金托管人必须加强基金印章的管理，制定严格的印章管理制度。

（二）基金资产账户管理

（1）基金托管人应做好基金资产账户的更名、销户及资产过户等工作。

（2）托管人负责开立全部资产账户，保证基金账户独立于托管银行账户；不同基金的账户也相互独立，对每一个基金单独设账，分账管理。

（3）严格按照基金管理的有效指令办理资金划拨和支付，并保证基金的一切货币收支活动均通过基金的银行账户进行。

（4）基金托管人和基金管理人不得假借基金的名义开立任何其他账户。

（三）重要文件保管

基金托管人负责保管基金的重大合同、基金的开户资料、预留印鉴、实物证券的凭证等重要文件。

（四）核对基金资产

核对的频率因账户特点和管理方式不同而有所差异。一般情况下，基金银行存款账户、基金结算备付金余额、基金证券账户的各类证券资产数量、余额每日核对；基金债券托管账户在交易当日进行核对，如无交易每周核对一次。

◇ **同步测试**

多项选择题（以下各小题所给出的 4 个选项中，有 2 个或 2 个以上符合题目要求，请选出正确的选项）

1. 基金资产保管的主要内容包括（　　）。

A. 保管基金印章

B. 管理基金资产账户

C. 保管基金的重大合同、基金的开户资料、预留印鉴、实物证券的凭证等重要文件

D. 核对基金资产

2. 基金账户管理的内容包括（　　）等。

A. 做好基金资产账户的开立、更名、销户及资产过户等工作

B. 托管人负责开立全部基金资产账户并保证基金账户独立于托管银行账户

C. 严格按照相关规定和基金管理人的有效指令办理资金划拨和支付

D. 保证基金账户的开立和使用只限于满足开展基金业务的需要

3. 下列各项属于基金证券账户的是（　　）。

A. 货币市场基金在银行开立的银行存款账户

B. 结算备付金账户

C. 交易所证券账户

D. 全国银行间市场债券托管账户

4. 一般基金托管人可以通过（　　）等方式对基金资产进行核对。

A. 计算机系统　　　　　　　　　　B. 电话银行

C. 登录上海 PROP 远程操作系统　　D. 加密传真

判断题（判断以下各小题的对错，正确的填 A，错误的填 B）

1. 一般情况下，基金银行存款账户、基金结算备付金余额、基金证券账户的各类证券资产数量、余额每日核对；基金债券托管账户在交易当日进行核对，如无交易每周核对一次。　　　　　　　　　　　　　　　　　　　　　　　　　　　　（　　）

2. 保管基金印章不是基金财产的保管的主要内容。　　　　　　　　　　（　　）

3. 交易所证券账户是指以基金名义在中央国债登记结算有限公司开立的乙类债券托管账户，用于登记存管基金持有的、在全国银行间同业拆借市场交易的债券。　　（　　）

任务六　了解托管人对基金投资运作监督内容和方式

一、基金托管人对基金管理人监督的依据

基金托管人是依据基金运行中"管理与保管分开"的原则对基金管理人进行监督和对基金资产进行保管的机构。基金托管人与基金管理人签订托管协议，在托管协议规定的范围内履行自己的职责并收取一定的报酬。

基金托管人主要依据《证券投资基金法》、《证券投资基金运作管理办法》等法律法规，以及基金合同、托管协议等规定，对基金投资范围和投资对象、基金投融资比例、基金投资禁止行为等进行监督和核查。

二、基金托管人对基金管理人监督的主要内容

（一）对基金投资范围、投资对象的监督

监督基金的投资范围、投资对象是否符合基金合同及有关法律法规的要求。如基金合同明确约定基金的投资风格（如主要投资于大盘股票、基础行业股票、可转债或跟踪指数等）或证券选择标准，基金托管人应据以建立相关技术系统，对基金实际投资是否符合基金合同的相关约定进行监督，对存在疑义的事项进行核查。

（二）对基金投融资比例的监督

监督内容包括但不限于：基金合同约定的基金投资资产配置比例、单一投资类别比例限制、融资限制、股票申购限制、法规允许的基金投资比例调整期限等。

（三）对基金投资禁止行为的监督

监督内容包括但不限于：《证券投资基金法》、基金合同规定的不得承销证券、向他人贷款或提供担保等。根据法律法规有关基金禁止从事的关联交易的规定，基金管理人和基金托管人应相互提供与本机构有控股关系的股东或与本机构有其他重大利害关系的公司的名单。

（四）对参与银行间同业拆借市场交易的监督

为控制基金参与银行间债券市场的信用风险，基金托管人应对基金管理人参与银行间同业拆借市场交易进行监督。控制银行间债券市场信用风险的方式包括但不限于交易对手的资信控制和交易方式（如见券付款、见款付券）的控制等。

（五）对基金管理人选择存款银行的监督

货币市场基金投资银行存款时，托管人和管理人根据法律法规的规定及基金合同的约定，要签署专门的补充协议，对存款银行的资质、利率标准、双方的职责、提前支取的条件及赔偿责任等进行规定。

实际运作中，托管人对基金管理人投资运作的监督有以下特点：一是不同基金类型监督的依据和内容不同，如货币市场基金与股票基金的监督内容存在较大差异；二是日常运作

中，托管人对基金管理人投资运作行为的监督主要是基金投资范围、投资比例、交易对手、投资风格等方面；三是根据投资需要和监管机构的要求，不断增加、完善监督内容，例如，近两年增加了对基金投资非公开发行股票等流通受限证券、权证产品、资产支持证券等的监督；四是场内交易主要通过技术系统实现，场外交易主要借助于人工手段完成。

三、监督与处理方式

基金托管人对管理人的监督与处理可采取以下方式。

（一）电话提示

对基金投资比例接近超标或媒体和舆论集中反映的问题，一般通过电话提示管理人。

（二）书面警示

对基金运作中违反法律法规或合同规定的，如超比例投资、资金头寸不足等问题，以书面形式对基金管理人进行提示，督促并要求管理人及时整改。

（三）书面报告

严重违反法律法规或合同规定的，如资金透支以及其他涉嫌违规交易等行为，书面提示有关管理人，并报告中国证监会。

（四）定期报告

（1）编制持仓统计表。每日对基金的持仓情况编制日报，并向中国证监会报告。

（2）基金运作监督周报。每周编制基金运作监督周报，向中国证监会报告。

（3）内部监察稽核报告。每季度编制内部监察稽核报告，向中国证监会报告。

◇ 同步测试

单项选择题（以下各小题所给出的 **4** 个选项中，只有 **1** 项最符合题目要求，请选出正确的选项）

对履行基金托管职责的监督不包括（　　　）。

A. 在监督基金投资运作中，是否在基金托管协议中事先与基金管理公司订明相关权责，是否建立并及时维护相关监督系统，是否在发现问题时及时提醒基金管理公司并报告中国证监会

B. 是否建立科学合理、控制严密、运行高效的内部控制体系

C. 在办理基金的清算交割事宜中，是否能保证清算的及时高效，同时又保证基金财产的安全与独立

D. 在办理与基金托管业务相关的信息披露事项中，是否及时、真实、准确、完整地履行信息披露业务，是否在基金年度报告中的托管人报告中独立、客观地发表意见

多项选择题（以下各小题所给出的 **4** 个选项中，有 **2** 个或 **2** 个以上符合题目要求，请选出正确的选项）

1. 实际运作中，托管人对基金管理人投资运作的监督有以下哪些特点？（　　　）

A. 场内交易主要通过人工手段实现，场外交易主要借助于技术系统完成

B. 不同基金类型监督的依据和内容不同

C. 日常运作中托管人对基金管理人投资运作行为的监督主要是基金投资范围、投资比

例、交易对手、投资风格等方面

　　D. 根据投资需要和监管机构的要求，不断增加、完善监督内容

　　2. 基金托管人对基金管理人的投资运作进行监督，对基金投融资比例监督的内容包括（　　）。

　　A. 基金合同约定的基金投资资产配置比例

　　B. 融资限制

　　C. 股票申购限制

　　D. 法规允许的基金投资比例调整期限

　　判断题（判断以下各小题的对错，正确的填 A，错误的填 B）

　　基金财产可以用于向他人提供贷款或者提供担保。　　　　　　　　　　（　　）

◇ **同步测试答案**

　　任务一

　　单项选择题：1. B　2. B

　　多项选择题：1. ABC　2. ABCD

　　判断题：1. B　2. A　3. A

　　任务二

　　单项选择题：1. A

　　多项选择题：1. ABCD

　　任务三

　　单项选择题：1. C

　　多项选择题：1. ABCD　2. ABC

　　任务四

　　判断题：1. B　2. B

　　任务五

　　多项选择题：1. ABCD　2. ABCD　3. CD　4. ABC

　　判断题：1. A　2. B　3. B

　　任务六

　　单项选择题：1. B

　　多项选择题：1. BCD　2. ABCD

　　判断题：1. B

基金的市场营销

▶ **知识目标**

1. 掌握基金市场营销的特征和内容；
2. 知晓基金产品设计与定价管理的基本概念；
3. 掌握基金营销有哪些渠道和客户服务方式；
4. 掌握基金销售机构的设立及内部控制的基本要求；
5. 掌握基金销售业务基本规范；
6. 了解基金销售业务信息管理的基本要求。

▶ **能力目标**

1. 能够熟练运用所掌握的市场营销知识和技巧向客户销售基金；
2. 能够遵守基金销售业务基本规范，合法合规地向客户销售基金。

基金市场营销的内容包括目标市场与客户的确定、营销环境的分析、营销组合的设计、营销过程的管理四个层次。基金营销主要由基金管理公司内设的市场部门承担，也可以委托外部机构承担。客户服务是基金营销的重要组成部分。在基金营销过程中，基金销售机构必须遵循监管机构的规定，加强自身的合规经营及内部控制，加大对营销人员的培训和监督，规范营销人员的行为。

任务一　掌握基金营销特征和内容

一、基金市场营销的含义与特征

（一）含义

证券投资基金的市场营销是基金销售机构从市场和客户需要出发所进行的基金产品设计、销售、售后服务等一系列活动的总称。

（二）基金市场营销的特征

不同于一般有形产品的营销，基金属于一类金融产品，其营销具有自身的特殊性，主要体现在以下五方面。

（1）服务性。基金是一种金融产品，投资者无法体验实物，因此，其产品体验更多表现为投资者享有的持续服务。营销人员不仅要向客户说明基金产品的风险收益特征，还需以高质量的服务、客户的口口相传、公司的品牌形象宣传等，来维系客户的忠诚度并扩大客户基础。

（2）专业性。基金是一类金融产品组合投资工具，与有形产品的营销相比，基金营销人员必须具备扎实的专业素养，广泛了解并熟练掌握股票、债券、货币市场工具、保险等各类金融产品，在营销过程中将有关知识和服务传递给投资者。在一定程度上，基金的营销其实也是开展投资者教育的过程。

（3）持续性。基金营销并非一锤子买卖，只有优质的、持续的、以客户为中心的专业服务才能不断拓展客户基础，扩大基金规模。

（4）适当性。鉴于基金金融产品的特殊属性，基金投资有风险，因此营销人员必须了解投资者的风险偏好，根据投资者的风险承受能力销售不同风险等级的基金，即将合适的基金推荐给合适的投资者，切实维护投资者的利益。

（5）规范性。为保护投资者权益，监管部门从基金销售机构、基金营销人员、基金销售宣传推介等多个维度对基金营销活动进行了严格的规范，因此，基金营销活动必须遵守监管部门的规定，合法合规地开展。

二、基金市场营销的内容

（一）目标市场与客户的确定

确定目标市场与客户是基金营销部门的一项关键性工作。机构投资者投资额高，投资目标比较明确，对信息的需求比较细致，通常要求专人服务，营销成本低，但服务成本较高；相反，个人投资者投资额低，投资目标比较模糊，只需要概况性的信息，一般不会要求专人服务，营销成本高，但服务成本低。

（二）营销环境的分析

营销环境是指基金销售机构进行基金营销的各种内部、外部因素的统称。

营销环境分为微观环境和宏观环境。微观环境指与公司关系密切、能够影响公司客户服务能力的各种因素，主要包括股东支持、销售渠道、客户、竞争对手及公众；宏观环境指能影响整个微观环境的、广泛的社会性因素，包括人口、经济、政治、法律、技术、文化等因素。

在营销环境的诸多因素中，基金管理人最需要关注以下三个方面。

1. 销售机构本身的情况

公司的股权结构、经营目标、经营策略、资本实力、营销团队都会对基金营销产生重要的影响。

2. 影响投资者决策的因素

分为外在和内在因素。外在因素如个人成长的文化背景、社会阶层、家庭、身份和社会地位；内在因素是心理上的，如动机、感觉、风险承受能力、对新产品的态度等。

3. 监管机构对基金营销的监管

监管机构对基金营销的监管政策，直接影响到基金营销活动的开展范围和开展方式，基金营销活动必须在合法合规的前提下进行。

（三）营销组合的设计

营销组合的四大要素（4P）——产品（Product）、费率（Price）、渠道（Place）和促销（Promotion）是基金营销的核心内容。四大要素的功能与作用如下。

1. 产品

产品是满足投资者需求的手段。基金管理人只有不断开发出能够满足客户需求的多样化的基金产品供客户选择，才能不断扩大业务规模。

2. 费率

基金交易价格的核心是基金费用的高低。基金管理人可通过设计灵活的费率结构，达到扩大基金销售规模的目的。

3. 渠道

渠道的主要任务是使客户在需要的时间和地点以便捷的方式获得产品。

4. 促销

促销是将产品或服务的信息传达到市场上，通过各种有效媒体在目标市场上宣传产品的特点和优点，让客户了解产品在设计、分销、价格上的潜在好处，最后通过市场将产品销售给客户。

将上述营销组合的四大要素有机结合并协调统一，就构成一个成功的营销战略。

（四）营销过程的管理

营销过程的管理包括：市场营销的分析、计划、实施、控制。

1. 市场营销的分析

即收集分析金融市场、相关基金产品、本公司历史数据等；分析拟发行基金的潜在市场和目标客户；评估各项内外部因素，如宏观经济景气、证券市场发展态势、竞争对手和竞争产品、主要销售渠道等。

2. 市场营销的计划

将营销战略形成可具体操作的营销计划。每一类业务、产品或品牌都需要详细的营销计划，包括：计划实施概要、市场营销现状、市场威胁和机会、目标市场和可能存在的问题、市场营销战略、行动方案、预算和控制等。

3. 市场营销的实施

即将营销计划转化为营销行动的过程。市场营销的实施需要营销系统各层次人员上下协调、通力合作。

4. 市场营销的控制

市场营销的控制包括：对不同营销活动制定不同的预算；检查销售时间表是否得到执行；分析目标业绩和实际业绩之间差异的原因以及预算收支不平衡的原因；评估广告投入效果、不同渠道的资源投入并采取正确行动，及时弥补目标与实际业绩之间的差距。

◇ **同步测试**

多项选择题（以下各小题所给出的 **4** 个选项中，有 **2** 个或 **2** 个以上符合题目要求，请选出正确的选项）

1. 基金营销不同于有形产品营销，有其特殊性，主要体现在（　　　）

A. 专业性　　　　　B. 适当性　　　　　C. 服务性　　　　　D. 持续性

2. 为找到和实施适当的营销组合策略，基金销售机构要进行市场营销的（　　）。

A. 分析　　　　　　B. 计划　　　　　　C. 实施　　　　　　D. 控制

3. 在营销环境的所有因素中，基金管理人最需要关注的有（　　）。

A. 机构本身的情况　　　　　　　　　　B. 影响投资者决策的因素

C. 公司的剩余及资产状况　　　　　　　D. 监管机构对基金营销的规范

判断题（判断以下各小题的对错，正确的填 A，错误的填 B）

1. 促销的主要任务是使客户在需要的时间和地点以便捷的方式获得产品。　　　　（　　）

2. 基金销售的服务性反映了从投资人的需要出发向投资人销售合适的产品，坚持了投资人利益优先的原则，也是监管机构对基金销售的要求。　　　　（　　）

任务二　知晓基金产品设计流程与定价要素

基金产品是基金营销的客体，基金产品本身是否符合投资者的需求在很大程度上决定了营销的效果。

一、基金产品的设计思路与流程

（1）要明确目标客户，了解投资者的风险收益偏好；

（2）要选择与目标客户风险收益偏好相适应的金融工具及其组合；

（3）要考虑相关法律法规的约束；

（4）要考虑基金管理人自身的管理水平。

基金产品设计流程如图 7-1 所示。

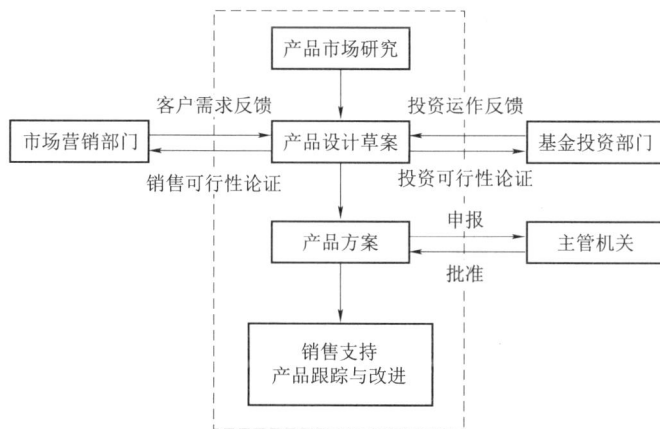

图 7-1　基金产品设计流程

二、基金产品设计的法律要求

根据《证券投资基金运作管理办法》申请募集基金，拟募集的基金应具备以下条件：

（1）有明确、合法的投资方向；

（2）有明确的基金运作方式；

（3）符合中国证监会关于基金品种的规定；

（4）不与拟任基金管理人已管理的基金雷同；

（5）基金合同、招募说明书等法律文件草案符合法律、行政法规和中国证监会的规定；

（6）基金名称表明基金的类别和投资特征；

（7）中国证监会根据审慎监管原则规定的其他条件。

三、基金产品线的布置

基金产品线的内涵可从三个维度来考察：一是产品线的长度，即一家基金管理公司所拥有的基金产品的总和；二是产品线的宽度，即一家基金管理公司所拥有的基金产品的大类有多少，比如，我们通常按照基金产品的风险收益特征将基金产品分为股票基金、混合基金、债券基金和货币市场基金四大类；三是产品线的深度，即一家基金管理公司所拥有的基金产品的大类中有多少更细化的子类基金，比如，股票基金可分为不同的主题基金和行业基金，也可按照投资风格的不同分为大盘价值型股票基金、小盘成长型股票基金等。

常见的基金产品线类型可分为水平式、垂直式、综合式三大类。第一，水平式，即基金公司根据市场范围，不断开发新品种，增加产品线的长度，或扩大产品线的宽度，采用这种类型的基金管理公司具有较高的适应性和灵活性，在竞争中有回旋的余地，但这要求公司有一定实力，特别是具备宽泛的基金管理能力。第二，垂直式，即基金管理公司根据自身的能力专长，在某一个或几个产品类型方向上开发各具特点的子类基金产品，以满足在这个方向上具有特定风险收益偏好的投资者需要。第三，综合式，即基金管理公司在自身能力专长基础上，既在一定产品类型上作重点发展，也在更广泛的范围内构建自身的产品线。

四、定价管理

基金产品定价就是与基金产品本身相关的各项费率的确定，包括认购费率、申购费率、赎回费率、管理费率和托管费率。

基金产品定价首先要考虑基金产品的类型。一般而言，从股票基金到混合基金、债券基金和货币基金，费率呈递减趋势，这是由基金本身的风险收益特征决定的。

其次，要考虑市场环境。市场竞争越激烈，基金费率通常会越低。

再次，要考虑客户特点。客户规模越大，谈判能力就越强，得到的费率待遇越优惠。

最后，要考虑渠道特征。通常，直销渠道的产品费率比代销低。

◇ 同步测试

单项选择题（以下各小题所给出的 **4** 个选项中，只有 **1** 项最符合题目要求，请选出正确的选项）

1. （   ）的基金产品线，即基金管理公司根据市场范围，不断开发新品种，增加基金产品的总数或基金产品的大类。

    A. 水平式　　　　　　B. 垂直式　　　　　　C. 综合式　　　　　　D. 单一式

2. （   ）的基金产品线，即基金管理公司根据自身的能力专长，在某一个或几个产品类型方向上开发各具特点的子类基金产品，以满足在这个方向上具有特定风险收益偏好的投资者的需要。

A. 水平式 B. 垂直式 C. 综合式 D. 单一式

3. 基金产品线是指一家基金管理公司所拥有的不同基金产品及其组合。考察基金产品线的内涵一般不包括（ ）。

A. 产品线的长度 B. 产品线的宽度 C. 产品线的深度 D. 产品线的高度

任务三 掌握基金营销渠道、 促销手段与客户服务方式

一、国际基金销售渠道的状况

国际上，开放式基金的销售主要分为直销和代销两种方式。直销指不通过中介机构而由基金管理人附属的销售机构把基金直接出售给投资者的模式，一般通过邮寄、电话、互联网、直属的分支机构网点、直销队伍等实现。代销是指通过银行、证券公司、保险公司、投资顾问等机构销售基金的方式。

直销与代销的特点对比如表7-1所示。

表7-1 直销和代销的特点

	直销渠道	代销渠道
渠道构成	直属的销售队伍	独立的投资顾问
	直属的分支机构网点	银行、券商的销售网络
	直接推销	基金超市
	通过邮寄\电话\互联网	折扣经纪人
渠道特点	对客户财务状况更了解，对客户控制力较强	对客户的控制力弱，但有广泛的客户基础
	更容易发现产品或服务的不足	客户可得到独立的顾问服务
	易于建立双向持久的联系，提升忠诚度	代销机构有业绩才有佣金，基金公司不承担固定成本
	推销新产品更容易	商业对手对渠道的竞争提高了代销成本

一般而言，不同国家的基金业发展水平不同，会依赖于不同的基金销售渠道。

（一）商业银行

历史上来看，欧洲大陆的银行占据了基金销售的绝对市场份额。银行的典型行为是给潜在的客户销售本银行发起的基金。

在银行基金销售中，定期定额投资计划（基金定投）占据非常重要的地位。它通常是指投资者向银行提交申请，约定每期扣款时间、扣款金额、扣款方式和申购对象。

（二）保险公司

保险公司一般具有强大的销售和网络渠道，在推销保险产品的同时可以销售基金产品。

（三）独立的理财顾问

美国和英国有很发达的独立理财顾问行业。独立的理财顾问可针对客户的需求，提供独

立的咨询服务，将基金作为客户资产组合的一部分销售出去。

（四）直销

直销是指基金管理公司将基金直接销售给公众，而不经过银行等中介机构。

（五）基金超市

在美国，基金超市蓬勃发展，基于因特网的销售平台使投资者在基金超市开一个网上账户，就可以买卖超市内所有的基金。

二、我国基金销售渠道的状况

我国基金销售的渠道主要有以下几种。

（一）商业银行

商业银行具有广泛的客户基础，选择大型国有商业银行作为开放式基金的代销渠道，有利于争取银行储户这一细分市场。但目前商业银行的销售方式相对被动，为投资者提供个性化服务的水平有待提升。基金管理人须加强与代销银行的合作，通过对银行人员的持续培训，组织客户推介会，增强银行代销的积极性，提升银行人员的营销能力。

（二）证券公司

相比商业银行，证券公司拥有更多的专业投资咨询人员，在服务的专业性和个性化方面具有自身优势；此外，ETF 和 LOF 等基金创新品种的推出，使得证券公司可以发挥自身的交易服务优势。证券公司要保证基金代销业务的健康持续发展，应建立起以客户为中心的运营模式，首发销售与持续营销并重，向客户提供专业理财服务。

（三）证券咨询机构和专业基金销售公司

由于基金品种不断增加，基金规模不断壮大，为投资者提供专业基金投资咨询服务，已经成为现实的市场需求。顺应这种市场需求，监管部门鼓励证券咨询机构和专业基金销售公司开展基金代销业务，其专业营销人员可以为投资者提供个性化的理财服务，帮助投资者提高对基金的认识并选择符合自身风险偏好的合适的基金品种。

随着互联网金融的日趋发展，证券投资咨询机构和专业基金销售公司主要依托网络来实施基金代销业务，网络销售通常给予投资者较大的费用优惠，提供丰富的基金投资咨询信息，同时又具备高效、简便的业务流程，给予投资者很好的金融服务体验。

（四）基金管理公司直销中心

基金管理公司的直销人员具备较好的基金投资专业知识，尤其对本公司的基金产品比较了解，能够以专业化的水准面对专业化的机构和个人投资者。虽然基金管理公司直销队伍规模较小，但人员素质较高，可以加强与客户之间的沟通，提供专业、持续的理财服务，更容易留住客户，形成忠实的客户群。

三、基金的促销手段

人员推销、广告推销、营业推广和公共关系共同构成基金促销组合四要素。

（一）人员推销

一般来说，针对机构投资者、高净值客户，基金管理公司可通过直销队伍进行一对一的人员推销，以达到最佳营销效果。对代销渠道的客户经理，基金管理公司应加强培训、沟通反馈、提供充足的宣传资料等，调动其积极性并提升其专业性。

（二）广告促销

广告的目的就是通知、影响和劝说目标市场。基金广告可以是品牌和形象广告，也可以是基金产品广告和产品推广信息，这些广告能够强化目标客户对公司本身和基金产品的认知度，有利于销售人员更好地推介基金。广告可通过印刷媒体、广播媒体、户外和公共交通广告、直接营销和网站在线服务等各类媒介推送。

（三）营业推广

营业推广属于短期性的刺激工具，用以鼓励投资者较迅速和较大量地购买某一基金产品。营业推广主要有以下几种手段。

（1）销售点宣传。通过在销售点发放宣传册、海报等方式，达到吸引投资者注意的效果。

（2）投资者交流。通过召开研讨会、推介会等方式，向特定或不特定的客户群体传达投资理念和投资策略，争取客户的认同。在新基金募集过程中，基金管理公司要通过产品推介会、报刊或网上路演等方式，组织基金经理与投资者的交流，帮助投资者增进对基金产品的理解。

（3）费率优惠。基金销售机构通常在持续营销期间，或者在不同的交易渠道间（如网上交易中心），以较低的申购费率吸引客户，但费率优惠幅度必须符合监管部门的规定，不得以低价为手段开展不正当竞争。

（四）公共关系

公共关系所关注的是基金管理人为赢得公众尊敬所做的努力。基金管理人应注重与媒体保持良好的关系；加强与投资者的关系；处理好与政府和监管部门的关系。保持良好的公共关系对于基金管理人应对突发事件、处理危机十分重要。

四、基金客户服务

客户服务是基金营销的重要组成部分，通过销售人员主动及时地开发市场，争取客户认同，建立与客户的长期关系。

（一）电话服务中心

电话服务中心通常以电脑软、硬件设备为后援，同时开辟人工座席和自动语音。客服人员根据不同的客户类别接入相应的客户管理系统，并在最短时间内提供客户所需的查询、咨询、投诉、建议和其他个性化服务。同时，客服人员会根据谈话内容建立客户档案，作为以后服务该客户的参考，也可作为对客户群统计分析和管理的依据之一。

（二）邮寄服务

基金管理人向基金持有人邮寄基金账户卡、交易对账单、季度对账单、投资策略报告、基金通讯、理财月刊等定期和不定期材料，使客户尽快了解其投资变动情况，理性对待市场行情的波动。

（三）自动传真、电子信箱与手机短信

自动传真和电子邮箱适用于传递行文较长的信息资料，手机短信适合于发送字节较短的

信息。上述功能的实现均依赖于强有力的系统支持。

（四）"一对一"专人服务

专人服务是为投资额较大的投资者提供的个性化服务。基金管理人通常会为这类投资者安排固定的投资顾问，将"一对一"服务贯穿售前、售中和售后全过程。

（五）互联网的应用

通过互联网，基金管理人可以向客户提供容量更大、更广的信息查询、基金交易、即时或非即时的咨询等，并接受客户投诉与建议。

（六）媒体和宣传手册的应用

基金管理人会通过电视、电台、报纸杂志等媒体定期或不定期地向客户传达专业信息和传输正确的投资理念。

（七）讲座、推介会和座谈会

讲座、推介会和座谈会这几种形式都能为客户提供一个面对面交流的机会，也有利于营销人员获取有价值的资料，有针对性地推介基金产品，并据此进一步改善客户服务。

◇ 同步测试

单项选择题（以下各小题所给出的 4 个选项中，只有 1 项最符合题目要求，请选出正确的选项）

下列不是基金市场营销组合四大要素的是（　　）。

A. 产品　　　　　　B. 费率　　　　　　C. 渠道　　　　　　D. 销售折扣

多项选择题（以下各小题所给出的 4 个选项中，有 2 个或 2 个以上符合题目要求，请选出正确的选项）

1. 公共关系所关注的是基金公司为赢得各类公众尊敬所做的努力，这些公众包括（　　）。

A. 股东　　　　　　B. 监管机构　　　　　C. 新闻媒介　　　　D. 基金公司经理

2. 下列（　　）等作为理财顾问或金融规划师，可以针对特定客户的需求，提供独立的咨询服务。

A. 银行　　　　　　B. 证券公司　　　　　C. 律师事务所　　　D. 会计师事务所

3. （　　）可以向中国证监会申请基金代销业务资格。

A. 商业银行　　　　　　　　　　　　　B. 证券投资咨询机构

C. 信托投资公司　　　　　　　　　　　D. 证券公司

4. 直销一般通过（　　）等方式使投资者与基金公司直接达成交易。

A. 广告宣传　　　　　　　　　　　　　B. 直接邮寄传单

C. 直销人员上门服务　　　　　　　　　D. 公司网站

判断题（判断以下各小题的对错，正确的填 A，错误的填 B）

1. 成功的市场营销实施取决于公司能否将行动方案、组织结构、决策和奖励制度、人力资源和企业文化等相关要素组合出一个能支持企业战略的、结合紧密的行动方案。（　　）

2. 在现有开放式基金销售过程中，商业银行主要是为基金的销售提供了完善的硬件设施和客户群，但销售方式在一定程度上停留在被动销售的水平上。（　　）

任务四 了解基金销售机构的准入条件及资格管理

一、基金销售机构的准入条件

（一）基金销售机构的基本准入条件

2013 年新修订的《证券投资基金销售管理办法》（自 2013 年 6 月 1 日起施行）规定，商业银行、证券公司、期货公司、保险机构、证券投资咨询机构、独立基金销售机构以及中国证监会认定的其他机构申请注册基金销售业务资格，应当具备下列条件：

（1）具有健全的治理结构、完善的内部控制和风险管理制度，并得到有效执行；

（2）财务状况良好，运作规范稳定；

（3）有与基金销售业务相适应的营业场所、安全防范设施和其他设施；

（4）有安全、高效的办理基金发售、申购和赎回等业务的技术设施，且符合中国证监会对基金销售业务信息管理平台的有关要求，基金销售业务的技术系统已与基金管理人、中国证券登记结算公司相应的技术系统进行了联网测试，测试结果符合国家规定的标准；

（5）制定了完善的资金清算流程，资金管理符合中国证监会对基金销售结算资金管理的有关要求；

（6）有评价基金投资人风险承受能力和基金产品风险等级的方法体系；

（7）制定了完善的业务流程、销售人员执业操守、应急处理措施等基金销售业务管理制度，符合中国证监会对基金销售机构内部控制的有关要求；

（8）有符合法律法规要求的反洗钱内部控制制度；

（9）中国证监会规定的其他条件。

（二）商业银行申请基金销售业务资格的特定条件

商业银行申请基金销售业务资格，除符合上述基础准入条件外，还应当具备下列特定条件：

（1）有专门负责基金销售业务的部门；

（2）资本充足率符合国务院银行业监督管理机构的有关规定；

（3）最近 3 年内没有受到重大行政处罚或者刑事处罚；

（4）公司负责基金销售业务的部门取得基金从业资格的人员不低于该部门员工人数的 1/2，负责基金销售业务的部门管理人员取得基金从业资格，熟悉基金销售业务，并具备从事基金业务 2 年以上或者在其他金融相关机构 5 年以上的工作经历；公司主要分支机构基金销售业务负责人均已取得基金从业资格；

（5）国有商业银行、股份制商业银行以及邮政储蓄银行等取得基金从业资格人员不少于 30 人；城市商业银行、农村商业银行、在华外资法人银行等取得基金从业资格人员不少于 20 人。

（三）证券公司申请基金销售业务资格的特定条件

证券公司申请基金销售业务资格，除符合上述基础准入条件外，还应当具备下列特定条件：

（1）有专门负责基金销售业务的部门；

（2）净资本等财务风险监控指标符合中国证监会的有关规定；

（3）最近3年没有挪用客户资产等损害客户利益的行为；

（4）没有因违法违规行为正在被监管机构调查或者正处于整改期间，最近3年内没有受到重大行政处罚或者刑事处罚；

（5）没有发生已经影响或者可能影响公司正常运作的重大变更事项，或者诉讼、仲裁等其他重大事项；

（6）公司负责基金销售业务的部门取得基金从业资格的人员不低于该部门员工人数的1/2，负责基金销售业务的部门管理人员取得基金从业资格，熟悉基金销售业务，并具备从事基金业务2年以上或者在其他金融相关机构5年以上的工作经历；公司主要分支机构基金销售业务负责人均已取得基金从业资格；

（7）取得基金从业资格的人员不少于30人。

（四）期货公司申请基金销售业务资格的特定条件

期货公司申请基金销售业务资格，除符合上述基础准入条件外，还应当具备下列特定条件：

（1）有专门负责基金销售业务的部门；

（2）净资本等财务风险监控指标符合中国证监会的有关规定；

（3）最近3年没有挪用客户保证金等损害客户利益的行为；

（4）没有因违法违规行为正在被监管机构调查或者正处于整改期间，最近3年内没有受到重大行政处罚或者刑事处罚；

（5）没有发生已经影响或者可能影响公司正常运作的重大变更事项，或者诉讼、仲裁等其他重大事项；

（6）公司负责基金销售业务的部门取得基金从业资格的人员不低于该部门员工人数的1/2，负责基金销售业务的部门管理人员取得基金从业资格，熟悉基金销售业务，并具备从事基金业务2年以上或者在其他金融相关机构5年以上的工作经历；公司主要分支机构基金销售业务负责人均已取得基金从业资格；

（7）取得基金从业资格的人员不少于20人。

（五）保险公司申请基金销售业务资格的特定条件

保险公司申请基金销售业务资格，除符合上述基础准入条件外，还应当具备下列特定条件：

（1）有专门负责基金销售业务的部门；

（2）注册资本不低于5亿元人民币；

（3）偿付能力充足率符合国务院保险业监督管理机构的有关规定；

（4）没有因违法违规行为正在被监管机构调查或者正处于整改期间，最近3年内没有受到重大行政处罚或者刑事处罚；

（5）没有发生已经影响或者可能影响公司正常运作的重大变更或者诉讼、仲裁等重大事项；

（6）公司负责基金销售业务的部门取得基金从业资格的人员不低于该部门员工人数的

1/2，负责基金销售业务的部门管理人员取得基金从业资格，熟悉基金销售业务，并具备从事基金业务 2 年以上或者在其他金融相关机构 5 年以上的工作经历；公司主要分支机构基金销售业务负责人均已取得基金从业资格，

（7）取得基金从业资格的人员不少于 30 人。

保险经纪公司和保险代理公司申请基金销售业务资格，还应当具备下列条件：

（1）有专门负责基金销售业务的部门；

（2）注册资本不低于 5 000 万元人民币，且必须为实缴货币资本；

（3）公司负责基金销售业务的高级管理人员已取得基金从业资格，熟悉基金销售业务，并具备从事基金业务 2 年以上或者在其他金融相关机构 5 年以上的工作经历；

（4）没有因违法违规行为正在被监管机构调查或者正处于整改期间，最近 3 年内没有受到重大行政处罚或者刑事处罚；

（5）没有发生已经影响或者可能影响公司正常运作的重大变更或者诉讼、仲裁等重大事项；

（6）公司负责基金销售业务的部门取得基金从业资格的人员不低于该部门员工人数的 1/2，负责基金销售业务的部门管理人员取得基金从业资格，熟悉基金销售业务，并具备从事基金业务 2 年以上或者在其他金融相关机构 5 年以上的工作经历；公司主要分支机构基金销售业务负责人均已取得基金从业资格；

（7）取得基金从业资格的人员不少于 10 人。

（六）证券投资咨询机构申请基金销售业务资格的特定条件

证券投资咨询机构申请基金销售业务资格，除符合上述基础准入条件外，还应当具备下列特定条件：

（1）有专门负责基金销售业务的部门；

（2）注册资本不低于 2 000 万元人民币，且必须为实缴货币资本；

（3）公司负责基金销售业务的高级管理人员已取得基金从业资格，熟悉基金销售业务，并具备从事基金业务 2 年以上或者在其他金融相关机构 5 年以上的工作经历；

（4）持续从事证券投资咨询业务 3 个以上完整会计年度；

（5）最近 3 年没有代理投资人从事证券买卖的行为；

（6）没有因违法违规行为正在被监管机构调查，或者正处于整改期间；最近 3 年内没有受到重大行政处罚或者刑事处罚；

（7）没有发生已经影响或者可能影响公司正常运作的重大变更事项，或者诉讼、仲裁等其他重大事项；

（8）公司负责基金销售业务的部门取得基金从业资格的人员不低于该部门员工人数的 1/2，负责基金销售业务的部门管理人员取得基金从业资格，熟悉基金销售业务，并具备从事基金业务 2 年以上或者其他金融相关机构 5 年以上的工作经历；公司主要分支机构基金销售业务负责人均已取得基金从业资格；

（9）取得基金从业资格的人员不少于 10 人。

（七）独立基金销售机构申请基金销售业务资格的特定条件

独立基金销售机构申请基金销售业务资格，除符合上述基础准入条件外，还应当具备下

列特定条件：

（1）为依法设立的有限责任公司、合伙企业或者符合中国证监会规定的其他形式；

（2）有符合规定的经营范围；

（3）注册资本或者出资不低于 2 000 万元人民币，且必须为实缴货币资本；

（4）有限责任公司股东或者合伙企业合伙人符合本办法规定；

（5）没有发生已经影响或者可能影响机构正常运作的重大变更事项，或者诉讼、仲裁等其他重大事项；

（6）高级管理人员已取得基金从业资格，熟悉基金销售业务，并具备从事基金业务 2 年以上或者在其他金融相关机构 5 年以上的工作经历；

（7）取得基金从业资格的人员不少于 10 人。

独立基金销售机构以有限责任公司形式设立的，其股东可以是企业法人或者自然人。

企业法人参股独立基金销售机构，应当具备以下条件：

（1）持续经营 3 个以上完整会计年度，财务状况良好，运作规范稳定；

（2）最近 3 年没有受到刑事处罚；

（3）最近 3 年没有受到金融监管、行业监管、工商、税务等行政管理部门的行政处罚；

（4）最近 3 年在自律管理、商业银行等机构无不良记录；

（5）没有因违法违规行为正在被监管机构调查或者正处于整改期间。

自然人参股独立基金销售机构，应当具备以下条件：

（1）有从事证券、基金或者其他金融业务 10 年以上或者证券、基金业务部门管理 5 年以上或者担任证券、基金行业高级管理人员 3 年以上的工作经历；

（2）最近 3 年没有受到刑事处罚；

（3）最近 3 年没有受到金融监管、行业监管、工商、税务等行政管理部门的行政处罚；

（4）在自律管理、商业银行等机构无不良记录；

（5）无到期未清偿的数额较大的债务；

（6）最近 3 年无其他重大不良诚信记录。

独立基金销售机构以合伙企业形式设立的，其合伙人应当具备的条件，与以有限责任公司形式设立时自然人应具备的条件相同。

二、基金销售机构的资格管理

申请基金销售业务资格的机构，应当按照中国证监会的规定提交申请材料。

申请期间申请材料涉及的事项发生重大变化的，申请人应当自变化发生之日起 5 个工作日内向工商注册登记所在地的中国证监会派出机构提交更新材料。

中国证监会派出机构依照《行政许可法》的规定，受理基金销售业务资格的注册申请，并进行审查，作出注册或不予注册的决定。

独立基金销售机构申请设立分支机构的，应当具备下列条件：

（1）内部控制完善，经营稳定，有较强的持续经营能力，能有效控制分支机构风险；

（2）最近 1 年内没有受到行政处罚或者刑事处罚；

（3）没有因违法违规行为正在被监管机构调查，或者正处于整改期间；

（4）拟设立的分支机构有符合规定的办公场所、业务人员、安全防范设施和与业务有关的其他设施；

（5）拟设立的分支机构有明确的职责和完善的管理制度；

（6）拟设立的分支机构取得基金从业资格的人员不少于 2 人；

（7）中国证监会规定的其他条件。

独立基金销售机构设立分支机构，变更经营范围、注册资本或者出资、股东或者合伙人、高级管理人员的，应当在变更前将变更方案报工商注册登记所在地中国证监会派出机构备案。独立基金销售机构经营期间取得基金从业资格的人员少于 10 人或者分支机构经营期间取得基金从业资格的人员少于 2 人的，应当于 5 个工作日内向工商注册登记所在地中国证监会派出机构报告，并于 30 个工作日内将人员调整至规定要求。

独立基金销售机构按照前款规定备案后，中国证监会派出机构对其资格实施持续动态监管。对于不符合基金销售机构资质条件的机构责令限期改正，逾期未予改正的，取消基金销售业务资格。

基金销售机构合并分立，基金销售业务资格按下述原则管理。

（1）基金销售机构新设合并的，新公司应当根据本办法的规定向工商注册登记所在地的中国证监会派出机构进行注册，在新公司未完成注册前，合并方基金销售业务资格部分终止，新公司 6 个月内仍未完成注册的，合并方基金销售业务资格终止；

（2）基金销售机构吸收合并且存续方不具备基金销售业务资格的，存续方应当根据本办法的规定向工商注册登记所在地的中国证监会派出机构进行注册，在存续方完成注册前，被合并方基金销售业务部分终止，存续方 6 个月内仍未完成注册的，被合并方基金销售业务资格终止；

（3）基金销售机构吸收合并且被合并方不具备基金销售业务资格的，基金销售机构应当在被合并方分支机构（网点）符合基金销售规范要求后，按本办法第二十二条、第二十三条的要求备案，同时按照基金销售信息管理平台的相关要求将系统整合报告报中国证监会备案；

（4）基金销售机构吸收合并，合并方和被合并方均具备基金销售业务资格的，合并方应当按照基金销售信息管理平台的相关要求将系统整合报告报中国证监会备案；

（5）基金销售机构分立的，新公司应当根据本办法的规定向工商注册登记所在地的中国证监会派出机构进行注册。

基金销售业务资格部分终止的，基金销售机构可以办理销户、赎回、转托管转出等业务，但不得办理开户、认购、申购等业务。

◇ **同步测试**

多项选择题（以下各小题所给出的 **4** 个选项中，有 **2** 个或 **2** 个以上符合题目要求，请选出正确的选项）

《证券投资基金销售管理办法》第九条规定了商业银行申请基金代销业务资格应当具备的条件，主要有（　　）。

A. 有专门负责基金代销业务的部门

B. 财务状况良好，运作规范稳定，最近 2 年内没有因违法违规行为受到行政处罚或者刑事处罚

C. 资本充足率符合国务院银行业监督管理机构的有关规定

D. 公司及其主要分支机构负责基金代销业务的部门取得基金从业资格的人员不低于该部门人员人数的 1/3

任务五　牢记基金销售行为规范

一、基金销售机构及相关人员行为规范

基金销售机构及相关人员在从事基金的销售活动时，不得有下列情形：

（1）以排挤竞争对手为目的，压低基金的收费水平；

（2）采取抽奖、回扣或者送实物、保险、基金份额等方式销售基金；

（3）以低于成本的销售费用销售基金；

（4）承诺利用基金资产进行利益输送；

（5）进行预约认购或者预约申购（基金定期定额投资业务除外），未按规定公告擅自变更基金的发售日期；

（6）挪用基金销售结算资金；

（7）基金宣传推介材料内容不真实、不准确，与基金合同、基金招募说明书不相符，且不符合监管部门规定；

（8）中国证监会规定禁止的其他情形。

二、基金宣传推介材料规范

（一）基金宣传推介材料的范畴及基本要求

基金宣传推介材料，是指为推介基金向公众分发或者公布，使公众可以普遍获得的书面、电子或者其他介质的信息，包括：① 公开出版资料；② 宣传单、手册、信函、传真、非指定信息披露媒体上刊发的与基金销售相关的公告等面向公众的宣传资料；③ 海报、户外广告；④ 电视、电影、广播、互联网资料、公共网站链接广告、短信及其他音像、通讯资料等。

基金管理公司和基金代销机构应当在基金宣传推介材料中加强对投资人的教育和引导，积极培养投资人的长期投资理念，注重对行业公信力及公司品牌、形象的宣传，并应符合法律法规的相关要求。

（二）基金宣传推介材料的禁止规定

基金宣传推介材料应进行内部审核和事后备案。基金管理人的基金宣传推介材料，应当事先经基金管理人负责基金销售业务的高级管理人员和督察长检查，出具合规意见书，发布后报所在地中国证监会派出机构备案。

其他基金销售机构的基金宣传推介材料，应当事先经基金销售机构负责基金销售业务和合规的高级管理人员检查，出具合规意见书，发布后报所在地中国证监会派出机构备案。

制作基金宣传推介材料的基金销售机构应当对其内容负责，保证其内容的合规性，并确保向公众分发、公布的材料与备案的材料一致。基金宣传推介材料必须真实、准确，与基金

合同、基金招募说明书相符，不得有下列情形：

（1）虚假记载、误导性陈述或者重大遗漏；

（2）预测基金的证券投资业绩；

（3）违规承诺收益或者承担损失；

（4）诋毁其他基金管理人、基金托管人或者基金销售机构，或者其他基金管理人募集或者管理的基金；

（5）夸大或者片面宣传基金，违规使用安全、保证、承诺、保险、避险、有保障、高收益、无风险等可能使投资人认为没有风险的或者片面强调集中营销时间限制的表述；

（6）登载单位或者个人的推荐性文字。

（三）对宣传推介材料中登载基金过往业绩的规定

基金宣传推介材料可以登载该基金、基金管理人管理的其他基金的过往业绩，但基金合同生效不足6个月的除外。基金宣传推介材料登载过往业绩的，应当符合以下要求：

（1）基金合同生效6个月以上但不满1年的，应当登载从合同生效之日起计算的业绩；

（2）基金合同生效1年以上但不满10年的，应当登载自合同生效当年开始所有完整会计年度的业绩，宣传推介材料公布日在下半年的，还应当登载当年上半年度的业绩；

（3）基金合同生效10年以上的，应当登载最近10个完整会计年度的业绩；

（4）业绩登载期间基金合同中投资目标、投资范围和投资策略发生改变的，应当予以特别说明。

基金宣传推介材料登载该基金、基金管理人管理的其他基金的过往业绩，应当遵守下列规定。

（1）按照有关法律法规的规定或者行业公认的准则计算基金的业绩表现数据。

（2）引用的统计数据和资料应当真实、准确，并注明出处，不得引用未经核实、尚未发生或者模拟的数据。

对于推介定期定额投资业务等需要模拟历史业绩的，应当采用我国证券市场或者境外成熟证券市场具有代表性的指数，对其过往足够长时间的实际收益率进行模拟，同时注明相应的复合年平均收益率；此外，还应当说明模拟数据的来源、模拟方法及主要计算公式，并进行相应的风险提示；

（3）真实、准确、合理地表述基金业绩和基金管理人的管理水平。

基金业绩表现数据应当经基金托管人复核或者摘取自基金定期报告。

基金宣传推介材料登载基金过往业绩的，应当特别声明，基金的过往业绩并不预示其未来表现，基金管理人管理的其他基金的业绩并不构成基金业绩表现的保证。

（四）宣传推介材料中的声明与风险揭示

基金宣传推介材料登载基金管理人股东背景时，应当特别声明基金管理人与股东之间实行业务隔离制度，股东并不直接参与基金财产的投资运作。

基金宣传推介材料中推介货币市场基金的，应当提示基金投资人，购买货币市场基金并不等于将资金作为存款存放在银行或者存款类金融机构，基金管理人不保证基金一定盈利，也不保证最低收益。

基金宣传材料中推介保本基金的，应当充分揭示保本基金的风险，说明投资者投资于保本基金并不等于将资金作为存款存放在银行或者存款类金融机构，并说明保本基金在极端情况下仍然存在本金损失的风险。

保本基金在保本期间开放申购的，应当在相关业务公告以及宣传推介材料中说明开放申购期间，投资者的申购金额是否保本。

基金宣传推介材料应当含有明确、醒目的风险提示和警示性文字，以提醒投资人注意投资风险，仔细阅读基金合同和基金招募说明书，了解基金的具体情况。

有足够平面空间的基金宣传推介材料应当在材料中加入具有符合规定的必备内容的风险提示函。

电视、电影、互联网资料、公共网站链接形式的宣传推介材料应当包括为时至少5秒钟的影像显示，提示投资人注意风险并参考该基金的销售文件。电台广播应当以旁白形式表达上述内容。

三、基金销售费用的规范

基金管理人应当在基金合同、招募说明书或者公告中载明收取销售费用的项目、条件和方式，在招募说明书或者公告中载明费率标准及费用计算方法。

基金销售机构办理基金销售业务，可以按照基金合同和招募说明书的约定向投资人收取认购费、申购费、赎回费、转换费和销售服务费等费用。

基金销售机构为基金投资人提供增值服务的，可以向基金投资人收取增值服务费。增值服务是指基金销售机构在销售基金产品的过程中，在确保遵守基金和相关产品销售适用性原则的基础上，向投资人提供的除法定或者基金合同、招募说明书约定服务以外的附加服务。基金销售机构收取增值服务费的，应当符合下列要求：

（1）遵循合理、公开、质价相符的定价原则；

（2）所有开办增值服务的营业网点应当公示增值服务的内容；

（3）统一印制服务协议，明确增值服务的内容、方式、收费标准、期限及纠纷解决机制等；

（4）基金投资人应当享有自主选择增值服务的权利，选择接受增值服务的基金投资人应当在服务协议上签字确认；

（5）增值服务费应当单独缴纳，不应从申购（认购）资金中扣除；

（6）提供增值服务和签订服务协议的主体应当是基金销售机构，任何销售人员不得私自收取增值服务费。

基金销售机构提供增值服务并以此向投资人收取增值服务费的，应当将统一印制的服务协议向中国证监会备案。

基金管理人与基金销售机构可以在基金销售协议中约定依据基金销售机构销售基金的保有量提取一定比例的客户维护费，用以向基金销售机构支付客户服务及销售活动中产生的相关费用。

基金管理人与基金销售机构应当在基金销售协议或者其补充协议中约定，双方在申购（认购）费、赎回费、销售服务费等销售费用的分成比例，并据此就各自实际取得的销售费用确认基金销售收入，如实核算、记账，依法纳税。

基金业协会可以在自律规则中规定基金销售费用的最低标准。

四、证券投资基金销售适当性

基金销售机构在销售基金和相关产品的过程中，应当坚持投资人利益优先原则，注重根据投资人的风险承受能力销售不同风险等级的产品，把合适的产品销售给合适的基金投资人。

基金销售机构应当建立基金销售适当性管理制度，至少包括以下内容。

（1）对基金管理人进行审慎调查的方式和方法。

（2）对基金产品的风险等级进行设置、对基金产品进行风险评价的方式和方法。基金产品风险评价可通过基金产品的风险等级来反映，至少包括低风险等级、中风险等级和高风险等级三个层次，基金产品风险评价应考虑以下因素：基金投资范围及比例、历史规模和持仓比例、过往业绩和基金净值的历史波动程度、基金的合规经营情况等。

（3）对基金投资人风险承受能力进行调查和评价的方式和方法。投资人风险承受能力主要包括保守型、稳健型和积极型三种类型，有关机构可采用面谈、信函、网络等方式对投资人的风险承受能力进行调查，调查内容应至少包括投资人的投资目的、投资期限、投资经验、财务状况、短期和长期风险承受水平等。

（4）对基金产品和基金投资人进行匹配的方法。

基金销售机构所使用的基金产品风险评价方法及其说明应当向基金投资人公开。

五、基金营销中的投资者教育

基金销售机构应当加强投资者教育，引导投资者充分认识基金产品的风险特征，保障投资者合法权益。基金营销中的投资者教育的目的是使投资者了解基金、了解自己、了解市场、了解历史、了解基金管理公司。改变认识上的误区，根据自己的投资偏好和风险承受能力，在适当的时机，选择合适的基金进行投资。

▶ **基金不规范销售案例集锦**

案例一：以返现形式促销货币基金

2013 年，一只正在发行中的货币型基金，由券商与基金公司合作推出"买基金返现金活动"。参与认购的投资者，将获得高达千分之一的返点，并且该款项以现金形式发放。但资金需要被锁定一段时间，待开放申购赎回后一段时间，投资者才能赎回。货币型基金管理费率为 0.2% 左右，该基金公司此举相当于替投资者承担了一半的费用。

案例二：农行销售基金宝未提示风险

中国农业银行福建下属支行营业部，现场摆放的"基金宝"宣传材料仅有收益提示缺乏风险提示，该材料称"农行基金宝，门槛低、风险小、收益高"，但没有醒目的风险提示和警示性文字。

案例三：基金频触网违规宣传高收益

2013 年 10 月 22 日，百度踌躇满志地推出首款"百发"金融理财计划，用"8%年收益率"这一业内人士眼中"不可能的任务"，在金融市场引发了"炸弹"效应。但第二天就因"目标年化收益率 8% 不符合相关法律法规的要求"被证监会叫停。

2014 年 1 月初，数米基金网因在宣传"数米胜百八"活动时，宣传资料中存在"最高可享8.8%年化收益"等不当用语，被证监会责限期改正。

随后，基金网也收到类似的监管函，原因是在销售部分基金产品过程中，在官方网站及相关互联网资料中存在"活动年化总收益10%"、"欲购从速"、"100%有保证"等不当用语，且未充分揭示货币市场基金投资风险。

◇ 同步测试

单项选择题（以下各小题所给出的4个选项中，只有1项最符合题目要求，请选出正确的选项）

1. 对于不收取申购费（认购费）、赎回费的货币市场基金以及其他经中国证监会核准的基金产品，基金管理人可以依照相关规定从（　　）中持续计提一定比例的销售服务费。

A. 基金佣金　　　　B. 基金手续费　　　　C. 基金财产　　　　D. 基金总资产

2. 宣传推介材料登载过往业绩，基金合同生效6个月以上但不满1年的，应当登载从（　　）起计算的业绩。

A. 基金合同生效之日　　　　　　　　B. 基金产品推出之日

C. 基金合同拟订之日　　　　　　　　D. 基金产品售出之日

判断题（判断以下各小题的对错，正确的填A，错误的填B）

1. 基金销售服务费目前主要是货币市场基金在收取。　　　　　　　　（　　）

2. 基金管理人可以根据投资者的认购金额、申购金额的数量适用不同的认购、申购费率标准，也可以根据基金份额持有人持有基金份额的期限适用不同的赎回费率标准。

（　　）

3. 为加强货币基金的促销，基金销售机构可推出"买基金返现金活动"，给予投资者最大程度的优惠。　　　　　　　　　　　　　　　　　　　　　　　（　　）

任务六　了解证券投资基金销售业务信息管理系统

基金销售业务信息管理平台主要包括前台业务系统、后台管理系统以及应用系统的支持系统。2007年3月，中国证监会发布并实施了《证券投资基金销售业务信息管理平台管理规定》，从前台业务系统、自助式前台系统、后台管理系统、监管系统信息报送和信息管理平台应用系统的支持系统这五个方面明确了证券投资基金销售业务信息管理的各项技术标准。

一、前台业务系统

前台业务系统分为自助式和辅助式两种类型。自助式前台系统是指由基金销售机构提供的，由基金投资人独自完成业务操作的应用系统，包括基金销售网点的现场自助系统，通过互联网、电话、移动通信等非现场方式实现的自助系统。辅助式前台系统是指基金销售机构提供的，由具备相关资质要求的专业服务人员辅助基金投资人完成业务操作所必需的软件应用系统。

前台业务系统应具备以下功能。

（1）提供投资资讯功能。

（2）对基金交易账户以及基金投资人信息进行管理的功能。

（3）交易功能，包括基金认购、申购、赎回、转换、变更分红方式等。

（4）为基金投资人提供服务的功能，包括基金投资人持有的基金产品、份额、交易、净值等信息的查询，为基金投资人提供对账单，记录基金投资人投诉信息等。

二、自助式前台系统

自助式前台系统在满足上述对前台业务系统基本要求的同时，还应符合以下规定。

（1）为基金投资人提供核实自助式前台系统真实身份和资质的方法。

（2）通过在线阅读、文件下载、链接或语音提示等方式，为基金投资人披露基金销售机构情况、开户协议等相关文档范本、投诉处理方式、风险防范措施等。

（3）为基金投资人开立基金交易账户时，要求基金投资人提供身份证明文件，并采取等效实名制的方式核实基金投资人的身份。

（4）设定投资人单笔和每日累计可认购、申购和赎回的最大金额。

（5）为基金投资人提供自助式前台系统失效时的备用服务措施或方案。

三、后台管理系统

后台管理系统主要实现对前台业务系统的数据支持和集中管理，主要规范如下。

（1）应当记录基金销售机构和基金销售人员的相关信息，具有对基金销售分支机构、网点和基金销售人员的管理、考核、行为监控等功能。

（2）能够记录和管理基金风险评价、基金管理人与基金产品信息、投资资讯等相关信息。

（3）后台管理系统应当对基金交易开放时间以外收到的交易申请进行正确的处理，防止发生基金投资人盘后交易的行为。

（4）后台管理系统应当具备交易清算、资金处理的功能，以完成与基金注册登记系统、银行系统的数据交换。

（5）后台管理系统应当具有对所涉及的信息流和资金流进行对账作业的功能。

四、监管系统信息报送

基金销售机构应向监管机构提供基金日常交易情况、异常交易情况、内部监察稽核报告、调查和评价基金投资人风险承受能力的方法等信息。基金注册登记机构应提供每日基金交易确认情况，保证信息的真实性、准确性和完整性。

五、信息管理平台应用系统的支持系统

信息管理平台应用系统的支持系统包括数据库、服务器、网络通信、安全保障等，主要规范如下。

（1）对于关键的支持系统应该提供备份措施或方案。

（2）具有业务集中处理、数据集中存储的技术特征。

（3）系统投入使用、系统重大升级、年度技术风险评估的报告应当报中国证监会备案。

（4）制订业务连续性计划和灾难恢复计划并定期组织演练。

（5）建立完善的监控体系，对系统升级、网络访问、用户密码修改等重要操作，进行记录。

（6）系统数据应当逐日备份并异地妥善存放，涉及基金投资人信息和交易记录的备份应在不可修改的介质上保存 15 年。

（7）基金投资人身份、交易明细等敏感数据在公网的传输应当进行可靠加密。

（8）基金销售机构应在系统开发和运行中采用已颁布的行业标准和数据接口。

任务七　了解基金销售机构内部控制要点

一、内部控制概念、目标与原则

（一）概念

根据 2008 年 1 月起施行的《证券投资基金销售机构内部控制指导意见》，基金销售机构内部控制是指基金销售机构在办理基金销售相关业务时为有效防范和化解风险，在充分考虑内外部环境的基础上，通过建立组织机制、运用管理方法、实施操作程序与监控措施而形成的系统。

（二）目标

（1）保证基金销售机构合法合规经营；

（2）防范和化解经营风险，提高经营管理效益，保障业务的稳健运行和投资人的合法权益；

（3）查错防弊，堵塞漏洞，消除隐患。

（三）原则

（1）健全性原则，即内部控制应包括基金销售的全部相关部门、分支机构和人员，并涵盖基金销售的决策、执行、监督和反馈各个环节。

（2）有效性原则，即通过建立科学合理的内部控制政策、制度和程序，确保内控措施的有效执行。

（3）独立性原则，即基金销售相关部门和岗位应相对独立、权责分明并相互制衡。

（4）审慎性原则，即以审慎经营、防范和化解风险为目标。

二、内部环境控制

基金销售机构的内部环境控制，即对影响基金销售的各种环境因素进行的控制。主要包括：

（1）建立科学的决策程序、高效的业务执行系统、健全的内部监督和反馈系统；

（2）建立包括基金产品、投资人风险承受能力、运营操作等在内的风险评估体系，对内外部风险进行识别、评估和分析，及时防范和化解风险；

（3）建立健全内部授权控制体系，加强对分支机构的管理，建立科学的聘用、培训、考评、晋升、淘汰等人力资源管理制度，制定切实有效的应急应变措施；同时，通过制度建设，防止商业贿赂和不正当交易行为的发生。

三、销售决策流程控制

（1）自觉遵守国家有关法律法规和相关监管规则，建立科学的销售决策机制。

基金销售机构总部应在科学、客观研究评价基础上对本机构的总体销售策略、网点设置、基金产品、激励政策、合作的服务提供商做出决策，分支机构及销售人员应严格执行机构总部做出的销售决策。

（2）对其销售分支机构的整体布局、规模发展和技术更新等进行统一规划，对分支机构的选址、投入与产出进行严密的可行性论证。

（3）建立科学的基金产品评价体系，审慎选择所销售的基金产品，对基金产品的基本情况进行持续的跟踪和关注，并定期形成基金产品评价报告备查。

（4）选择的合作服务提供商应符合监管部门的资质要求，并建立完善的合作服务提供商选择标准和业务流程，充分评估相关风险，明确双方权利义务。

合作的服务提供商主要包括基金销售支付结算机构和基金销售资金账户开立银行等。

（5）重大决策过程应留有书面记录，供监察稽核部门及监管机关等单位核查。

四、销售业务流程控制

（1）制定完善的基金销售业务基本规程，对开户、销户、资料变更等账户类业务，认购、申购、赎回、转换等交易类业务及继承、捐赠、司法强制措施等被动接受类业务做出规定。

（2）制定完善的基金销售业务账户管理制度，确保各类账户的开立和使用符合法律法规和相关监管规则，保证基金销售资金的安全与账户的有序管理。

（3）制定完善的资金清算流程，确保基金销售资金的清算与交收的安全性、及时性和高效性，保证销售资金的清算与交收工作顺利进行。

（4）制定客户服务标准，对服务对象、服务内容、服务程序等业务进行规范。

（5）加强对宣传推介材料制作和发放的控制。宣传推介材料应事先经基金管理人的督察长检查，出具合规意见书，并报中国证监会备案。

（6）制定《投资人权益须知》，内容至少应当包括：《证券投资基金法》规定的基金份额持有人的权利，基金销售机构提供的服务内容和收费方式，投资人办理基金业务流程，基金分类、评级等的基本知识以及投资风险提示，基金销售机构、自律组织以及监管机构的投诉方式和程序，基金销售机构联络方式及其他需要向投资人说明的内容。

（7）建立完备的客户投诉处理体系。

（8）建立严格的基金份额持有人信息管理制度、保密制度和档案管理制度。

（9）建立异常交易的监控、记录和报告制度，重点关注基金销售业务中的异常交易行为。

五、会计系统内部控制

基金销售机构应依据国家有关法律、法规制定相关财务制度和会计工作操作流程，并针对各个风险控制点建立严密的会计系统控制。基金销售机构应将自有资产与投资人资产分别设账管理。应规范财务收支行为，确保各项费用报酬的收取符合法律法规的规定及销售合同、代销协议或合作协议的约定。应当采取适当的会计控制措施，及时准确地完成资金清算，确保投资人资产的安全。应在内部每日完成各销售网点与基金销售总部的信息与资金的对账，在外部定期完成与客户和基金注册登记机构的信息与资金的对账。

六、信息技术内部控制

基金销售机构应建立信息技术内部控制制度。建立完整的信息管理体系，设置必要的信息管理岗位，对重要业务环节应当实行双人双岗。通过严格的授权制度、岗位责任制度、门禁制度、内外网分离制度等确保系统安全运行。保证信息数据的安全、真实和完整，并能及时、准确地传递。系统数据应逐日备份并异地妥善存放。系统运行数据中涉及基金投资人信息和交易记录的备份应当在不可修改的介质上保存15年。

七、监察稽核控制

基金销售机构应设立专门的监察稽核部门或岗位，就基金销售业务内部控制制度的执行情况独立地履行监察、评价、报告、建议职能。监察稽核人员应忠于职守，廉洁自律，客观公正，依法稽核。监察稽核人员发现违法违规行为、异常交易情况或者重大风险隐患应当向基金销售机构管理层或监管机构报告。

◇ 同步测试

单项选择题（以下各小题所给出的4个选项中，只有1项最符合题目要求，请选出正确的选项）

1. 证券投资基金前台业务系统的功能不包括（　　）。

A. 提供投资资讯的功能

B. 为基金投资人提供基金服务的功能

C. 交易功能

D. 具有对所涉及的信息流和资金流进行对账作业的功能

2. 基金销售机构内部控制的（　　）原则，即通过科学的内部控制制度与方法，建立合理的内部控制程序，确保内部控制制度的有效执行。

A. 审慎性　　　　　　B. 独立性　　　　　　C. 健全性　　　　　　D. 有效性

◇ 同步测试答案

任务一

多项选择题：1. ABCD　2. ABCD　3. ABD

判断题：1. B　2. B

任务二

单项选择题：1. A　2. B　3. D

任务三

单项选择题：D

多项选择题：1. ABC　2. ABCD　3. ABD　4. ABCD

判断题：1. A　2. A

任务四

多项选择题：AC

任务五

单项选择题：1. C　2. A

判断题：1. A　2. A　3. B

任务七

单项选择题：1. D　2. D

▶ 基金营销实训任务

10 段证券基金营销对话分析（分析客户心态、对话中可取的地方、有何专业硬伤或不妥、怎样表达更好）

1. 客户：我只做股票，不买基金的！

客户经理：看来您是一位专业投资者，不过今年的股市可不好把握哦，上蹿下跳的，热点转换也比较快，要获取收益着实不容易，劳心又劳力。但基金就不同了，现在已经是机构博弈的时代了！基金公司拥有资金优势、信息优势、投资分析优势……在行情好的时候基金的收益往往高于普通投资者，在行情低迷的市场中，基金的损失要远远低于一般股民……在发达国家，投资基金是大众主要的理财方式。所以说，您不妨从您投资股票的闲散资金中，抽出一部分，配置一点基金。毕竟把所有的资产投资在一两只股票上风险还是很大的。

2. 客户：我买的好多基金都深套着，别让我买了。

客户经理：的确投资是会有风险的，尤其经历了去年市场的大幅调整后，许多投资者都有一定损失。但与此同时，市场在经历了高点单边下跌以来，风险已得到了大幅释放，整体来讲，市场已处于底部区域，获得长期收益升值的可能性要大于损失的可能性。您在这个时候投资，风险应该说已经很小了，而且从长期来看，以"低位建仓"的原则进行分批建仓，可以摊低您前期的投资成本。

3. 客户：对基金不太懂，听买过的人说赔了好多钱，我也不敢买。

客户经理：的确投资是会有风险的，尤其经历了去年市场的大幅调整后，许多投资者都有一定损失。但与此同时，市场在经历了高点单边下跌以来，风险已得到了大幅释放，整体来讲，市场已处于相对低位，获得长期收益升值的可能性要大于损失的可能性。而且您也可以根据自己的风险收益偏好来选择恰当的基金产品。基金产品种类丰富，相信总会有适合您的产品。2007 年的牛市您没有投资基金是您的大幸，但是现在到了该投资基金的时候了。

4. 客户：证券市场是个赌场，都是在消耗社会财富，我不参与。

客户经理：诚然，我国的证券市场还属于一个新兴的市场，许多方面还不健全，还在不断发展完善中。但证券市场不是赌场，不能以赌徒的心态来操作。证券市场是发达市场经济里不可或缺的一部分，是经济的晴雨表。如果您长期看好中国经济的发展，就有理由相信我国的证券市场也会越来越规范，越发展越好。总体来说，证券市场以及基金管理越来越规范，您的投资越来越能够得到恰当的回报了。

5. 客户：基金经理选股还不如我，为何我要买他的基金，还给他交管理费啊？

客户经理：先生/女士，您的股票做得挺好，我们都知道，也挺佩服您的。的确，个人做股票投资要比基金运作灵活，如果把握得好，可能比基金收益更高。但是目前市场热点转换较快，选对股票的难度很大。今年以来，大盘上涨的幅度不小，但是真正赚钱的股民朋友却不多，反而是一些投资了股票型基金的朋友小赚了一笔。所以从分散投资风险的角度考量，您也可以从投资股票的闲散资金中，抽出一部分，配置一点基金。毕竟把所有的资产投资在一两只股票上风险还是很大的。我想您也认同，每天操作股票挺辛苦的。基金经理为了做好业绩要经常操劳，我们只需要付出很少的管理费，就能把炒作股票的重任交给他们，我们也可以抽出更多时间来打理我们自己擅长的事情啊。

6. 客户：别的公司申购手续费都可以返还的，你能返还给我吗？

客户经理：按照法律法规的规定，基金销售机构是不能进行申购手续费的返还的，但是可以在一定的时期推出申购费率打折的优惠。我公司就推出了这样的活动，通过网上交易系统申购我司代销的基金可享受最低四折的优惠。但是，您也知道，基金交易的手续费，相对基金可能带给您的收益而言，也许就不算什么。如果因为手续费打折的问题而放弃了低价入市的时机，那就比较遗憾了。股市波动挺大的，经常一天基金的净值都可能会变化几个百分点。您在我们这里购买基金，我们会为您提供及时的咨询信息，指导您买入、卖出或者转换基金，为您多赚的那些钱比这一点申购手续费值多了。

7. 客户：网上买基金手续费可以打折，我去网上买好了，还方便。

客户经理：网上买是挺方便的，但××基金目前是在认购期，根据法规规定，认购期间的基金费率不能打折，所以即使您现在去网上买，也是无法打折的。但正因为是认购期，所以它的认购费相对于申购费是很低的，目前是××%。并且您购买基金，最重要的是要看这只基金是否能给您带来收益，对吧？您买完基金之后还需要人指导您卖出吧？您在我们这里买了，我们就会时刻关注您的投资。另外，在网上直接买基金可能会有安全的问题，因为买基金的过程可能会泄露您的银行卡密码，所以您到我们这里买基金会得到更多的保障。

8. 客户：你卖给我基金，是为了多拿提成吧？

客户经理：并不是您想象的那样，我们最多考虑的还是客户的利益，希望能给您带来一份好的理财产品，给您实现一个良好稳定的收益。我觉得现在市场很低迷，正是抓住机会的好时机，如果您认可，可以关注。我去年一年都没有卖基金，因为我觉得现在投资您更可能赚钱，所以才向您推荐。

9. 客户：我还没决定好买什么，再等等看吧。

客户经理：经济学泰斗哈耶克说过：很多的经济衰退是值得拥抱的，拥抱以后才能够赚钱。今年以来，大盘上涨了不少，但是大部分客户由于在年初以来，一直持观望态度，以至于眼睁睁地看着指数和偏股型基金上涨，自己却因为没有投资而错过了赚钱的机会。的确，我们等来了这波行情，但是，很遗憾，因为我们"还没有决定好"，所以我们错过了。值得庆幸的是，现在的市场估值还处在一个相对合理的区间，机会离我们并不遥远。

10. 客户：我只想看准时机之后直接申购老基金，不想认购新基金。

客户经理：老基金有一定的仓位，根据目前的市场情况，要调仓换股相对被动，而新发基金在基金合同成立后有3～6个月的建仓期，基金经理可以根据目前市场情况，灵活把握建仓的时机，以谋求最低的建仓成本，从而把握更大的获利可能。也就是说，未来几个月对于市场走势的判断，您大可交给基金经理们去做，而不需要自己去看准时机，事实上，一般投资者是很难把握住市场时机的。

第八单元

基金利润分配与税收

▶ **知识目标**

1. 掌握基金的利润组成；
2. 掌握不同类型基金利润分配的监管要求及分配方式；
3. 掌握不同基金市场参与者所面临的税收政策。

▶ **能力目标**

1. 能够读懂基金募集说明书有关基金利润分配的章节，有针对性地对客户进行讲解，并回答客户的有关问题；
2. 能够读懂基金募集说明书有关税收的章节，有针对性地对客户进行讲解，并回答客户的有关问题；
3. 能够理解基金利润分配及税收政策对客户选择基金的影响。

任务一　掌握基金利润来源及与利润相关的财务指标

一、基金利润来源

基金利润是基金在一定会计期间的经营成果，利润包括收入减去费用后的净额、直接计入当期利润的利得和损失等。基金收入是基金资产在运作过程中所产生的各种收入。基金的费用是指基金在日常投资经营活动中发生的、会导致所有者权益减少的、与向基金持有人分配利润无关的经济利益的总流出。具体包括管理人报酬、托管费、销售服务费、交易费用、利息支出和其他费用等。

基金收入来源主要包括：利息收入、投资收益以及其他收入。

（一）利息收入

利息收入指基金经营活动中因债券投资、资产支持证券投资、银行存款、结算备付金、存出保证金、按买入返售协议融出资金等而实现的利息收入。具体包括债券利息收入、资产支持证券利息收入、存款利息收入、买入返售金融资产收入等。

（二）投资收益

投资收益是指基金经营活动中因买卖股票、债券、资产支持证券、基金等实现的价差收

139

益，因股票、基金投资等获得的股利收益，以及衍生工具投资产生的相关损益，如卖出或放弃权证、权证行权等实现的损益。具体包括股票投资收益、债券投资收益、资产支持证券投资收益、基金投资收益、衍生工具收益、股利收益等。

（三）其他收入

其他收入是指除上述收入以外的其他各项收入，包括赎回费扣除基本手续费后的余额、手续费返还、ETF 替代损益，以及基金管理人等机构为弥补基金财产损失而支付给基金的赔偿款项等。这些收入项目一般根据发生的实际金额确认。

（四）公允价值变动损益

公允价值变动损益指基金持有的采用公允价值模式计量的交易性金融资产、交易性金融负债等公允价值变动形成的应计入当期损益的利得或损失，并于估值日对基金资产按公允价值估值时予以确认。

二、与基金利润有关的几个财务指标

（一）本期利润

本期利润是基金在一定时期内全部损益的总和，包括计入当期损益的公允价值变动损益。该指标既包括了基金已经实现的损益，也包括了未实现的估值增值或减值，是一个能够全面反映基金在一定时期内经营成果的指标。

（二）本期已实现收益

该指标是指基金本期利息收入、投资收益、其他收入（不含公允价值变动损益）扣除相关费用后的余额，是将本期利润扣除本期公允价值变动损益后的余额。

（三）期末可供分配利润

该指标是指期末可供基金进行利润分配的金额，为期末资产负债表中未分配利润与未分配利润中已实现部分的孰低数。由于基金本期利润包括已实现和未实现两部分，如果期末未分配利润的未实现部分为正数，则期末可供分配利润的金额为期末未分配利润的已实现部分；如果期末未分配利润的未实现部分为负数，则期末可供分配利润的金额为期末未分配利润（已实现部分扣减未实现部分）。

（四）未分配利润

未分配利润是基金进行利润分配后的剩余额。未分配利润将转入下期分配。

◇ 同步测试

单项选择题（以下各小题所给出的 4 个选项中，只有 1 项最符合题目要求，请选出正确的选项）

1. 下列财务指标中能够全面反映在一定时期内经营成果的是（　　）。

A. 本期已实现收益　　B. 本期利润　　　　C. 未分配利润　　　　D. 期末可供分配利润

2. 投资收益指基金经营活动中因（　　）等而实现的损益。

A. 利息收入　　　　　B. 结算备付金　　　C. 银行存款　　　　　D. 买卖股票

多项选择题（以下各小题所给出的 4 个选项中，有 2 个或 2 个以上符合题目要求，请选出正确的选项）

1. 基金的费用包括（　　　）。

A. 利息支出　　　　　B. 交易费用　　　　　C. 管理人报酬　　　　D. 销售服务费

2. 基金收入来源中的其他收入包括（　　　）。

A. 手续费返还、ETF 替代损益

B. 基金管理人等机构为弥补基金财产损失而支付给基金的赔偿款项

C. 赎回费扣除基本手续费后的余额

D. 管理人报酬

3. 下列各项是基金利润来源组成的是（　　　）。

A. 利息收入　　　　　B. 投资收益　　　　　C. 其他收入　　　　　D. 公允价值变动损益

4. 下列各项对于本期利润的陈述，其中符合规定的是（　　　）。

A. 该指标既包括了基金已经实现的损益，也包括了未实现的估值增值或减值

B. 不包括记入当期损益的公允价值变动损益

C. 是基金在一定时期内全部损益的总和

D. 是一个能够全面反映基金在一定时期内经营成果的指标

5. 投资收益是指基金经营活动中因（　　　）等实现的损益。

A. 股票、基金投资等获得的股息和收益

B. 债券投资而实现的利息收入

C. 衍生工具投资产生的相关损益

D. 买卖股票、债券、资产支持证券、基金等实现的差价收益

判断题（判断以下各小题的对错，正确的填 A，错误的填 B）

1. 基金经营业绩只包括基金净收益，不包括基金未实现的估值增值（减值）。（　　　）

2. 如果出现基金管理人认为属于紧急事故的任何情况，会导致基金管理人不能出售或评估基金资产的，可以暂停估值。（　　　）

任务二　掌握不同类型基金利润分配的要求

一只基金的利润分配政策，将影响到基金份额持有人的权益，并对基金份额持有人的投资选择产生重要影响。法律法规对封闭式基金及货币基金的利润分配政策进行了较为详细的强制性规定，开放式基金的利润分配政策则主要依据基金招募说明书及基金合同的相关约定。

2014 年上半年共有 274 只基金实施了分红，分红总额达到 183 亿元，与 2013 年上半年的 127 亿元分红相比，同比增加了 44%。其中，银华优质增长基金、新华优选消费基金、易方达积极成长基金、华夏回报基金、华夏行业精选基金分别以 17.89 亿元、9.46 亿元、8.38 亿元、7.80 亿元、7.22 亿元的区间分红总额位居前五。

尽管分红多少与基金的盈利能力之间并不存在绝对的"正相关"，但在 2014 年上半年股市的窄幅下跌震荡中，基金现金分红可在一定程度上帮助投资者及时锁定投资收益，也有利于增强基金抗风险能力。

一、基金利润分配对基金份额净值的影响

基金进行利润分配会导致基金份额净值的下降，例如，一只基金在分红前的份额净值是 1.35 元，假如每份基金分红 0.04 元，分红后的基金份额净值将下降为 1.31 元。尽管基金份额净值下降了，并不意味着投资者有投资损失，因为基金在进行分配的时候，是把基金资产的一部分进行派现，或者是派出一部分的基金份额，实际分配前后的基金总资产是不变的。进行了基金分配以后，只是一部分价值转换为现金或者其他的基金份额，总价值不变。举例说明：如一基金投资者拥有 10 000 份基金投资，分红前该投资者的投资价值为 13 500 元（=10 000×1.35），分红后该投资者获得了 400 元（=10 000×0.04）现金分红，其基金投资价值为 13 100 元（=10 000×1.31），与现金分红合计后的投资总价值仍为 13 500 元，并未减少。

二、封闭式基金的利润分配

《证券投资基金运作管理办法》第三十五条规定："封闭式基金的利润分配，每年不得少于一次，封闭式基金年度利润分配比例不得低于基金年度已实现收益的 90%。"

封闭式基金当年利润应先弥补上一年度亏损，然后才可进行当年分配。若基金投资的当年发生亏损，则不进行利润分配。封闭式基金一般采用现金方式分红。

三、开放式基金的利润分配

《证券投资基金运作管理办法》第三十五条规定：我国开放式基金应在基金合同中约定每年基金利润分配的最多次数和基金利润分配的最低比例。

开放式基金当年利润应先弥补上一年度亏损，然后才可进行当年分配。

开放式基金的分红方式有两种：现金分红和红利再投资。现金分红即原有的基金份额保持不变，基金公司将派发的红利直接发放到投资者认（申）购基金时的银行账户中去。红利再投资即将投资者所获得的现金红利再次申购该只基金。

现金分红和红利再投资这两种分红方式都不会产生额外的税收或费用。选择现金形式的，红利将于分红实施日从基金托管账户向投资者的指定银行存款账户划出；如果投资者暂时不需要现金，而想直接再投资，投资者就可以选择红利再投资方式，在这种情况下，分红资金将转成相应的基金单位并记入投资者的账户，且免收再投资的申购费用。

如果投资者领取现金红利后，又要再追加投资的话，将视为新的申购，需要支付申购费用。因此，选择红利再投资有利于降低投资者的成本。对开放式基金进行长期投资，如果选择红利再投资方式则可享受基金投资增值的复利增长效果，即俗称的"利滚利"，而且再投资所获得的基金份额还可以享受下次分红，基金分红次数越频繁，越合算。

到底选择哪种分红方式，主要取决于投资者对后市的判断。如果投资者认为基金的管理符合你的要求，对未来市场有着良好的预期，那么可以选择红利再投资。相反的话，或是你希望将派发的红利用于其他投资渠道，则可以选择现金红利，落袋为安。

▶ 资料链接

华夏回报证券投资基金第五十七次分红公告

（公告送出日期：2014 年 12 月 17 日）

1. 公告基本信息

基金名称	华夏回报证券投资基金
基金简称	华夏回报混合
基金主代码	002001
基金合同生效日	2003 年 9 月 5 日
基金管理人名称	华夏基金管理有限公司
基金托管人名称	中国银行股份有限公司
公告依据	《证券投资基金信息披露管理办法》、《华夏回报证券投资基金基金合同》、《华夏回报证券投资基金招募说明书（更新）》
收益分配基准日	2014 年 12 月 12 日
截至收益分配基准日的相关指标	基准日基金份额净值（单位：人民币元）	1.327
	基准日基金可供分配利润（单位：人民币元）	198 569 483.80
	截至基准日按照基金合同约定的分红比例计算的应分配金额（单位：人民币元）	—
本次分红方案（单位：元/10 份基金份额）	0.275
有关年度分红次数的说明	本次分红为 2014 年度的第 7 次分红

2. 与分红相关的其他信息

权益登记日	2014 年 12 月 22 日
除息日	2014 年 12 月 22 日
现金红利发放日	2014 年 12 月 23 日
分红对象	权益登记日在本公司登记在册的本基金全体份额持有人
红利再投资相关事项的说明	选择红利再投资的投资者其现金红利转换为基金份额的基金份额净值（NAV）确定日为 2014 年 12 月 22 日，该部分基金份额将于 2014 年 12 月 23 日直接计入其基金账户，投资者可自 2014 年 12 月 24 日起查询、赎回
税收相关事项的说明	根据财政部、国家税务总局的财税〔2002〕128 号《财政部、国家税务总局关于开放式证券投资基金有关税收问题的通知》及财税〔2008〕1 号《关于企业所得税若干优惠政策的通知》的规定，基金向投资者分配的基金利润，暂不征收所得税
费用相关事项的说明	本基金本次分红免收分红手续费和红利再投资费用

注：选择现金红利方式的投资者的红利款将于 2014 年 12 月 23 日自基金托管账户划出。

3. 其他需要提示的事项

3.1　权益登记日申购的基金份额不享有本次分红权益，赎回的基金份额享有本次分红权益。

3.2　投资者通过任一销售机构按基金交易代码提交的分红方式变更申请，只对投资者在该销售机构指定交易账户下的基金份额有效，并不改变投资者在该销售机构其他交易账户或其他销售机构基金份额的分红方式。如投资者希望变更该销售机构其他交易账户或其他销售机构基金份额的分红方式，需按基金交易代码通过各销售机构交易账户逐一提交变更分红方式的业务申请。

3.3　投资者可通过本公司网站或客户服务电话查询分红方式是否正确，如不正确或希望变更分红方式的，请于权益登记日之前（不含权益登记日）到销售网点或通过电子交易平台办理变更手续。本次分红方式将以投资者在权益登记日之前（不含权益登记日）最后一次选择的分红方式为准。

四、货币市场基金的利润分配

《货币市场基金管理暂行规定》第九条规定："对于每日按照面值进行报价的货币市场基金，可以在基金合同中将收益分配的方式约定为红利再投资，并应当每日进行收益分配。"

当日申购的基金份额自下一个工作日起享有基金的分配权益，当日赎回的基金份额自下一个工作日起不享有基金的分配权益。例如，假设投资者在 2014 年 4 月 4 日（周五）申购了份额，那么基金将从 4 月 7 日（周一）开始计算其权益。如果在 4 月 4 日（周五）赎回了份额，那么除了享有 4 月 4 日（周五）的利润之外，还同时享有 4 月 5 日（周六）和 4 月 6 日（周日）的利润，但不再享受 4 月 7 日的利润。

节假日的利润计算基本与在周五申购或赎回的情况相同。

◇ 同步测试

单项选择题（以下各小题所给出的 4 个选项中，只有 1 项最符合题要求，请选出正确的选项）

1. 基金进行利润分配会导致基金份额净值（　　　）。

A. 不变　　　　　　B. 上升　　　　　　C. 下降　　　　　　D. 影响不确定

2. 假设投资者在 2005 年 4 月 15 日（周五，法定节假日前最后一个工作日）申购了基金份额，那么利润将会从（　　　）起开始计算。

A. 4 月 15 日　　　B. 4 月 16 日　　　C. 4 月 18 日　　　D. 4 月 20 日

3. 封闭式基金一般采用（　　　）方式分红。

A. 转股　　　　　　B. 现金　　　　　　C. 配股　　　　　　D. 股票股利

4. 封闭式基金的利润分配，每年不得少于（　　　）次。

A. 1　　　　　　　B. 2　　　　　　　C. 3　　　　　　　D. 4

多项选择题（以下各小题所给出的 4 个选项中，有 2 个或 2 个上符合题目要求，请选出正确的选项）

1. 基金进行利润分配时，会导致（　　　）。

A. 基金份额净值上升　　　　　　　　B. 基金份额净值下降

C. 分配前后价值不变　　　　　　　　D. 分配后价值变小

2. 开放式基金的分红方式有（　　　）。

A. 现金分红方式　　　　　　　　B. 股利分红

C. 分红再投资转换为基金份额　　D. 增加投资份额

3. 下列关于货币市场基金的利润分配的说法正确的有（　　　　）。

A. 货币市场基金每周五进行收益分配时，将同时分配周六和周日的利润

B. 每周一至周四进行收益分配时，仅对当日利润进行分配

C. 投资者于周五申购或转换转入的基金份额享有周五、周六、周日的利润

D. 投资者于周五赎回或转换转出的基金份额享有周五、周六、周日的利润

判断题（判断以下各小题的对错，正确的填 A，错误的填 B）

1. 开放式基金的基金份额持有人可以选择将现金利润转为基金份额。　　　　（　　　）

2. 当日赎回的货币市场基金份额自第二日起不享有基金的分配权益。　　　　（　　　）

任务三　知晓对基金相关主体的税收规定

一、基金的税收

（一）营业税

对基金管理人运用基金买卖股票、债券的差价收入，免征营业税。

以发行基金方式募集资金不属于营业税的征税范围，不征收营业税。营业税是就提供劳务、转让无形资产或者销售不动产获得的收入而征收的一种流转环节税，基金募集资金，虽有资金流入，但不属于营业税的征税范围。

（二）印花税

从 2008 年 9 月 19 日起，基金卖出股票时按照 1‰的税率征收证券（股票）交易印花税，而对买入交易不再征收印花税。

历史上，印花税的征收几经调整，具体如下：

从 2005 年 1 月 24 日起，基金买卖股票按照 1‰的税率征收印花税；

从 2007 年 5 月 30 日起，基金买卖股票按照 3‰的税率征收印花税；

从 2008 年 4 月 24 日起，基金买卖股票按照 1‰的税率征收印花税。

（三）所得税

对基金买卖股票、债券的差价收入，免征企业所得税。对基金取得的股利收入、债券的利息收入、储蓄存款利息收入由上市公司、发行债券的企业和银行在向基金支付上述收入时代扣代缴 20%的个人所得税。证券投资基金从上市公司分配取得的股息红利所得，扣缴义务人在代扣代缴个人所得税时，按 50%计算应纳税所得额。之所以对基金取得的股息、红利收入、债券的利息收入、储蓄存款利息收入，由上市公司、发行债券的企业和银行在向基金支付上述收入时代扣代缴 20%的个人所得税，主要是为了简便易行。虽然基金持有人既有个人又有企业，对个人应征 20%的个人所得税，对于企业，股息、红利应按该企业适用税率与被投资企业适用税率的差计算补税，国债利息免税、其他债券利息和存款利息应全额征税，但考虑到投资者处于经常变动的状态，很难划分基金持有者中到底哪些属于个人投资者，哪些属于企业投资者。为了方便，不论是个人还是企业，统一按 20%的比例代扣代缴

个人所得税。

关于基金的税收优惠对基金利润分配的影响，举例如下：某开放式证券投资基金，2002年期末共10亿基金单位，2002年取得收益共计5 000万元（为买卖股票、债券的差价收入），假设无税收优惠，则当期应缴纳营业税5 000×6%，即300万元（不考虑城建税和教育费附加），企业所得税为（5 000-300）×33%＝1 551万元，当年可供分配收益为3 149万元，若分配方案为将收益的90%用于分配，则分配金额为2 834万元，每基金单位可分得0.028元。

按照优惠政策，可将营业税和所得税全部予以免除，则可供分配金额为5 000万元，将90%用于分配，则每基金单位可分得0.045元。相比之下，每基金单位实际取得的收益增加了61%。

二、基金管理人和基金托管人的税收

基金管理人、基金托管人从事基金管理活动取得的收入，依照税法的规定征收营业税。

基金管理人、基金托管人从事基金管理活动取得的收入，依照税法的规定征收企业所得税。

三、机构投资者买卖基金的税收

（一）营业税

金融机构（包括银行和非银行金融机构）买卖基金的差价收入征收营业税；非金融机构买卖基金的差价收入不征收营业税。同为买卖基金差价收入，对于金融企业和非金融企业的税收待遇是不一样的，金融企业征收营业税，而非金融企业则不征营业税。

（二）所得税

企业投资者申购和赎回基金单位取得的差价收入，应并入企业的应纳税所得额，征收企业所得税。

企业投资者从基金分配中获得的收入，暂不征收企业所得税。

（三）印花税

企业投资者买卖基金份额暂免征收印花税。

四、个人投资者投资基金的税收

（一）印花税

对个人投资者买卖基金份额暂免征收印花税。

（二）所得税

（1）个人投资者买卖基金份额获得的差价收入，暂不征收个人所得税。

（2）个人投资者从基金分配中获得的股票的股利收入、企业债券的利息收入、储蓄存储利息收入，由上市公司发行债券的企业和银行在向基金支付上述收入时，代扣代缴20%的个人所得税。证券投资基金从上市公司分配取得的股息红利所得，扣缴义务人在代扣代缴个人所得税时，按50%计算应纳税所得额。基金向个人投资者分配股息、红利、利息时，不再代扣代缴个人所得税。个人投资者从基金分配中取得的收入，暂不征收个人所得税。

（3）投资者从基金分配中获得的国债利息、买卖股票差价收入，在国债利息收入、个人买卖股票差价收入未恢复征收所得税以前，暂不征收所得税。

（4）个人投资者从封闭式基金分配中获得的企业债券差价收入，应对个人投资者征收个人所得税，税款由封闭式基金在分配时依法代扣代缴。

（5）个人投资者申购和赎回基金份额取得的差价收入，暂不征收个人所得税。

◇ 同步测试

单项选择题（以下各小题所给出的 **4** 个选项中，只有 **1** 项最符合题要求，请选出正确的选项）

1. 对金融机构（包括银行和非银行金融机构）买卖基金的差价收入征收（　　）。

A. 流转税　　　　　B. 消费税　　　　　C. 营业税　　　　　D. 增值税

2. 个人投资者从封闭式基金分配中获得的企业债券差价收入，按现行税法规定，要（　　）。

A. 对个人投资者征收个人所得税

B. 不需要对个人投资者征收个人所得税

C. 针对此项活动对个人投资者征收营业税

D. 根据法规规定对此项活动仅对个人投资者征收印花税

3. 下列收入中要征收企业所得税的有（　　）。

A. 基金买卖股票、债券的差价收入

B. 基金从证券市场上获得的股票利息、红利收入

C. 企业投资者从基金分配中获得的债券差价收入

D. 企业投资者买卖基金单位获得的差价收入

4. 根据国家财政部、税务总局的规定，从 2008 年 9 月 19 日起，基金卖出股票时按照（　　）的税率征收证券交易印花税，而对买入交易不再征收印花税。

A. 0.1%　　　　　B. 0.15%　　　　　C. 0.75%　　　　　D. 0.5%

多项选择题（以下各小题所给出的 **4** 个选项中，有 **2** 个或 **2** 个以上符合题目要求，请选出正确的选项）

1. 个人投资者投资基金取得的下列收入中，不征收个人所得税的有（　　）。

A. 个人投资者从基金分配中获得的股票的利息、红利收入

B. 个人投资者从基金分配中获得的国债利息收入以及买卖股票差价收入

C. 个人投资者从基金分配中获得的企业债券差价收入

D. 个人投资者申购和赎回基金单位取得差价收入

2. 我国对（　　）买卖基金的差价收入不征收营业税。

A. 银行　　　　　　　　　　　　B. 信托投资公司

C. 国有垄断资源性企业　　　　　D. 集体所有制经营的进出口企业

判断题（判断以下各小题的对错，正确的填 **A**，错误的填 **B**）

1. 以发行基金方式募集资金属于营业税的征税范围，也要征收营业税。　　　　（　　）

2. 目前，我国证券投资基金管理人从事基金管理活动获得的收入，免征营业税。

（　　）

3. 目前对个人投资者买卖基金份额要征收印花税。 （ ）

4. 对证券投资基金从证券市场中取得的收入，包括买卖股票、债券的差价收入，征收营业税和企业所得税。 （ ）

5. 对个人投资者从封闭式基金分配中获得的企业债券差价收入，按《税收》的规定应征收个人所得税。 （ ）

6. 对金融机构（包括银行和非银行金融机构）买卖基金的差价征收营业税。 （ ）

◇ **同步测试答案**

任务一

单项选择题：1. B 2. D

多项选择题：1. ABCD 2. ABC 3. ABCD 4. ACD 5. ACD

判断题：1. B 2. B

任务二

单项选择题：1. C 2. C 3. B 4. A

多项选择题：1. BC 2. AC 3. ABD

判断题：1. A 2. B

任务三

单项选择题：1. C 2. A 3. D 4. A

多项选择题：1. ABD 2. CD

判断题：1. B 2. B 3. B 4. B 5. A 6. A

第九单元

基金资产估值

▶ 知识目标

1. 掌握基金估值的基本概念及计算公式；
2. 掌握基金不同类型资产估值的主要原则和方法；
3. 理解基金管理人和托管人在基金估值方面的各自职责；
4. 了解基金估值的基本流程。

▶ 能力目标

1. 能够读懂基金募集说明书有关基金估值的章节；
2. 能够有针对性地对客户讲解基金估值的有关概念，并解答客户的有关疑问。

任务一 掌握基金资产估值要考虑的因素及估值实务

一、基金资产估值的概念

基金资产估值是指通过对基金所拥有的全部资产及所有负债按一定的原则和方法进行重新估算，进而确定基金资产公允价值的过程。

公允价值是指基金买方和卖方同时认可的价值。

$$基金资产净值 = 基金资产 - 基金负债$$

$$基金份额净值 = \frac{基金资产净值}{基金总份额}$$

基金份额净值是计算投资者申购基金份额、赎回资金金额的基础，也是评价基金投资业绩的基础指标之一。

二、基金资产估值的重要性

由于基金份额净值是开放式基金申购份额、赎回金额计算的基础，直接关系到基金投资者的利益，这就要求基金份额净值的计算必须准确。

从广义上讲，每份基金都与基金的净资产按照一定的比例相对应，因此，投资者每申购一份基金所付出的金额应该相当于在市场上按照最新公允价购买对应资产所付出的金额，而投资者每赎回一份基金所得到的金额应该相当于基金在市场上按照最新公允价出售对应资产所得到的金额。如申购或赎回的价格计算错误，将引起基金资产的稀释或浓缩，严重影响基金持有人的利益。

另外，鉴于基金份额净值是评价基金投资业绩的基础指标，基金管理人为提升基金业绩排名，吸引更多投资者，具有一定的利益驱动来操纵估值结果，从而造成估值不公允。因此，各国（地区）对基金估值都有严格的监管规定，并要求基金公司建立严格的内控措施来防范估值错误风险。

三、基金资产估值需考虑的因素

（一）估值频率

基金估值的频率是由基金的组织形式、投资对象等因素决定的，并在基金发行相关法律文件中予以明确。基金一般都按照固定的时间间隔对基金资产进行估值，通常监管法规会规定一个最小的估值频率。对开放式基金来说，估值的时间通常与开放申购、赎回的时间一致。目前，我国的开放式基金于每个交易日估值，并于次日公告基金份额净值。封闭式基金每周披露一次基金份额净值，但每个交易日也都进行估值。

（二）交易价格

当基金只投资于交易活跃、有公开市场报价的证券时，对其资产进行估值是一件很容易的事情。在进行电子化交易的条件下，通过计算机程序即可轻松地对基金资产进行估值，这种情况下，市场交易价格是可接受的，也是可信的。

当基金投资于交易不活跃或无公开市场报价的证券时，资产估值问题则要复杂得多。在这种情况下，基金持有的证券要么没有交易价格，要么交易价格不可信。

比如，当遇到以下情况：① 某些证券品种交易次数很少，或者是根本就没有交易；② 某些品种开始时有交易，但交易越来越少；③ 某些股票连续跌停或连续涨停；④ 大量存在未进行披露的场外交易等。在上述情况下对基金资产进行估值时就需要非常慎重，其中，证券资产的流动性是非常关键的因素。流动性差的证券及问题证券在估值时一般需要降低其价格，但需要降低多少仍需要一定程度的主观判断。

（三）价格操纵及滥估问题

对于证券流动性很差的证券，基金管理人可以连续少量买入以制造出较高价格，从而提高基金业绩，这就是价格操纵。此外，在对流动性差的证券及问题证券进行估值时需要有一定程度的主观判断，也为基金净值滥估提供了机会。因此，要避免基金资产估值时出现价格操纵及滥估现象，就必须建立相关的约束机制，包括：由独立第三方制定估值规则，加强估值监管及违规处罚，委托独立第三方进行估值或复核等。

（四）估值方法的一致性及公开性

估值方法的一致性是指基金在进行资产估值时均采取同样的估值方法，遵守同样的估值规则。估值方法的公开性是指基金采用的估值方法需要在法律规定的募集文件中公开披露。假若基金变更了估值方法，也需要及时进行披露。

四、我国基金资产估值实务

2006 年财政部颁布了新的企业会计准则体系，随后，中国证监会下发了《关于基金管理公司及证券投资基金执行〈企业会计准则〉的通知》（证监会计字〔2006〕23 号），规定证券投资基金（以下简称基金）自 2007 年 7 月 1 日起执行新会计准则。为规范基金各类投资品种的估值业务，确保基金执行新会计准则后及时、准确地进行份额净值计价，更好地保护基金份额持有人的合法权益，中国证监会于 2007 年发布《关于证券投资基金执行〈企业会计准则〉估值业务及份额净值计价有关事项的通知》（证监会计字〔2007〕21 号）、2008 年发布《关于进一步规范证券投资基金估值业务的指导意见》（证监会公告〔2008〕38 号），对基金估值业务作出进一步规范。

（一）基金资产估值责任人

我国基金资产估值的责任人是基金管理人，基金托管人对基金管理人的估值结果负有复核责任。

基金管理公司应制定基金估值相关制度及内控机制，明确基金估值的原则和程序；建立健全估值决策体系；使用合理、可靠的估值业务系统；加强对业务人员的培训；不断完善估值风险监测、控制和报告机制等。

托管银行应认真审阅基金管理公司采用的估值原则和程序，当其产生异议或疑问时，托管银行有义务要求基金管理公司作出合理解释，并积极商讨以达成一致意见。

为提高基金估值的合理性和可靠性，中国证券业协会成立了基金估值小组，定期评估基金行业的估值原则和程序，对活跃市场上没有市价的投资品种、不存在活跃市场的投资品种提出具体估值意见。基金管理人和托管人在进行基金估值时，可参考基金估值小组的专业意见，但并不能因此免除自身的估值责任。

（二）估值程序

基金日常估值由基金管理人进行，管理人每个工作日对基金资产估值后，将基金份额净值结果发给基金托管人。基金份额净值是按照每个开放日闭市后，基金资产净值除以当日基金份额的余额数量计算而得出的。

基金托管人按基金合同约定的估值方法、时间、程序对基金管理人的计算结果进行复核，复核无误后签章返回给基金管理人，由基金管理人对外公布。月末、年中和年末估值复核与基金会计账目的核对同时进行。

（三）估值的基本原则

对存在活跃市场的投资品种，如估值日有市价的，应采用市价确定公允价值。

对不存在活跃市场的投资品种，应采用市场参与者普遍认同且被以往市场实际交易价格验证具有可靠性的估值技术确定公允价值。

若以上两原则仍不能客观反映公允价值，基金管理公司应与托管银行商量，按最能恰当反映公允价值的价格估值。

（四）具体投资品种的估值方法

（1）交易所上市、交易品种的估值。交易所上市的股票和权证是以收盘价估值，上市债券是以收盘的净价估值，期货合约是按结算价格估值，交易所以大宗交易方式转让的资产支持证券，采用估值技术确定公允价值，在估值技术难以可靠计量公允价值的情况下，按成本进行后续计量。

（2）交易所发行未上市品种的估值。

① 首次发行未上市的股票、债券和权证，采用估值技术确定公允价值，在估值技术难

以可靠计量公允价值的情况下按成本计量。

② 送股、转增股、配股和公开增发新股等发行未上市股票，按交易所上市的同一股票的市价估值。

③ 首次公开发行有明确锁定期的股票，同一股票在交易所上市后，按交易所上市的同一股票的市价估值。

④ 非公开发行有明确锁定期的股票，按下述方法确定公允价值。

A. 如果估值日非公开发行有明确锁定期的股票的初始取得成本高于在证券交易所上市交易的同一股票的市价，应采用在证券交易所上市交易的同一股票的市价作为估值日该股票的价值。

B. 如果估值日非公开发行有明确锁定期的股票的初始取得成本低于在证券交易所上市交易的同一股票的市价，应按以下公式确定该股票的价值：

$$FV = C + (P - C) \frac{D_t - D_r}{D_t}$$

其中：FV——估值日该非公开发行有明确锁定期的股票的价值；

C——该非公开发行有明确锁定期的股票的初始取得成本（因权益业务导致市场价格除权时，应于除权日对其初始取得成本作相应调整）；

P——估值日在证券交易所上市交易的同一股票的市价；

D_t——该非公开发行有明确锁定期的股票锁定期所含的交易所的交易天数；

D_r——估值日剩余锁定期，即估值日至锁定期结束所含的交易所的交易天数（不含估值日当天）。

（3）交易所暂停交易等非流通品种的估值。

① 因持有股票而享有的配股权，从配股除权日起到配股确认日止，如果收盘价高于配股价，按收盘价高于配股价的差额估值。收盘价等于或低于配股价，则估值为零。

② 对停止交易但未行权的权证，一般采用估值技术确定公允价值。

③ 对于因重大特殊事项而长期停牌股票的估值，需要按估值基本原则判断是否采用估值技术。此类股票常用估值方法包括指数收益法、可比公司法、市场价格模型法和估值模型法等。

（4）全国银行间债券市场交易的债券、资产支持证券等固定收益品种，采用估值技术确定公允价值。

▶ 案例分析

长期停牌股票的估值

2011 年，继"瘦肉精"事件在央视播出后，双汇发展股票在 3 月 15 日午盘后跌停，自 3 月 16 日起开始停牌。作为证券投资基金（以下简称基金）的重仓股，双汇发展的停牌对每日计算净值并接受申赎的基金而言，挑战不言而喻。基金对双汇发展这只因突发事件而停牌的股票估值问题，引起社会各界的广泛关注。

其实，早在 2008 年，我国证券市场并购重组等重大事项导致股票停牌就时有发生，按照基金合同约定的估值原则，当基金投资的股票出现停牌时，停牌股票采用停牌前一日的收盘价估值。当时股票市场呈现单边大幅下跌的行情，若基金持续对停牌股票采用停牌前一日的收盘价估值，将导致基金净值被高估，影响开放式基金申购和赎回的公平性，从而助推知情投资者的提前赎回行为。

为解决上述问题，中国证监会于2008年9月12日发布了《关于进一步规范证券投资基金估值业务的指导意见》（以下简称《指导意见》），明确对长期停牌股票等没有市价的投资品种，应按照企业会计准则有关公允价值确认和计量方面的原则确定其公允价值，特别对于停牌股票，应综合宏观经济环境变化、相关上市公司本身的重大事件等因素，及时评估潜在估值调整对基金净值的影响，确保基金估值的公平合理。该文件规定，基金管理公司应保证基金估值未被歪曲，以免对基金份额持有人产生不利影响，并要求基金管理公司建立与估值相关的内部控制制度。在基金投资的股票出现停牌且有足够证据表明停牌前收盘价不合理的情况下，公司应在未知价原则的基础上按科学公允的价格调整估值，以压缩套利空间，对抗套利资金，保护长期投资者利益。

为了指导基金行业开展停牌股票估值，2008年9月，中国证券业协会基金估值工作小组（以下简称估值小组）组织基金业界研究了停牌股票估值方法，列举了指数收益法、可比公司法、市盈率法和现金流折现法等多种估值方法和模型，供基金管理公司参考。当时，基金持有的长期停牌股票基本面在所处行业中未发生重大变化，但因市场出现较大幅度波动，多数基金管理公司采用指数收益法对停牌股票进行估值。

至于2011年导致双汇发展停牌的突发事件，可能对公司目前及未来的经营状况产生重大影响，基于投资基金的未知价原则，基金有权对突发事件停牌股票进行估值调整，并履行信息披露义务。双汇发展的"瘦肉精"事件属于个股特定风险，难以简单参考市场和行业指数变化进行估值判断，基金管理公司普遍运用的是市盈率法和现金流折现法。由于各家基金管理公司对事件的未来预测和双汇重组的不同看法，给出的估值价格也不尽相同，基金估值需要接受市场检验。各基金管理公司对停牌股票的估值结果与股票复牌后活跃市场表现的吻合程度和接近程度，将体现其定价水平与核心竞争力。因此，基金管理公司有动力慎重对待停牌股票估值。

估值调整的合理、适当、及时对维持客户之间的公平性至关重要。基金管理公司通过评估重大事件对双汇发展估值的影响、潜在估值调整对相关基金净值影响的重要性程度，在与托管行协商一致、请外部会计师事务所出具意见后，可自主决定是否调整、调整幅度、调整时间，并根据事件进展动态评估和调整估值，也可通过收集分析境内外市场其他个股在发生类似突发事件时股价受冲击的具体表现，估计对停牌公司的估值影响。

在没有活跃市场价格的情况下，为突发事件停牌股票找到合适的估值方法，无论在国内还是海外市场，至今仍是一大难题。由于估值模型选取及具体参数的确定包含许多主观判断，不同市场参与主体对同一股票价值做出的判断存在分歧在所难免，找到能被所有人认同的估值方法和估值结果几乎不可能。目前，国内尚未出现能够及时对突发事件停牌股票提供第三方估值的专业估值机构，基金管理公司和协会估值小组都在积极探索建立更为有效的估值机制。

▶ **延伸阅读**

目前海外对冲基金对流动性较差、较难估值的资产有一种叫另袋存放（Side Pocket）的安排，即将流动性较差、较难估值的资产单独打包剥离基金资产，等资产脱手后再与剥离日登记在册的投资人清算相关损益的一种安排。对冲基金由于投资品种较多，不可避免会投资一些非上市的流动性较差但未来收益可能会很好的资产。另袋存放之所以可以对对冲基金进行安排，主要源于对冲基金投资人数量较少，日常申购、赎回不频繁的特性。而国内公募基金主要面对广大投资金额较低的个人投资者，故另袋存放在实施层面可能会面临较大障碍：一是法规层面的障碍，目前现有的基金合同对于另袋存放均未有安排，如归入另袋存放的资产如何安排剥离，剥离日的公允价值如何确定，账务如何处理等；二是技术层面的障，如要安排另袋存放，会给现有基金注册登记系统带来巨大的数据处理压力。

市场在不断发展变化，投资者在不断成熟，各类市场参与主体在一次次面对估值课题的过程中不断积累经验，共同成长。基金管理公司应加强估值方面的研究，完善公司的估值机制及方法理论体系，建立对突发事件停牌股票估值的应急机制，做好对投资者的宣传教育工作。基金管理公司本着维护客户利益的公平性所做的估值调整，应得到投资者的认可和支持。

（五）估值错误的处理及责任承担

当基金份额净值计价错误达到或超过基金资产净值的 0.25% 时，基金管理公司应及时向监管机构报告。当计价错误达到 0.5% 时，基金管理公司应当公告并报监管机构备案。

基金管理公司和托管银行在进行基金估值、计算或复核基金份额净值的过程中，未能遵循相关法律法规规定或基金合同约定，给基金财产或基金份额持有人造成损害的，应分别对各自行为依法承担赔偿责任。因共同行为给基金财产或基金份额持有人造成损害的，应承担连带赔偿责任。

（六）暂停估值的情形

当基金有以下情形时，可以暂停估值：

（1）基金投资所涉及的证券交易所暂停营业；

（2）因不可抗力致使无法对基金资产进行评估；

（3）占基金相当比例的投资品种的估值出现重大转变，而基金管理人为保障投资人的利益已决定延迟估值；

（4）紧急事故导致无法进行基金资产评估；

（5）中国证监会和基金合同认定的其他情形。

五、QDII 基金资产的估值问题

（一）估值责任人

基金管理公司是 QDII 基金会计核算和资产估值的责任主体，托管人负有复核责任。

（二）QDII 基金份额净值的计算及披露

（1）基金份额净值应当至少每周计算并披露一次，如基金投资衍生品，应当在每个工作日计算净值并披露。

（2）基金份额净值应当在估值日后 2 个工作日内披露。

（3）基金份额净值应当以人民币或美元等主要外汇货币单独或同时计算并披露。

（4）基金资产的每一买入、卖出交易应当在最近份额净值的计算中得到反映。

（5）流动性受限的证券估值可以参照国际会计准则进行。

（6）衍生品的估值可以参照国际会计准则进行。

（7）境内机构投资者应当合理确定开放式基金资产价格的选取时间，并在招募说明书和基金合同中载明。

（8）开放式基金净值及申购赎回价格的具体计算方法应当在基金、集合计划合同和招募说明书中载明，并明确小数点后的位数。

◇ 同步测试

单项选择题（以下各小题所给出的 4 个选项中，只有 1 项最符合题要求，请选出正确的选项）

1. 在我国，基金日常估值由（ ）进行，（ ）对计算结果进行复核。

A. 基金托管人，外部专业机构　　　　　B. 基金管理人，基金持有人

C. 基金管理人，基金托管人　　　　　　D. 基金管理人，外部专业机构

2. 估值方法的（ ）是指基金在进行资产估值时均应采取同样的估值方法，遵守同样的估值规则。

A. 公开性　　　　B. 一致性　　　　C. 长期性　　　　D. 准确性

3. 基金交易价格的核心是（ ）的高低。

A. 发行时的基金净值　　　　　　　　　B. 发行时的基金价格

C. 交易时的基金净值　　　　　　　　　D. 基金份额总值

4. QDII 基金份额净值应当至少（ ）计算并披露一次，如基金投资衍生品，应当在（ ）计算并披露。

A. 每月，每周　　　　　　　　　　　　B. 每周，每个工作日

C. 每季度，每周　　　　　　　　　　　D. 每日，每日

5. 我国证券投资基金持有的交易所上市的股票和权证的估值，采用的是（ ）。

A. 收盘价　　　　　　　　　　　　　　B. 当日加权平价格

C. 开盘价　　　　　　　　　　　　　　D. 当日最高价和最低价的算术平均价

多项选择题（以下各小题所给出的 4 个选项中，有 2 个或 2 个以上符合题目要求，请选出正确的选项）

1. 基金估值涉及基金资产的分类情况有（ ）。

A. 交易所上市的、交易品种的估值，包括交易所上市的各种有价证券

B. 交易所发行为上市品种的估值

C. 交易所停止交易等非流通品种的估值

D. 全同银行间债券市场交易的债券、资产支持证券等固定收益品种的估值

2. 基金的估值方法必须（ ）。

A. 保持一致性　　　　　　　　　　　　B. 随意变化

C. 保持公开性　　　　　　　　　　　　D. 任何情况都不能变化

3. 下列是 QDII 基金净值计算及披露的有关规定的是（　　）。

A. 基金投资衍生品，应当在每个工作日计算并披露

B. 基金份额净值应当在估值日后 2 个工作日内披露

C. 基金资产的每一买入、卖出交易应当在最近份额净值的计算中得到反映

D. 流动性受限的证券估值可参照国际会计准则进行

4. 计价错误的处理包括（　　）。

A. 基金管理公司应制定估值及份额净值计价错误的识别及应急方案，当估值或份额净值计价错误实际发生时，基金管理公司应立即纠正

B. 当错误达到或超过基金资产净值的 0.25% 时，基金管理公司应及时向监管机构报告

C. 当错误达到或超过基金资产净值的 0.5% 时，基金管理公司应当公告、通报基金托管人

D. 基金管理公司和托管银行因共同行为给基金财产或基金份额持有人造成损害的，应承担连带赔偿责任

5. 下列关于具体投资品种估值方法正确的是（　　）。

A. 交易所上市股票和权证以开盘价估值

B. 交易所上市交易的债券按估值日收盘净价估值

C. 交易所上市不存在活跃市场的有价证券，采用估值技术确定公允价值

D. 送股、转增股、配股和公开增发新股等发行未上市股票，按交易所上市的同一股票的市价估值

判断题（判断以下各小题的对错，正确的填 A，错误的填 B）

1. 对不存在活跃市场的投资品种，应采用最近交易市价确定公允价值。　　　（　　）

2. 海外的基金多数也是每个交易日估值，但也有一部分基金是每周估值一次，有的甚至每半个月、每月估值一次。基金估值的频率是由基金的组织形式、投资对象的特点等因素决定的，并在相关的发行法律文件中明确。　　　（　　）

3. 基金估值方法一经确定，不得变更。　　　（　　）

4. 在我国，按基金契约规定的估值方法、时间、程序对基金估值进行复核由基金托管人负责。　　　（　　）

任务二　掌握各种基金费用的计提标准及计提方式

在基金运作过程中经常提到的费用包括两大类。一类是基金销售过程中发生的由基金投资者自己承担的费用，主要是申购费、赎回费及基金转换费。这些费用直接从投资者申购、赎回或转换的金额中收取。另一类是在基金管理过程中发生的费用，主要有基金管理费、基金托管费、信息披露费等，这些费用由基金资产承担。对于不收取申购费、赎回费的基金，基金管理人可以依照相关规定从基金财产中持续计提一定比例的销售服务费，专门用于本基金的销售和对基金持有人的服务。

一、基金费用的种类

下列与基金有关的费用可以从基金财产中列支：

（1）基金管理人的管理费；

（2）基金托管人的托管费；

（3）销售服务费；

（4）基金合同生效后的信息披露费用；

（5）基金合同生效后的会计师费和律师费；

（6）基金份额持有人大会费用；

（7）基金的证券交易费用；

（8）按照国家有关规定和基金合同约定，可以在基金财产中列支的其他费。

二、各种费用的计提标准及计提方式

（一）基金管理费、基金托管费和基金销售服务费

基金管理费是指基金管理人管理基金资产而向基金收取的费用。基金托管费是基金托管人为基金提供托管服务而向基金收取的费用。基金销售服务费是指从基金资产中扣除的用于支付销售机构佣金以及基金管理人的基金营销广告费、促销活动费、持有人服务费等方面的费用。

1. 计提标准

基金管理费率通常与基金规模成反比，与风险成正比。基金规模越大，基金管理费率越低；基金风险程度越高，基金管理费率越高。不同类别不同国家或地区的基金，管理费率不完全相同。但从基金类型看，证券衍生工具基金管理费率最高。如认股权证基金的管理费率为 1.5%～2.5%；股票基金居中，为 1%～1.5%；债券基金为 0.5%～1.5%；货币市场基金最低，管理费率为 0.25%～1%。目前，我国股票基金大部分按照 1.5% 的比例计提基金管理费，债券型基金的管理费率一般低于 1%，货币市场基金的管理费率为 0.33%。

基金托管费收取的比例与基金规模、基金类型有一定关系。通常基金规模越大，基金托管费率越低。目前，我国封闭式基金按照 0.25% 的比例计提基金托管费，开放式基金根据基金合同的规定比例计提，通常低于 0.25%；股票型基金的托管费率要高于债券型基金及货币市场基金的托管费率。

基金销售服务费目前只有货币市场基金可以从基金资产列支，费率大约为 0.25%。收取基金销售服务费的基金通常不收申购费。

2. 计提方法和支出方式

目前，我国的基金管理费、基金托管费及基金销售服务费是按前一日基金资产净值的一定比例逐日计提，按月支付。计算公式如下：

$$H = \frac{E \cdot R}{365}$$

其中，H——每日记提的费用；

E——前一日的基金资产净值；

R——费率。

（二）基金交易费

基金交易费指基金在进行证券买卖交易时应发生的相关交易费用。目前，我国证券投资

基金的交易费用主要包括印花税、交易佣金、过户费、经手费、证管费。

交易佣金由证券公司按成交金额的一定比例向基金收取，印花税、过户费、经手费、证管费等由登记公司或交易所按有关规定收取。

（三）基金运作费

基金运作费指为保证基金正常运作而发生的应由基金承担的费用，包括审计费、律师费、上市年费、信息披露费、分红手续费、持有人大会费、开户费、银行汇划手续费等。

发生的费用大于基金净值十万分之一，应采用预提或待摊的方法计入基金损益。发生的费用小于基金净值十万分之一，应于发生时直接计入基金损益。

三、不列入基金费用的项目

下列费用不列入基金费用：

（1）基金管理人和基金托管人因未履行或未完全履行义务导致的费用支出或基金财产的损失；

（2）基金管理人和基金托管人处理与基金运作无关的事项发生的费用；

（3）基金合同生效前的相关费用，包括但不限于验资费、会计师和律师费、信息披露费用等。

◇ 同步测试

单项选择题（以下各小题所给出的 **4** 个选项中，只有 **1** 项最符合题要求，请选出正确的选项）

1. 下列与基金有关的费用不能从基金财产中列支的有（　　　）。

A. 销售服务费　　　　　　　　　　　　B. 基金管理人的管理费

C. 基金托管人的托管费　　　　　　　　D. 基金转换费

2. 目前市场上收取基金销售服务费的有（　　　）。

A. 股票基金　　　　　B. 混合基金　　　　C. 货币市场基金　　　D. 成长型股票基金

3. 如基金运作发生的费用（　　　）基金净值十万分之一，则应采用预提或待摊的方法计入基金损益。

A. 小于　　　　　　　　B. 大于　　　　　　　　C. 等于　　　　　　　　D. 小于等于

多项选择题（以下各小题所给出的 **4** 个选项中，有 **2** 个或 **2** 个上符合题目要求，请选出正确的选项）

1. 基金合同生效前的下列费用中不列入基金费用项目的有（　　　）

A. 合同生效前的验资费　　　　　　　　B. 合同生效前的会计师费

C. 合同生效前的律师费　　　　　　　　D. 合同生效前的信息披露费

2. 在我国，（　　　）不属于证券投资基金的交易费用。

A. 申购费　　　　　　B. 过户费　　　　　　C. 赎回费　　　　　　D. 分红手续费

3. 我国基金托管费实行（　　　）。

A. 逐日计提累计至每月月末　　　　　　B. 逐周计提累计至每月月末

C. 按周支付　　　　　　　　　　　　　D. 按月支付

任务三　了解基金会计核算的特点和内容

基金管理公司是证券投资基金会计核算的主体，对所管理的基金应当以每只基金为会计核算主体，独立建账、独立核算，保证不同基金在名册登记、账户设置、资金划拨、财簿记录等方面相互独立。

我国基金的会计年度为公历每年 1 月 1 日至 12 月 31 日。基金核算以人民币为记账本位币，以人民币元为记账单位。

一、基金会计核算的特点

（一）会计主体是证券投资基金

企业会计核算以企业为会计核算主体，基金会计则以证券投资基金为会计核算主体，基金会计的责任主体是对基金进行会计核算的基金管理公司和基金托管人，其中前者承担主会计责任。

（二）会计分期细化到日

目前我国的基金会计核算均已细化到日。比如，开放式基金的申购和赎回逐日进行，逐日计算债券利息、银行存款利息等，逐日预提或待摊影响到基金份额净值小数点后第五位的费用，逐日对基金资产进行估值确认，货币市场基金一般每日结转损益等。

（三）基金持有的金融资产和承担的金融负债通常归类为以公允价值计量且其变动计入当期损益的金融资产和金融负债

根据《企业会计准则第 22 号——金融工具确认和计量》，金融资产在初始确认时划分为四类：以公允价值计量且其变动计入当期损益的金融资产、持有至到期投资、贷款和应收账款以及可供出售的金融资产。金融负债在初始确认时划分为两类：以公允价值计量且其变动计入当期损益的金融负债和其他金融负债。

基金以投资管理为主要业务，其目的是在承受风险的同时获取较高的资本利得收益，投资管理活动的性质决定了其取得的金融资产或金融负债是交易性的，因此，除非基金合同另有约定，基金持有的金融资产和承担的金融负债通常归类为以公允价值计量且其变动计入当期损益的金融资产和金融负债。

二、基金会计核算的主要内容

（1）证券和衍生工具交易及其清算的核算。

（2）持有证券的上市公司行为的核算。持有证券的上市公司行为是指与基金持有证券的上市公司有关的、所有涉及该证券权益变动并进而影响基金权益变动的事项，包括新股、红利、红股、配股等公司行为的核算。

（3）各类资产的利息核算。各类资产利息均按日计提，并于当日确认为利息收入。

（4）基金费用的核算。

（5）开放式基金份额变化的核算。

（6）基金资产估值的核算。

（7）本期利润及利润分配的核算。证券投资基金一般在月末结转当期损益，按固定价格报价的货币市场基金一般逐日结转损益。

（8）基金财务会计报告。基金财务会计报告包括年度、半年度、季度和月度财务会计报告。半年度和年度财务会计报告至少应披露会计报表和会计报表附注的内容。基金会计报表包括资产负债表、利润表及净值变动表等。

（9）基金会计核算的复核。基金管理人与基金托管人按照有关规定，分别独立进行账簿设置、账套管理、财务处理。基金托管人按照规定对基金管理人的会计核算进行复核并出具复核意见。

◇ 同步测试

单项选择题（以下各小题所给出的 4 个选项中，只有 1 项最符合题要求，请选出正确的选项）

1. 基金持有的金融资产和承担的金融负债通常归类为（　　）和金融负债。

A. 持有至到期投资

B. 可供出售的金融资产

C. 贷款和应收款项

D. 以公允价值计量且其变动计入当期损益的金融资产

2. 证券投资基金一般在（　　）结转当期损益。按固定价格报价的货币市场基金一般（　　）结转损益。

A. 季末，逐日　　　　B. 季末，逐月　　　　C. 月末，逐月　　　　D. 月末，逐日

多项选择题（以下各小题所给出的 4 个选项中，有 2 个或 2 个上符合题目要求，请选出正确的选项）

基金会计核算的主要内容有（　　）。

A. 证券和衍生工具交易及其清算的核算　　　B. 基金资产估值的核算

C. 各类资产的利息核算　　　　　　　　　　D. 基金费用的核

判断题（判断以下各小题的对错，正确的填 A，错误的填 B）

基金投资管理活动的性质决定了证券投资基金持有的金融资产或金融负债是交易性的。

（　　）

任务四　了解基金财务会计报告分析的内容

一、基金财务会计报告分析的目的

基金财务会计报告是指基金对外提供的、反映基金某一特定日期的财务状况和某一会计期间的经营成果、现金流量等会计信息的文件。

一般而言，基金财务会计报告分析可达到以下目的：评价基金过去的经营业绩及投资管理能力；通过分析基金现时的资产配置及投资组合状况了解基金的投资状况；预测基金未来的发展趋势，为基金投资者的投资决策提供依据。

二、基金财务会计报表分析

(一) 基金持仓结构分析

股票投资占基金净值的比例＝股票投资/基金资产净值

债券投资占基金净值的比例＝债券投资/基金资产净值

银行存款等现金类资产占基金净值的比例＝现金类资产合计/基金资产净值

某行业投资占基金净值的比例＝该行业股票投资市值/股票投资总额

在进行持仓结构分析时应注意，股票投资占基金资产净值的比例如发生少许变动，并不意味着基金经理一定进行了增仓或减仓操作，因为市场波动也可能引起计算结果的变动。例如，某基金期初资产净值为 1 亿元，股票市值 9 000 元，现金 1 000 万元，则股票投资占基金资产净值的比例为 90%。期间基金经理未进行任何操作，但由于市场上涨，期末股票市值变为 1.1 亿元，基金资产净值变为 1.2 亿元，此时股票投资占基金资产净值的比例上升为 91.67%。

(二) 基金盈利能力和分红能力分析

在基金定期报告中，基金一般会披露本期利润、本期已实现利润、加权平均基金份额本期利润、本期加权平均份额净值利润率、本期基金份额净值增长率、期末可供分配利润、期末可供分配基金份额利润、期末基金资产净值、期末基金份额净值等指标。通过这些指标可以分析基金的盈利能力和分红能力。

(三) 基金收入情况分析

基金收入包括利息收入、投资收益、公允价值变动损益和其他收入。对基金而言，基金收入是其份额净值变动的源泉，通过分析基金的收入结构可以了解基金的投资情况。

(四) 基金费用情况分析

基金费用一般包括管理人报酬、托管费、销售服务费、交易费用、利息支出等。由于管理人报酬、托管费、销售服务费是按资产净值的一定比例计提支付，在计算基金资产净值时已经将费用扣除，因此多数股票基金投资者对此并不敏感，但债券基金和货币基金投资者对费用则相对敏感。

(五) 基金份额变动分析

通过对基金份额变动情况及持有人结构的比较分析，可以了解投资者对基金的认可程度。一般而言，基金份额波动较大，对基金管理人的投资有不利影响。如果基金持有人中机构投资者较多，表明机构比较认可该基金的投资。

(六) 基金投资风格分析

根据基金披露的投资组合情况可以从不同角度进行分析，以了解基金的投资风格。

(1) 持仓集中度分析。通过计算前 10 只股票投资市值占基金资产净值的比例可以分析基金是否倾向于集中投资。

(2) 持仓股本规模分析。通过基金持有股票的股本规模分析，可以了解基金所投资的上市公司的规模偏好。

(3) 持仓成长性分析。通过分析基金所持有的股票的成长性指标，可以了解基金所投资上市公司的成长性。

◇ 同步测试

多项选择题（以下各小题所给出的 **4** 个选项中，有 **2** 个或 **2** 个上符合题目要求，请选出正确的选项）

关于基金运作费，以下说法正确的是（　　　）。

A. 包括审计费、律师费、上市年费、信息披露费、分红手续费、持有人大会费用、开户费、银行汇划手续费等

B. 基金运作费如果不影响基金份额净值小数点后第 5 位的，应采用预提或待摊的方法计入基金损益

C. 基金运作费如果不影响基金份额净值小数点后第 5 位的，应于发生时直接计入基金损益

D. 基金运作费如果影响基金份额净值小数点后第 5 位的，应于发生时直接计入基金损益

◇ 同步测试答案

任务一

单项选择题：1. C　2. B　3. C　4. B　5. A

多项选择题：1. ABCD　2. AC　3. ABCD　4. ABD　5. BCD

判断题：1. B　2. A　3. B　4. A

任务二

单项选择题：1. D　2. C　3. B

多项选择题：1. ABCD　2. ACD　3. AD

任务三

单项选择题：1. D　2. D

多项选择题：ABCD

判断题：A

任务四

多项选择题：AC

第十单元

基金的信息披露

▶ 知识目标

1. 了解基金主要当事人的信息披露义务；
2. 掌握基金募集、运作和临时信息披露的基本要求；
3. 了解特殊基金品种的信息披露要求。

▶ 能力目标

1. 能够理解基金信息披露对投资者权益的影响；
2. 能够有针对性地向客户讲解关于基金信息披露方面的问题。

任务一　能向客户介绍基金信息披露的基本知识

一、基金信息披露的含义与作用

基金信息披露是指基金市场上的有关当事人在基金募集、上市交易、投资运作等环节中，依照法律法规规定向社会公众进行的信息披露。

基金信息披露的作用主要表现在四个方面。

（一）有利于投资者的价值判断

在基金份额的募集过程中，基金招募说明书等募集信息披露文件向公众投资者阐明了基金产品的风险收益特征及有关募集安排，投资者能据以选择适合自己风险偏好和收益预期的基金产品。

（二）有利于防止利益冲突与利益输送

"阳光是最好的防腐剂。"资本市场的基础是信息披露，监管的主要内容之一就是对信息披露的监管。相对于实质性审查制度，强制性信息披露的基本推论是投资者在公开信息的基础上"买者自慎"，它可以改变投资者的信息弱势地位，增加资本市场的透明度，防止利益冲突与利益输送，增加对基金运作的公众监督，限制和阻止基金管理不当及欺诈行为的发生。

（三）有利于提高证券市场的效率

由于现实中证券市场的信息不对称问题，使投资者无法对基金进行有效甄别，也无法有效克服基金管理人的道德风险，高效率的基金无法吸引到足够的资金进行投资，不能形成合理的资金配置机制，容易导致投资者的逆向选择。

▶ 延伸阅读

信息不对称与逆向选择

旧车市场上，买者和卖者有关汽车质量的信息是不对称的。卖者知道所售汽车的真实质量，但一般情况下，潜在的买者要想确切地辨认出旧车市场上汽车质量的好坏是困难的，他最多只能通过外观、介绍及简单的现场试验等来获取有关汽车质量的信息，而从这些信息中很难准确判断出车的质量，因为车的真实质量只有通过长时间的使用才能看出来，但这在旧车市场上又是不可能的。所以我们说，旧车市场上的买者在购买汽车之前，并不知道哪辆汽车是高质量的，哪辆汽车是低质量的，他只知道旧车市场上汽车的平均质量。在这种情况下，典型的买者只愿意根据平均质量支付平均价格，但这样一来，质量高于平均水平的卖者就会将他们的汽车撤出旧车市场，市场上只留下质量低于平均水平的卖者。结果是，旧车市场上汽车的平均质量降低，买者愿意支付的价格进一步下降，更多的较高质量的汽车退出市场……在均衡的情况下，只有低质量的汽车成交，极端情况下甚至没有交易。

在旧车市场上，高质量汽车被低质量汽车排挤到市场之外，市场上留下的只有低质量汽车。也就是说，高质量的汽车在竞争中失败，市场选择了低质量的汽车。这违背了市场竞争中优胜劣汰的选择法则。平常人们说选择，都是选择好的，而这里选择的却是差的，所以把这种现象叫作逆向选择。

（四）有效防止信息滥用

如果法规不对基金信息披露进行规范，任由不充分、不及时、虚假的信息披露，会导致信息滥用。投资者可能根据各种道听途说的"小道消息"作出错误的投资决策，甚至可能给整个基金业的健康发展造成破坏性的打击，不利于基金业的持续、稳定和健康发展。

二、基金信息披露的原则

基金信息披露，在披露内容上，要求遵循真实性、准确性、完整性、及时性和公平披露的原则；在披露形式上，应遵循规范性、易解性和易得性原则。

（一）披露内容方面应遵循的原则

1. 真实性原则

真实性原则是基金信息披露最根本、最重要的原则，它要求披露的信息应当是以客观事实为基础，以没有扭曲和不加粉饰的方式反映真实状态。

2. 准确性原则

准确性原则要求用精确的语言披露信息，在内容和表达方式上不使人误解，不得使用模棱两可的语言。

3. 完整性原则

完整性原则要求披露所有可能影响投资者决策的信息。在披露某一具体信息时，必须对该信息的所有重要方面进行充分披露，不仅披露对信息披露义务人有利的信息，更要揭示与投资风险相关的各种信息。

4. 及时性原则

及时性原则要求信息披露义务人在一定时限内尽快披露信息，保持信息的时效性。比如，当基金发生可能对投资者决策产生重大影响的事件时，基金管理人应在重大事件发生之日起 2 日内披露临时报告。

5. 公开披露原则

公开披露原则要求将信息向市场上所有的投资者平等公开地披露，而不是仅向个别机构或投资者披露，或在时间先后、内容详尽程度等方面对不同的投资者区别对待。

（二）披露形式方面应遵循的原则

1. 规范性原则

规范性原则要求基金信息必须按照法定的内容和格式进行披露，以保证披露信息的可比性。

2. 易解性原则

易解性原则是要求信息披露的表述应当简明扼要、通俗易懂，避免使用冗长、技术性用语。

3. 易得性原则

易得性原则要求公开披露的信息容易为一般公众投资者所获取。除法规指定的披露报刊和网站外，信息披露义务人也可在其他公共媒体披露信息，但需注意其他媒体不得早于指定报刊和网站披露信息，且不同媒体上披露的同一信息应一致。

三、基金信息披露的禁止行为

（一）虚假记载、误导性陈述或者重大遗漏

误导性陈述是指使投资者对基金投资行为发生错误判断并产生重大影响的陈述。重大遗漏是指披露中存在应披露而未披露的信息，以至于影响投资者做出正确决策。

（二）对证券投资业绩进行预测

证券投资基金的风险收益变化存在一定的随机性，因此，对基金的证券投资业绩水平进行预测并不科学，应予以禁止。

（三）违规承诺收益或者承担损失

基金是存在一定投资风险的金融产品，投资者应根据自己的收益偏好和风险承受能力，审慎选择基金品种，即所谓"买者自慎"。

如果基金信息披露中违规承诺收益或承担损失，则将被视为对投资者的诱骗及进行不当竞争。

（四）诋毁其他基金管理人、托管人或者基金份额发售机构

如果基金管理人、托管人或销售机构对其他同行进行诋毁、攻击，借以抬高自己，则将被视为违反公平竞争，扰乱市场秩序，构成不正当竞争行为。

▶ 案例分析

深圳某基金公司在原基金经理已经于 2006 年 12 月 4 日办理离职手续离开公司的情况

下，没有及时披露相关信息，对投资者的持续营销材料也未及时修正，依然将原基金经理作为卖点。直至2007年1月19日监管部门追查时，该基金公司才予以公告。

证监会责令该基金公司进行3个月的整改，整改期间监管部门不受理该公司持续营销宣传、新产品审核、产品拆细及其他业务申请。

该公司的上述行为违反了有关信息披露和投资人员监管有关规定，反映出公司内部控制欠佳，相关人员合规意识淡薄，没有做到勤勉尽责。

四、基金信息披露的分类

基金信息披露可分为：基金募集信息披露、基金运作信息披露和基金临时信息披露。

（一）基金募集信息披露

基金募集信息披露可分为首次募集信息披露和存续期募集信息披露。首次募集信息披露主要包括基金份额发售前至基金合同生效期间进行信息披露。存续期募集信息披露主要指开放式基金在基金合同生效后每6个月披露一次更新的招募说明书。

（二）基金运作信息披露

基金运作信息披露文件包括：基金份额上市交易公告书、基金资产净值和份额净值报告、基金年度报告、半年度报告、季度报告。其中，基金年度报告、半年度报告和季度报告又称基金定期报告。

（三）基金临时信息披露

基金临时信息披露是不定期的披露，对重大影响事件进行披露。

五、XBRL在基金信息披露中的应用

XBRL（Extensible Business Reporting Language，可扩展商业报告语言）是国际上将会计准则与计算机语言相结合，用于非结构化数据，尤其是财务信息交换的最新公认标准和技术。通过对数据统一进行识别和分类，可直接为使用者读取及进一步处理，实现一次录入，多次使用。

XBRL的作用很广泛，企业的各种信息，特别是财务信息，都可以通过XBRL在计算机互联网上有效地进行处理。信息发布者一旦输入了信息，就无须再次输入，通过XBRL就可以很方便地转换成书面文字、文件，HTML页面，或者其他相应的文件格式。而且，通过XBRL获取到的信息，也无须打印或再次输入，就可以方便快捷地运用于各种财务分析等领域。

在基金信息披露中应用XBRL，有利于促进信息披露的规范化、透明度和电子化，提高信息编报、传送和使用的效率和质量。在我国，基金自2008年启动信息披露的XBRL工作，至今已实现了净值公告、季度报告、半年度报告、年度报告和部分临时公告的XBRL报送与展示。

◇ 同步测试

单项选择题（以下各小题所给出的4个选项中，只有1项最符合题要求，请选出正确的选项）

基金管理人将有关基金的信息向市场上所有的投资者平等公开地披露，而不是仅向个别机构或投资者披露，这体现了基金信息披露的（　　　）原则。

A. 真实性原则　　　　B. 准确性原则　　　　C. 及时性原则　　　　D. 公平披露原则

多项选择题（以下各小题所给出的 4 个选项中，有 2 个或 2 个上符合题目要求，请选出正确的选项）

基金信息披露中以下属于严重的违法犯罪行为的有（　　）。

A. 虚假记载　　　　B. 承诺收益　　　　C. 误导性陈述　　　　D. 重大遗漏

判断题（判断以下各小题的对错，正确的填 A，错误的填 B）

1. 可扩展商业报告语言的英文首字母缩写为 XBRL。　　　　　　　　　（　　）
2. 真实性原则是基金信息披露最根本、最重要的原则。　　　　　　　（　　）
3. 基金信息披露方式方面应遵循规范性、及时性和完整性三个基本原则。（　　）
4. 基金信息披露的原则根据内容的实质性要求和形式方面的技术性要求进行分类，可将其分为实质性原则和形式性原则。　　　　　　　　　　　　　　　（　　）

任务二　了解我国基金信息披露制度体系

我国基金信息披露制度体系可分为国家法律、部门规章、规范性文件与自律性规则四个层次。

一、基金信息披露的国家法律

我国法律对基金信息披露的规范主要体现在 2013 年 6 月 1 日起施行的新《证券投资基金法》中。

新《证券投资基金法》规定，基金管理人、基金托管人和其他基金信息披露义务人应当依法披露基金信息，保证所披露信息的真实性、准确性和完整性。基金信息披露义务人应当确保应予披露的基金信息在基金监管机构规定的时间内披露，并保证投资者能够按照基金合同约定的时间和方式查阅或者复制公开披露的信息资料。

二、基金信息披露的部门规章

基金信息披露的部门规章主要体现在于 2004 年 7 月 1 日起施行的《基金信息披露管理办法》中。

三、基金信息披露的规范性文件

基金信息披露的规范性文件主要包括基金信息披露内容与格式准则、基金信息披露编报规则、基金信息披露 XBRL 模板和相关标引规范（Taxonomy）。

四、基金信息披露的自律性规则

在证券交易所上市交易的基金信息披露应遵守证券交易所的业务规则，如上海证券交易所和深圳证券交易所的证券投资基金上市规则。此外，ETF 信息披露义务人应遵守上海证券交易所有关 ETF 业务实施细则的规定，LOF 信息披露义务人应遵守深圳证券交易所有关 LOF 业务实施细则的规定。

◇ 同步测试

单项选择题（以下各小题所给出的 **4** 个选项中，只有 **1** 项最符合题要求，请选出正确的选项）

我国法律对基金信息披露的规范主要体现在 2013 年 6 月 1 日起实施的（　　）。

A.《基金上市规则》　　　　　　　　B.《基金信息披露管理办法》

C.《基金信息披露编报规则》　　　　D.《证券投资基金法》

多项选择题（以下各小题所给出的 **4** 个选项中，有 **2** 个或 **2** 个上符合题目要求，请选出正确的选项）

1. 基金信息披露的规范性文件有（　　）。

A.《基金信息披露管理办法》

B.《上市公告书的内容与格式》

C.《证券投资基金信息披露 XBRL 标引规范（Taxonomy）》

D.《货币市场基金信息披露特别规定》

2. 以下各项是信息披露自律性规则中包含的内容的是（　　）。

A.《上海证券交易所证券投资基金上市规则》

B.《深圳证券交易所证券投资基金上市规则》

C.《交易型开放式指数基金业务实施细则》

D.《上市开放式基金业务规则》

任务三　知晓基金主要当事人的信息披露义务

在基金募集和运作过程中，负有信息披露义务的当事人主要有基金管理人、基金托管人、召集基金份额持有人大会的基金份额持有人。他们应当依法及时披露基金信息，并保证所披露信息的真实性、准确性和完整性。

一、基金管理人的信息披露义务

基金管理人主要负责办理与基金资产管理业务活动有关的信息披露事项，具体涉及基金募集、上市交易、投资运作、净值披露等环节。具体包括：

第一，在基金份额发售的 3 日前，将招募说明书、基金合同摘要登载在指定报刊和管理人网站上；同时，将基金合同、托管协议登载在管理人网站上，将基金份额发售公告登载在指定报刊和管理人网站上。

第二，在基金合同生效的次日，在指定报刊和管理人网站上登载基金合同生效公告。

第三，开放式基金合同生效后每 6 个月结束之日起 45 日内，将更新的招募说明书登载在管理人网站上，更新的招募说明书摘要登载在指定的报刊上，在公告的 15 日前，应向中国证监会报送更新的招募说明书并就更新内容提供书面说明。

第四，基金拟在证券交易所上市的，应向交易所提交上市交易公告书等上市申请材料。基金获准上市的，应在上市日前 3 个工作日，将基金份额上市交易公告书登载在指定报刊和管理人网站上。

第五，至少每周公告一次封闭式基金的资产净值和份额净值。开放式基金在开始办理申

购或者赎回前，至少每周公告一次资产净值和份额净值，放开申购赎回后，应于每个开放日的次日披露基金份额净值和份额累计净值

第六，在每年结束后 90 日内，在指定的报刊上披露年度报告摘要，在管理人网站上披露基金年度报告。在上半年结束后 60 日内，在指定报刊上披露半年度报告摘要，在管理人网站上披露半年度报告全文。在每季结束后 15 个工作日内，在制定报刊和管理人网站上披露基金季度报告。上述定期报告在披露的第 2 个工作日，应分别报中国证监会及其证监局、基金上市的证券交易所备案。对于当期基金合同生效不足 2 个月的基金，可以不编制上述定期报告。

第七，当发生对基金份额持有人权益或者基金价格产生重大影响的事件时，应在 2 日内编制并披露临时报告书，并分别报中国证监会及其证监局备案。封闭式基金还应在披露临时报告前送基金上市的证券交易所审核。

第八，当媒体报道或市场流传的消息可能对基金价格产生误导性影响或引起较大波动时，管理人应在知悉后立即对该消息进行公开澄清，将有关情况报告证监会及基金上市的证券交易所。

第九，管理人召集基金份额持有人大会的，应至少提前 30 日公告大会的召开时间、会议形式、审议事项、议事程序和表决方式等事项。

第十，基金管理人职责终止时，应聘请会计师事务所对基金财产进行审计，并将审计结果予以公告，同时报证监会备案。

除依法披露基金资产管理业务活动相关事项外，对管理人运用固有资金进行基金投资的事项，基金管理人也应履行相关披露义务。

二、基金托管人的信息披露义务

基金托管人主要负责办理与基金托管业务活动有关的信息披露事项，具体涉及基金资产保管、代理清算交割、会计核算、净值复核、投资运作监督等环节，主要包括：

第一，在基金份额发售的 3 日前，将基金合同、托管协议登载在托管人网站上。

第二，对基金管理人公开披露的信息进行复核。

第三，在基金年度报告中出具托管人报告，对报告期内托管人是否尽职尽责履行义务以及管理人是否遵规守约等情况作出声明。

第四，当基金发生涉及托管人及托管业务的重大事件时，例如，基金托管人的专门基金托管部门的负责人变动、该部门的主要业务人员在 1 年内变动超过 30%、托管人召集基金份额持有人大会、托管人的法定名称或住所发生变更、发生涉及托管业务的诉讼、托管人受到监管部门的调查或托管人及其托管部门的负责人受到严重行政处罚等，托管人应当在事件发生之日起 2 日内编制并披露临时公告书，并报中国证监会及其派出机构备案。

第五，托管人召集基金份额持有人大会的，应至少提前 30 日公告大会的召开时间、会议形式、审议事项、议事程序和表决方式等事项。会议召开后，应将审计结果予以公告，同时报中国证监会备案。

第六，基金托管人职责终止时，应聘请会计师事务所对基金财产进行审计，并将审计结果予以公告，同时报证监会备案。

三、基金份额持有人的信息披露义务

作为基金份额持有人，其信息披露义务主要体现在与基金份额持有人大会相关的义务。当代表基金份额 10% 以上的基金份额持有人就同一事项要求召开持有人大会，而管理人和托管人都不召集的时候，代表基金份额 10% 以上的持有人有权自行召集。此时，该类持有人应至少提前 30 日公告持有人大会的召开时间、会议形式、审议事项、议事程序和表决方式等事项。

◇ 同步测试

单项选择题（以下各小题所给出的 4 个选项中，只有 1 项最符合题要求，请选出正确的选项）

1. 基金管理人需在基金份额发售的（   ）日前，将招募说明书、基金合同摘要登载在指定报刊和管理人网站上。

A. 15   B. 5   C. 3   D. 2

2. 作为基金份额持有人，其信息披露义务主要体现在与（   ）相关的披露义务。

A. 基金股东大会   B. 基金托管人协会

C. 基金份额持有人大会   D. 基金公司经营业绩

3. 基金管理人需在基金合同生效的（   ）在指定报刊和管理人网站上登载基金合同生效公告。

A. 第三日   B. 当日   C. 次日   D. 第四日

多项选择题（以下各小题所给出的 4 个选项中，有 2 个或 2 个上符合题目要求，请选出正确的选项）

1. 在基金募集和运作过程中，负有基金信息披露义务的当事人主要包括（   ）。

A. 基金管理人   B. 基金托管人   C. 基金持有人   D. 证券交易所

2. 基金托管人信息披露义务具体涉及（   ）等环节。

A. 基金资产保管   B. 代理清算交割   C. 会计核算   D. 净值复核

3. 基金管理人信息披露事项具体涉及的环节有（   ）。

A. 基金募集   B. 上市交易   C. 投资运作   D. 净值披露

判断题（判断以下各小题的对错，正确的填 A，错误的填 B）

在基金募集和运作过程中，基金管理人是信息披露义务的唯一当事人。   （   ）

任务四 掌握基金募集信息披露内容和要求

在基金募集信息披露中，基金合同、基金招募说明书和基金托管协议是三大法律文件。

一、基金合同

基金合同是约定基金管理人、托管人和份额持有人权利义务关系的重要法律文件。投资者缴纳基金份额认购款项时，即表明其对基金合同的承认和接受，此时基金合同成立。

（一）基金合同的主要披露事项

（1）募集基金的目的和基金名称；

（2）基金管理人、基金托管人的名称和住所；

（3）基金运作方式；

（4）封闭式基金的基金份额总额和基金内合同期限，或者开放式基金的最低募集份额总额；

（5）确定基金份额发售日期、价格和费用的原则；

（6）基金份额持有人、基金管理人和基金托管人的权利、义务；

（7）基金份额持有人大会召集、议事及表决的程序和规则；

（8）基金份额发售、交易、申购、赎回的程序、时间、地点、费用计算方式以及给付赎回款的时间和方式；

（9）基金收益分配原则、执行方式；

（10）基金管理费、托管费的提取和支付方式与比例；

（11）与基金财产管理、运用有关的其他费用的提取、支付方式；

（12）基金财产的投资方向和投资限制；

（13）基金资产净值的计算方法和公告方式；

（14）基金募集未达到法定要求的处理方式；

（15）基金合同解除和终止的事由、程序及基金财产清算方式；

（16）争议解决方式。

（二）基金合同所包含的重要信息

（1）基金投资运作安排和基金份额发售安排信息。

（2）基金合同特别约定的事项，包括基金各当事人的权利义务、基金持有人大会、基金合同终止等方面的信息。具体包括：

① 基金当事人的权利义务，特别是基金份额持有人的权利；

② 基金持有人大会的召集、议事及表决的程序和规则。

根据《证券投资基金法》，提前终止基金合同、转换基金运作方式、提高管理人或托管人的报酬标准、更换管理人或托管人等事项均需要通过基金份额持有人大会审议通过。

③ 基金合同终止的事由、程序及基金财产的清算方式。

二、基金募集说明书

基金募集说明书是基金管理人为发售基金份额而制作，供投资者了解管理人基本情况、说明基金募集有关事宜、指导投资者认购基金份额的规范性文件。基金管理人应将所有对投资者作出投资判断有重大影响的信息予以充分披露。

（一）招募说明书的主要披露事项

（1）招募说明书摘要；

（2）基金募集申请的核准文件名称和核准日期；

（3）基金管理人、托管人的基本情况；

（4）基金份额的发售日期、价格、费用和期限；

（5）基金份额的发售方式、发售机构及登记机构名称；

（6）基金份额申购、赎回的场所、时间、程序、数额与价格，拒绝或暂停接受申购、暂停赎回或延缓支付、巨额赎回的安排等；

（7）基金的投资目标、投资方向、投资策略、业绩比较基准、投资限制；

（8）基金资产的估值；

（9）基金管理人、托管人的报酬及基金运作费用的费率水平、收取方式；

（10）基金认购费、申购费、赎回费、转换费的费率水平、计算公式、收取方式；

（11）出具法律意见书的律师事务所和审计基金财产的会计师事务所的名称和住所；

（12）风险揭示内容；

（13）基金合同和基金托管协议内容摘要。

（二）招募说明书包含的重要信息

（1）基金运作方式。个别开放式基金品种，如 ETF 既可在交易所上市交易，也可在一级市场上以组合证券进行申购赎回。开放式基金的运作中要保留一定的现金以应付赎回，而封闭式基金组合运作的流动性要求会低一些，两类基金的风险收益特征必然会存在差异。

（2）从基金资产中列支的费用的种类、计提标准和方式。不同基金类别的管理费和托管费水平存在差异。即使是同一类别的基金，计提管理费的方式也可能不同。例如，有的管理人是每日计提管理费；而有的管理人会在招募说明书中约定，如果基金资产净值低于某一标准将停止计提管理费；对于一些特殊的基金品种，如货币市场基金，其不仅计提管理费和托管费，还计提销售服务费用。

（3）基金份额的发售、交易、申购、赎回的约定，特别是买卖基金费用的相关条款。

即使是同一开放式基金品种，由于买卖金额不同、收费模式不同，也可能适用不同的费率水平。

（4）基金投资目标、投资范围、投资策略、业绩比较基准、风险收益特征、投资限制等。

这些是招募说明书中最为重要的信息，因其体现了基金产品的风险收益水平，可以帮助投资者选择与自身风险承受能力和收益预期相符合的产品。

（5）基金资产净值的计算方法和公告方式。

（6）基金风险提示。在招募说明书的封面，基金管理人一般会对重要风险进行特别提示，此外，还会在招募说明书正文中对基金风险进行更充分的揭示。对投资者而言，只有对基金的风险有充分认识，才能作出理性的选择；对基金管理人而言，充分的风险揭示是其诚实守信的重要义务，也有利于基金管理人自身的免责。

（7）招募说明书摘要。该部分出现在每 6 个月更新的招募说明书中，主要包括基金投资基本要素、投资组合报告、基金业绩和费用概览、招募说明书更新说明等内容。

三、基金托管协议

基金托管协议是基金管理人和基金托管人签订的协议，旨在明确双方在基金财产保管、投资运作、净值计算、收益分配、信息披露及相互监督等事宜中的权利、义务及职责。基金托管协议包含两类重要信息。

（1）基金管理人和托管人之间的相互监督和核查。例如，基金托管人应依据法律法规和基金合同的约定，对基金投资对象、投资范围、投资比例、投资禁止行为、基金参与银行间市场的信用风险控制等进行监督；基金管理人应对基金托管人改选账户开设、净值复核、清算交收等托管职责情况等进行核查。

（2）协议当事人权责约定中事关持有人权益的重要事项。例如，管理人与托管人依法自行商定估值方法的情形和程序、管理人或托管人发现估值未能维护持有人权益时的处理、估值错误时的处理及责任认定等。

◇ 同步测试

单项选择题（以下各小题所给出的 **4** 个选项中，只有 **1** 项最符合题要求，请选出正确的选项）

在我国，（　　）负责对基金管理公司的会计核算结果进行复核，基金管理公司负责将复核后的会计信息对外披露。

A．基金托管人　　　　B．中国证监会　　　　C．基金管理人　　　　D．中央登记结算公司

多项选择题（以下各小题所给出的 **4** 个选项中，有 **2** 个或 **2** 个上符合题目要求，请选出正确的选项）

基金份额发售前至基金合同生效期间进行的信息披露内容有（　　）。

A．基金合同　　　　　　　　　　B．份额净值公告

C．基金份额发售公告　　　　　　D．招募说明书

任务五　掌握基金运作信息披露内容和要求

基金运作信息披露文件主要包括净值公告、季度报告、半年度报告、年度报告以及基金上市交易公告书等。

一、基金净值公告

基金净值公告主要包括基金资产净值、份额净值和份额累计净值等信息。封闭式基金和开放式基金在披露净值公告的频率上有所不同。封闭式基金一般至少每周披露一次资产净值和份额净值。对开放式基金来说，在其放开申购、赎回前，一般至少每周披露一次资产净值和份额净值；放开申购、赎回后，则会披露每个开放日的份额净值和份额累计净值。

二、基金季度报告

基金管理人应当在每个季度结束之日起 15 个工作日内，编制完成基金季度报告，并将季度报告登载在指定报刊和网站上。基金合同生效不足 2 个月的，基金管理人可以不编制当期季度报告、半年度报告或者年度报告。

基金季度报告内容主要包括基金概况、主要财务指标和净值表现、管理人报告、投资组合报告、开放式基金份额变动等。在季度报告的投资组合报告中，需要披露基金资产组合、按行业分类的股票投资组合、前 10 名股票明细、按券种分类的债券投资组合、前 5 名债券明细及投资组合报告附注等内容。

三、半年度报告

基金管理人应当在上半年结束之日起 60 日内，编制完成基金半年度报告。与年度报告

相比，半年度报告披露的特点如下。

（1）半年度报告不要求进行审计。

（2）半年度报告只需披露当期数据和指标；而年度报告应提供最近 3 个会计年度的主要会计数据和财务指标。

（3）半年度报告披露净值增长率列表的时间段与年度报告有所不同。半年度报告无须披露近 3 年每年的净值增长率，也无须披露近 3 年每年的基金收益分配情况。

（4）半年度报告的管理人报告无须披露内部监察报告。

（5）财务报表附注的披露。半年度财务报表附注重点披露比上年度财务会计报告更新的信息，并遵循重要性原则进行披露。例如：

① 半年度报告无须披露所有的关联关系，只披露关联关系的变化情况，而且关联交易的披露期限也不同于年度报告；

② 半年度报告只对当期的报表项目进行说明，无须说明两个年度的报表项目。

（6）重大事件提示中，半年度报告只报告期内改聘会计师事务所的情况，无须披露支付给聘任会计师事务所的报酬及事务所已提供审计服务的年限等。

（7）半年度报告摘要的财务报表附注无须对重要的报表项目进行说明；而年度报告摘要的报表附注在说明报表项目部分时，则因审计意见的不同而有所差别。

四、基金年度报告

基金年度报告是基金存续期信息披露中信息量最大的文件。应当在每年结束之日起 90 日内，编制完成基金年度报告。基金年度报告的财务会计报告应当经过审计。基金年度报告的主要内容如下。

（一）基金管理人和托管人在年度报告披露中的责任

基金管理人是基金年度报告的编制者和披露义务人。

基金年度报告应经 2/3 以上独立董事签字同意，并由董事长签发。如个别董事对年度报告内容的真实、准确、完整无法保证或存在异议，应当单独陈述理由和发表意见；未参会董事应当单独列示其姓名。

与托管人职责相关的披露责任，包括复核年报中的财务会计资料等内容，并出具托管人报告等。

（二）正文与摘要的披露

目前基金年报采用在管理人网站上披露正文、在指定报刊上披露摘要两种方式。普通投资者通过阅读摘要即可获取重要信息，而专业投资者通过阅读正文可获得更为详细的信息。

（三）关于年度报告中的"重要提示"

年度报告的扉页应就以下方面作出提示：

（1）管理人和托管人的披露责任；

（2）管理人管理和运用基金资产的原则；

（3）投资风险提示；

（4）年度报告中注册会计师出具非标准无保留意见的提示。

（四）基金财务指标的披露

基金年度报告一般应包括以下财务指标：本期已实现收益、本期利润、加权平均基金份额本期利润、本期加权平均净值利润率、本期基金份额净值增长率、期末可供分配利润、期末可供分配基金份额利润、期末资产净值、期末基金份额净值和基金份额累计净值增长率等。其中，基金份额净值增长指标是目前较为合理的评价基金业绩表现的指标。

（五）基金净值表现的披露

基金资产净值信息是基金资产运作成果的集中体现。基金资产运作情况主要表现为基金资产的利息收入、投资收益和公允价值变动损益，具体又反映到基金资产净值的波动上。

目前，法规要求在基金年度报告、半年度报告、季度报告中以图表形式披露基金的净值表现，具体要求见表10-1。

表 10-1 基金净值披露的具体要求

披露项目	年度报告	半年度报告	季度报告
列表显示过往特定期间基金净值增长率及同期业绩比较基准收益率	列表显示过往3个月、6个月、1年、3年、5年、自基金合同生效起至今基金份额净值增长率及其与同期业绩比较基准收益率的比较	列表显示过往1个月、3个月、6个月、1年、3年、自基金合同生效起至今基金份额净值增长率及其与同期业绩比较基准收益率的比较	列表显示本季度基金份额净值增长率及其与同期业绩比较基准收益率的比较
图示基金合同生效以来份额净值变动与同期业绩比较基准的变动	折线图显示基金自合同生效以来基金份额净值的变动情况，并与同期业绩比较基准的变动进行比较		
图示基金净值增长率及同期业绩比较基准的收益率	柱状图显示基金过往5年（成立不满5年的，图示基金自合同生效以来）每年的净值增长率，并与同期业绩比较基准的收益率进行比较	无	无

（六）管理人报告的披露

管理人报告的主要内容包括：管理人及基金经理情况简介，基金运作遵规守信情况说明，公平交易情况说明，基金的投资策略和业绩表现说明，管理人对宏观经济、证券市场及行业走势的展望，管理人内部监察稽核工作情况，报告期内基金估值程序等事项说明，基金利润分配情况说明，对会计师事务所出具非标准审计报告所涉事项的说明等。

（七）基金财务会计报告的编制与披露

基金财务报表包括报告期末及其前一个年度末的比较式资产负债表、该两年度的比较式利润表、该两年度的比较式所有者权益变动表。

基金财务报表附注的披露内容主要包括：基金基本情况、会计报表的编制基础、遵循会计准则及其他有关规定的声明、重要会计政策和会计估计、会计政策和会计估计变更及差错更正的说明、税项、重要报表项目的说明、或有事项、资产负债表日后事项的说明、关联方关系及其交易、利润分配情况、期末基金持有的流通受限证券、金融工具风险及管理等。

（八）基金投资组合报告的披露

基金年度报告中的投资组合报告应披露以下信息：期末按市值占基金资产净值比例大小排序的前5名债券明细、投资组合报告附注等。

基金股票投资组合重大变动的披露内容包括：报告期内累计买入、累计卖出价值超出期初基金资产净值2%的股票明细；对累计买入、累计卖出价值前20名的股票价值低于2%的，应披露至少前20名的股票明细；整个报告期内买入股票的成本总额及卖出股票的收入总额。披露该信息的意义主要在于反映报告期内基金的一些重大投资行为。

（九）基金持有人信息的披露

基金年度报告披露的持有人信息主要有：

（1）上市基金前10名持有人的名称、持有份额及占总份额的比例；

（2）持有人结构，包括机构投资者、个人投资者持有的基金份额及占总份额的比例；

（3）持有人户数、户均持有基金份额。

当期末基金管理公司的基金从业人员持有开放式基金时，年度报告还将披露公司所有基金从业人员投资基金的总量及占基金总份额的比例。

披露上市基金前10名持有人信息有助于防范上市基金的价格操纵和市场欺诈等行为的发生。

（十）开放式基金份额变动的披露

基金规模的变化在一定程度上反映了市场对基金的认同度，而且不同规模基金的运作和抗风险能力也不同，是影响投资者决策的重要因素。为此，法规要求在年度报告中披露开放式基金合同生效日的基金份额总额、基金份额的变动情况。报告期内基金合同生效的基金，应披露自基金合同生效以来基金份额的变动情况。

五、基金上市交易公告书

披露上市交易公告书的基金品种主要有封闭式基金、上市开放式基金（LOF）和交易型开放式指数基金（ETF）。

基金上市交易公告书的主要披露事项包括：基金概况，基金募集情况与上市交易安排，持有人户数、持有人结构及前10名持有人，主要当事人介绍，基金合同摘要，基金财务状况，基金投资组合报告，重大事件揭示等。

◇ **同步测试**

单项选择题（以下各小题所给出的4个选项中，只有1项最符合题要求，请选出正确的选项）

下列报告中，必须每季度定期公布的是（　　）。

A. 基金投资组合公告　　　　　　　B. 基金公开说明书

C. 内部监察报告　　　　　　　　　D. 基金半年度报告

多项选择题（以下各小题所给出的 4 个选项中，有 2 个或 2 个上符合题目要求，请选出正确的选项）

1. 基金年度报告披露的持有人信息主要有（　　）。

A. 持有人结构，包括机构投资者、个人投资者持有的基金份额及占总份额的比例

B. 持有人户数、户均持有基金单位

C. 上市基金前 15 名持有人的名称、持有份额及占总份额的比例

D. 当期末基金管理公司的基金从业人员持有开放式基金时，公司所有基金从业人员投资基金的总量及占基金总份额的比例

2. 目前，披露上市交易公告书的基金品种主要有（　　）。

A. 开放式基金 　　　　　　　　B. 封闭式基金

C. 上市开放式基金 　　　　　　D. 交易型开放式指数基金

任务六　掌握基金临时信息披露的内容和要求

当基金发生可能影响基金份额持有人权益或者可能影响基金价格的重大信息，或者基金价格可能受到谣言、猜测和投机等因素影响，相关信息披露人应及时进行临时信息披露。

一、关于基金信息披露的重大性标准

各国信息披露所采用的"重大性"概念有两种标准：一种是"影响投资者决策标准"；一种是"影响证券市场价格标准"。按照前一种标准，如果可以合理地预期某种信息将会对理性投资者的投资决策产生重大影响，则该信息为重大信息，应及时予以披露。按照后一种标准，如果相关信息足以导致或可能导致证券价值或市场价格发生重大变化，则该信息为重大信息，应予披露。我国是这两种情况的结合。

二、基金临时报告

对于重大性的界定，我国基金信息披露法规采用较为灵活的标准，即"影响投资者决策标准"或者"影响证券市场价格标准"。

基金的重大事件可包括：基金份额持有人大会的召开；提前终止基金合同；延长基金合同期限；转换基金运作方式；更换基金管理人或托管人；基金管理人的董事长、总经理及其他高级管理人员、基金经理和基金托管人的基金托管部门负责人发生变动；涉及基金管理人、基金财产、基金托管业务的诉讼；基金份额净值计价错误达基金份额净值的 0.5%；开放式基金发生巨额赎回并延期支付；基金改按估值技术等方法对长期停牌股票进行估值等。

三、基金澄清公告

由于上市交易基金的市场价格可能受到谣言、猜测和投机等因素的影响，为防止投资者误将这些因素视为重大信息，基金信息披露义务人有义务发布公告对这些谣言或猜测进行澄清。

◇ 同步测试

单项选择题（以下各小题所给出的 4 个选项中，只有 1 项最符合题要求，请选出正确的选项）

下列各项不属于基金合同中所应披露的重要信息的是（　　）。

A. 基金运作方式

B. 从基金资产中列支的费用的种类、计提标准和方式

C. 基金托管协议内容摘要

D. 基金资产净值的计算方法和公告方式

多项选择题（以下各小题所给出的 4 个选项中，有 2 个或 2 个上符合题目要求，请选出正确的选项）

基金的重大事件包括（　　）。

A. 基金份额持有人大会的召开

B. 提前终止基金合同期限

C. 更换基金管理人或托管人

D. 基金份额净值计价错误达基金份额净值的 0.5%

任务七　了解特殊基金品种的信息披露

一些特殊的基金品种，如货币市场基金、QDII 基金、ETF，它们在投资范围、会计核算或交易机制等方面有别于其他类型基金。因此，这类特殊基金在信息披露方面也有自身的特殊性。

一、货币市场基金的信息披露

货币市场基金信息披露的特殊性主要体现在收益公告及偏离度信息的披露方面。

（一）收益公告

货币市场基金收益公告主要指每万份基金净收益和 7 日年化收益率。由于货币市场基金每日分配收益，其净值保持在 1 元不变，因此，货币市场基金没有必要像其他类型基金那样定期披露基金份额净值信息，而是披露收益公告。

收益公告按照披露时间段的不同，可分为三类：封闭期的收益公告、开放日的收益公告和节假日的收益公告。

1. 封闭期的收益公告

是指货币市场基金的基金合同生效后，基金管理工作人员开始办理基金份额申购或者赎回当日，在中国证监会指定的报刊和基金管理人网站上披露截至前一日的基金资产净值、基金合同生效至前一日期间的每万份基金净收益、前一日的 7 日年化收益率。

2. 开放日的收益公告

货币市场基金应至少于每个开放日的次日在中国证监会指定报刊和管理人网站上披露开放日每万份基金净收益和 7 日年化收益率。

3. 节假日的收益公告

是指货币市场基金放开申购赎回后，在遇到法定节假日时，于节假日结束后第二个自然

日披露节假日期间的每万份基金净收益、节假日最后一日的 7 日年化收益率以及节假日后首个开放日的每万份基金净收益和 7 日年化收益率。

（二）偏离度信息的披露

为了客观地体现货币市场基金的实际收益情况，避免采用摊余成本法计算的基金资产净值与按市场利率和交易市价计算的基金资产净值发生重大偏离，从而对基金份额持有人的利益产生不利影响，基金管理人会采用影子定价于每一估值日对基金资产进行重新估值。货币基金偏离度的信息披露包括以下三类。

1. 在临时报告中披露偏离度信息

当"影子定价"与"摊余成本法"确定的基金资产净值的偏离度的绝对值达到或者超过 0.5% 时，基金管理人应当在事件发生之日起 2 日内就此事项进行临时报告，至少披露发生日期、偏离度、原因及处理方法。

2. 在半年度报告和年度报告中披露偏离度信息

在半年度报告和年度报告的重大事件揭示中，基金管理人将披露报告期内偏离度的绝对值达到或超过 0.5% 的信息。

3. 在投资组合报告中披露偏离度信息

在投资组合报告中，货币市场基金应披露报告期内偏离度绝对值在 0.25%～0.5% 间的次数、偏离度的最高值和最低值、偏离度绝对值的简单平均值等信息。

二、QDII 基金的信息披露

（一）信息披露所使用的语言及币种选择

QDII 基金在披露相关信息时，可同时采用中、英文，并以中文为准，可单独或同时以人民币、美元等主要外汇币种计算并披露净值信息。

（二）基金合同、招募说明书中的特殊披露要求

（1）境外投资顾问和境外托管人信息。

（2）投资交易信息。

（3）投资境外市场可能产生的风险信息，包括境外市场风险、政府管制风险、政治风险、流动性风险、信用风险等的定义、特征及可能发生的后果。

（三）净值信息的披露要求

QDII 基金应至少每周计算并披露一次净值信息。如投资衍生品，应在每个工作日计算并披露净值。QDII 基金的净值在估值日后 2 个工作日内披露。

（四）定期报告中的特殊披露要求

（1）境外投资顾问和境外资产托管人信息。

（2）境外证券投资信息。

（3）外币交易及外币折算相关的信息。

（五）临时公告中的特殊披露要求

当 QDII 基金变更境外托管人、变更投资顾问、投资顾问主要负责人变动、出现境外诉讼等重大事件时，应及时披露临时公告，并在更新的招募说明书中予以说明。

◇ **同步测试**

单项选择题（以下各小题所给出的 **4** 个选项中，只有 **1** 项最符合题要求，请选出正确的选项）

当影子定价法与摊余成本法确定的基金资产净值偏离度的绝对值达到或者超过（　　）时，基金管理人应进行临时报告。

A. 1%　　　　　　　B. 0.75%　　　　　　C. 0.5%　　　　　　D. 0.25%

◇ **同步测试答案**

任务一

单项选择题：D

多项选择题：ACD

判断题：1. A　2. A　3. B　4. A

任务二

单项选择题：D

多项选择题：1. BCD　2. ABCD

任务三

单项选择题：1. C　2. C　3. C

多项选择题：1. ABC　2. ABCD　3. ABCD

判断题：B

任务四

单项选择题：A

多项选择题：ACD

任务五

单项选择题：A

多项选择题：1. ABD　2. BCD

任务六

单项选择题：C

多项选择题：ABCD

任务七

单项选择题：C

附录 A 中华人民共和国
证券投资基金法

（2003 年 10 月 28 日第十届全国人民代表大会常务委员会第五次会议通过 2012 年 12 月 28 日第十一届全国人民代表大会常务委员会第三十次会议修订）

第一章 总 则

第一条 为了规范证券投资基金活动，保护投资人及相关当事人的合法权益，促进证券投资基金和资本市场的健康发展，制定本法。

第二条 在中华人民共和国境内，公开或者非公开募集资金设立证券投资基金（以下简称基金），由基金管理人管理，基金托管人托管，为基金份额持有人的利益，进行证券投资活动，适用本法；本法未规定的，适用《中华人民共和国信托法》、《中华人民共和国证券法》和其他有关法律、行政法规的规定。

第三条 基金管理人、基金托管人和基金份额持有人的权利、义务，依照本法在基金合同中约定。

基金管理人、基金托管人依照本法和基金合同的约定，履行受托职责。

通过公开募集方式设立的基金（以下简称公开募集基金）的基金份额持有人按其所持基金份额享受收益和承担风险，通过非公开募集方式设立的基金（以下简称非公开募集基金）的收益分配和风险承担由基金合同约定。

第四条 从事证券投资基金活动，应当遵循自愿、公平、诚实信用的原则，不得损害国家利益和社会公共利益。

第五条 基金财产的债务由基金财产本身承担，基金份额持有人以其出资为限对基金财产的债务承担责任。但基金合同依照本法另有约定的，从其约定。

基金财产独立于基金管理人、基金托管人的固有财产。基金管理人、基金托管人不得将基金财产归入其固有财产。

基金管理人、基金托管人因基金财产的管理、运用或者其他情形而取得的财产和收益，归入基金财产。

基金管理人、基金托管人因依法解散、被依法撤销或者被依法宣告破产等原因进行清算的，基金财产不属于其清算财产。

第六条 基金财产的债权，不得与基金管理人、基金托管人固有财产的债务相抵销；不同基金财产的债权债务，不得相互抵销。

第七条 非因基金财产本身承担的债务，不得对基金财产强制执行。

第八条 基金财产投资的相关税收，由基金份额持有人承担，基金管理人或者其他扣缴义务人按照国家有关税收征收的规定代扣代缴。

第九条 基金管理人、基金托管人管理、运用基金财产，基金服务机构从事基金服务活动，应当恪尽职守，履行诚实信用、谨慎勤勉的义务。

基金管理人运用基金财产进行证券投资，应当遵守审慎经营规则，制定科学合理的投资策略和风险管理制度，有效防范和控制风险。

基金从业人员应当具备基金从业资格，遵守法律、行政法规，恪守职业道德和行为规范。

第十条 基金管理人、基金托管人和基金服务机构，应当依照本法成立证券投资基金行业协会（以下简称基金行业协会），进行行业自律，协调行业关系，提供行业服务，促进行业发展。

第十一条 国务院证券监督管理机构依法对证券投资基金活动实施监督管理；其派出机构依照授权履行职责。

第二章 基金管理人

第十二条 基金管理人由依法设立的公司或者合伙企业担任。

公开募集基金的基金管理人，由基金管理公司或者经国务院证券监督管理机构按照规定核准的其他机构担任。

第十三条 设立管理公开募集基金的基金管理公司，应当具备下列条件，并经国务院证券监督管理机构批准：

（一）有符合本法和《中华人民共和国公司法》规定的章程；

（二）注册资本不低于一亿元人民币，且必须为实缴货币资本；

（三）主要股东应当具有经营金融业务或者管理金融机构的良好业绩、良好的财务状况和社会信誉，资产规模达到国务院规定的标准，最近三年没有违法记录；

（四）取得基金从业资格的人员达到法定人数；

（五）董事、监事、高级管理人员具备相应的任职条件；

（六）有符合要求的营业场所、安全防范设施和与基金管理业务有关的其他设施；

（七）有良好的内部治理结构、完善的内部稽核监控制度、风险控制制度；

（八）法律、行政法规规定的和经国务院批准的国务院证券监督管理机构规定的其他条件。

第十四条 国务院证券监督管理机构应当自受理基金管理公司设立申请之日起六个月内依照本法第十三条规定的条件和审慎监管原则进行审查，作出批准或者不予批准的决定，并通知申请人；不予批准的，应当说明理由。

基金管理公司变更持有百分之五以上股权的股东，变更公司的实际控制人，或者变更其他重大事项，应当报经国务院证券监督管理机构批准。国务院证券监督管理机构应当自受理申请之日起六十日内作出批准或者不予批准的决定，并通知申请人；不予批准的，应当说明理由。

第十五条 有下列情形之一的，不得担任公开募集基金的基金管理人的董事、监事、高级管理人员和其他从业人员：

（一）因犯有贪污贿赂、渎职、侵犯财产罪或者破坏社会主义市场经济秩序罪，被判处刑罚的；

（二）对所任职的公司、企业因经营不善破产清算或者因违法被吊销营业执照负有个人责任的董事、监事、厂长、高级管理人员，自该公司、企业破产清算终结或者被吊销营业执照之日起未逾五年的；

（三）个人所负债务数额较大，到期未清偿的；

（四）因违法行为被开除的基金管理人、基金托管人、证券交易所、证券公司、证券登记结算机构、期货交易所、期货公司及其他机构的从业人员和国家机关工作人员；

（五）因违法行为被吊销执业证书或者被取消资格的律师、注册会计师和资产评估机构、验证机构的从业人员、投资咨询从业人员；

（六）法律、行政法规规定不得从事基金业务的其他人员。

第十六条　公开募集基金的基金管理人的董事、监事和高级管理人员，应当熟悉证券投资方面的法律、行政法规，具有三年以上与其所任职务相关的工作经历；高级管理人员还应当具备基金从业资格。

第十七条　公开募集基金的基金管理人的法定代表人、经营管理主要负责人和从事合规监管的负责人的选任或者改任，应当报经国务院证券监督管理机构依照本法和其他有关法律、行政法规规定的任职条件进行审核。

第十八条　公开募集基金的基金管理人的董事、监事、高级管理人员和其他从业人员，其本人、配偶、利害关系人进行证券投资，应当事先向基金管理人申报，并不得与基金份额持有人发生利益冲突。

公开募集基金的基金管理人应当建立前款规定人员进行证券投资的申报、登记、审查、处置等管理制度，并报国务院证券监督管理机构备案。

第十九条　公开募集基金的基金管理人的董事、监事、高级管理人员和其他从业人员，不得担任基金托管人或者其他基金管理人的任何职务，不得从事损害基金财产和基金份额持有人利益的证券交易及其他活动。

第二十条　公开募集基金的基金管理人应当履行下列职责：

（一）依法募集资金，办理基金份额的发售和登记事宜；

（二）办理基金备案手续；

（三）对所管理的不同基金财产分别管理、分别记账，进行证券投资；

（四）按照基金合同的约定确定基金收益分配方案，及时向基金份额持有人分配收益；

（五）进行基金会计核算并编制基金财务会计报告；

（六）编制中期和年度基金报告；

（七）计算并公告基金资产净值，确定基金份额申购、赎回价格；

（八）办理与基金财产管理业务活动有关的信息披露事项；

（九）按照规定召集基金份额持有人大会；

（十）保存基金财产管理业务活动的记录、账册、报表和其他相关资料；

（十一）以基金管理人名义，代表基金份额持有人利益行使诉讼权利或者实施其他法律行为；

（十二）国务院证券监督管理机构规定的其他职责。

第二十一条　公开募集基金的基金管理人及其董事、监事、高级管理人员和其他从业人员不得有下列行为：

（一）将其固有财产或者他人财产混同于基金财产从事证券投资；

（二）不公平地对待其管理的不同基金财产；

（三）利用基金财产或者职务之便为基金份额持有人以外的人牟取利益；

（四）向基金份额持有人违规承诺收益或者承担损失；

（五）侵占、挪用基金财产；

（六）泄露因职务便利获取的未公开信息、利用该信息从事或者明示、暗示他人从事相关的交易活动；

（七）玩忽职守，不按照规定履行职责；

（八）法律、行政法规和国务院证券监督管理机构规定禁止的其他行为。

第二十二条　公开募集基金的基金管理人应当建立良好的内部治理结构，明确股东会、董事会、监事会和高级管理人员的职责权限，确保基金管理人独立运作。

公开募集基金的基金管理人可以实行专业人士持股计划，建立长效激励约束机制。

公开募集基金的基金管理人的股东、董事、监事和高级管理人员在行使权利或者履行职责时，应当遵循基金份额持有人利益优先的原则。

第二十三条　公开募集基金的基金管理人应当从管理基金的报酬中计提风险准备金。

公开募集基金的基金管理人因违法违规、违反基金合同等原因给基金财产或者基金份额持有人合法权益造成损失，应当承担赔偿责任的，可以优先使用风险准备金予以赔偿。

第二十四条　公开募集基金的基金管理人的股东、实际控制人应当按照国务院证券监督管理机构的规定及时履行重大事项报告义务，并不得有下列行为：

（一）虚假出资或者抽逃出资；

（二）未依法经股东会或者董事会决议擅自干预基金管理人的基金经营活动；

（三）要求基金管理人利用基金财产为自己或者他人牟取利益，损害基金份额持有人利益；

（四）国务院证券监督管理机构规定禁止的其他行为。

公开募集基金的基金管理人的股东、实际控制人有前款行为或者股东不再符合法定条件的，国务院证券监督管理机构应当责令其限期改正，并可视情节责令其转让所持有或者控制的基金管理人的股权。

在前款规定的股东、实际控制人按照要求改正违法行为、转让所持有或者控制的基金管理人的股权前，国务院证券监督管理机构可以限制有关股东行使股东权利。

第二十五条　公开募集基金的基金管理人违法违规，或者其内部治理结构、稽核监控和风险控制管理不符合规定的，国务院证券监督管理机构应当责令其限期改正；逾期未改正，或者其行为严重危及该基金管理人的稳健运行、损害基金份额持有人合法权益的，国务院证券监督管理机构可以区别情形，对其采取下列措施：

（一）限制业务活动，责令暂停部分或者全部业务；

（二）限制分配红利，限制向董事、监事、高级管理人员支付报酬、提供福利；

（三）限制转让固有财产或者在固有财产上设定其他权利；

（四）责令更换董事、监事、高级管理人员或者限制其权利；

（五）责令有关股东转让股权或者限制有关股东行使股东权利。

公开募集基金的基金管理人整改后，应当向国务院证券监督管理机构提交报告。国务院证券监督管理机构经验收，符合有关要求的，应当自验收完毕之日起三日内解除对其采取的有关措施。

第二十六条 公开募集基金的基金管理人的董事、监事、高级管理人员未能勤勉尽责，致使基金管理人存在重大违法违规行为或者重大风险的，国务院证券监督管理机构可以责令更换。

第二十七条 公开募集基金的基金管理人违法经营或者出现重大风险，严重危害证券市场秩序、损害基金份额持有人利益的，国务院证券监督管理机构可以对该基金管理人采取责令停业整顿、指定其他机构托管、接管、取消基金管理资格或者撤销等监管措施。

第二十八条 在公开募集基金的基金管理人被责令停业整顿、被依法指定托管、接管或者清算期间，或者出现重大风险时，经国务院证券监督管理机构批准，可以对该基金管理人直接负责的董事、监事、高级管理人员和其他直接责任人员采取下列措施：

（一）通知出境管理机关依法阻止其出境；

（二）申请司法机关禁止其转移、转让或者以其他方式处分财产，或者在财产上设定其他权利。

第二十九条 有下列情形之一的，公开募集基金的基金管理人职责终止：

（一）被依法取消基金管理资格；

（二）被基金份额持有人大会解任；

（三）依法解散、被依法撤销或者被依法宣告破产；

（四）基金合同约定的其他情形。

第三十条 公开募集基金的基金管理人职责终止的，基金份额持有人大会应当在六个月内选任新基金管理人；新基金管理人产生前，由国务院证券监督管理机构指定临时基金管理人。

公开募集基金的基金管理人职责终止的，应当妥善保管基金管理业务资料，及时办理基金管理业务的移交手续，新基金管理人或者临时基金管理人应当及时接收。

第三十一条 公开募集基金的基金管理人职责终止的，应当按照规定聘请会计师事务所对基金财产进行审计，并将审计结果予以公告，同时报国务院证券监督管理机构备案。

第三十二条 对非公开募集基金的基金管理人进行规范的具体办法，由国务院金融监督管理机构依照本章的原则制定。

第三章 基金托管人

第三十三条 基金托管人由依法设立的商业银行或者其他金融机构担任。

商业银行担任基金托管人的，由国务院证券监督管理机构会同国务院银行业监督管理机构核准；其他金融机构担任基金托管人的，由国务院证券监督管理机构核准。

第三十四条 担任基金托管人，应当具备下列条件：

（一）净资产和风险控制指标符合有关规定；

（二）设有专门的基金托管部门；

（三）取得基金从业资格的专职人员达到法定人数；

（四）有安全保管基金财产的条件；

（五）有安全高效的清算、交割系统；

（六）有符合要求的营业场所、安全防范设施和与基金托管业务有关的其他设施；

（七）有完善的内部稽核监控制度和风险控制制度；

（八）法律、行政法规规定的和经国务院批准的国务院证券监督管理机构、国务院银行业监督管理机构规定的其他条件。

第三十五条　本法第十五条、第十八条、第十九条的规定，适用于基金托管人的专门基金托管部门的高级管理人员和其他从业人员。

本法第十六条的规定，适用于基金托管人的专门基金托管部门的高级管理人员。

第三十六条　基金托管人与基金管理人不得为同一机构，不得相互出资或者持有股份。

第三十七条　基金托管人应当履行下列职责：

（一）安全保管基金财产；

（二）按照规定开设基金财产的资金账户和证券账户；

（三）对所托管的不同基金财产分别设置账户，确保基金财产的完整与独立；

（四）保存基金托管业务活动的记录、账册、报表和其他相关资料；

（五）按照基金合同的约定，根据基金管理人的投资指令，及时办理清算、交割事宜；

（六）办理与基金托管业务活动有关的信息披露事项；

（七）对基金财务会计报告、中期和年度基金报告出具意见；

（八）复核、审查基金管理人计算的基金资产净值和基金份额申购、赎回价格；

（九）按照规定召集基金份额持有人大会；

（十）按照规定监督基金管理人的投资运作；

（十一）国务院证券监督管理机构规定的其他职责。

第三十八条　基金托管人发现基金管理人的投资指令违反法律、行政法规和其他有关规定，或者违反基金合同约定的，应当拒绝执行，立即通知基金管理人，并及时向国务院证券监督管理机构报告。

基金托管人发现基金管理人依据交易程序已经生效的投资指令违反法律、行政法规和其他有关规定，或者违反基金合同约定的，应当立即通知基金管理人，并及时向国务院证券监督管理机构报告。

第三十九条　本法第二十一条、第二十三条的规定，适用于基金托管人。

第四十条　基金托管人不再具备本法规定的条件，或者未能勤勉尽责，在履行本法规定的职责时存在重大失误的，国务院证券监督管理机构、国务院银行业监督管理机构应当责令其改正；逾期未改正，或者其行为严重影响所托管基金的稳健运行、损害基金份额持有人利益的，国务院证券监督管理机构、国务院银行业监督管理机构可以区别情形，对其采取下列措施：

（一）限制业务活动，责令暂停办理新的基金托管业务；

（二）责令更换负有责任的专门基金托管部门的高级管理人员。

基金托管人整改后，应当向国务院证券监督管理机构、国务院银行业监督管理机构提交报告；经验收，符合有关要求的，应当自验收完毕之日起三日内解除对其采取的有关措施。

第四十一条　国务院证券监督管理机构、国务院银行业监督管理机构对有下列情形之一的基金托管人，可以取消其基金托管资格：

（一）连续三年没有开展基金托管业务的；

（二）违反本法规定，情节严重的；

（三）法律、行政法规规定的其他情形。

第四十二条 有下列情形之一的，基金托管人职责终止：

（一）被依法取消基金托管资格；

（二）被基金份额持有人大会解任；

（三）依法解散、被依法撤销或者被依法宣告破产；

（四）基金合同约定的其他情形。

第四十三条 基金托管人职责终止的，基金份额持有人大会应当在六个月内选任新基金托管人；新基金托管人产生前，由国务院证券监督管理机构指定临时基金托管人。

基金托管人职责终止的，应当妥善保管基金财产和基金托管业务资料，及时办理基金财产和基金托管业务的移交手续，新基金托管人或者临时基金托管人应当及时接收。

第四十四条 基金托管人职责终止的，应当按照规定聘请会计师事务所对基金财产进行审计，并将审计结果予以公告，同时报国务院证券监督管理机构备案。

第四章 基金的运作方式和组织

第四十五条 基金合同应当约定基金的运作方式。

第四十六条 基金的运作方式可以采用封闭式、开放式或者其他方式。

采用封闭式运作方式的基金（以下简称封闭式基金），是指基金份额总额在基金合同期限内固定不变，基金份额持有人不得申请赎回的基金；采用开放式运作方式的基金（以下简称开放式基金），是指基金份额总额不固定，基金份额可以在基金合同约定的时间和场所申购或者赎回的基金。

采用其他运作方式的基金的基金份额发售、交易、申购、赎回的办法，由国务院证券监督管理机构另行规定。

第四十七条 基金份额持有人享有下列权利：

（一）分享基金财产收益；

（二）参与分配清算后的剩余基金财产；

（三）依法转让或者申请赎回其持有的基金份额；

（四）按照规定要求召开基金份额持有人大会或者召集基金份额持有人大会；

（五）对基金份额持有人大会审议事项行使表决权；

（六）对基金管理人、基金托管人、基金服务机构损害其合法权益的行为依法提起诉讼；

（七）基金合同约定的其他权利。

公开募集基金的基金份额持有人有权查阅或者复制公开披露的基金信息资料；非公开募集基金的基金份额持有人对涉及自身利益的情况，有权查阅基金的财务会计账簿等财务资料。

第四十八条 基金份额持有人大会由全体基金份额持有人组成，行使下列职权：

（一）决定基金扩募或者延长基金合同期限；

（二）决定修改基金合同的重要内容或者提前终止基金合同；

（三）决定更换基金管理人、基金托管人；

（四）决定调整基金管理人、基金托管人的报酬标准；

（五）基金合同约定的其他职权。

第四十九条 按照基金合同约定，基金份额持有人大会可以设立日常机构，行使下列职权：

（一）召集基金份额持有人大会；

（二）提请更换基金管理人、基金托管人；

（三）监督基金管理人的投资运作、基金托管人的托管活动；

（四）提请调整基金管理人、基金托管人的报酬标准；

（五）基金合同约定的其他职权。

前款规定的日常机构，由基金份额持有人大会选举产生的人员组成；其议事规则，由基金合同约定。

第五十条 基金份额持有人大会及其日常机构不得直接参与或者干涉基金的投资管理活动。

第五章　基金的公开募集

第五十一条 公开募集基金，应当经国务院证券监督管理机构注册。未经注册，不得公开或者变相公开募集基金。

前款所称公开募集基金，包括向不特定对象募集资金、向特定对象募集资金累计超过二百人，以及法律、行政法规规定的其他情形。

公开募集基金应当由基金管理人管理，基金托管人托管。

第五十二条 注册公开募集基金，由拟任基金管理人向国务院证券监督管理机构提交下列文件：

（一）申请报告；

（二）基金合同草案；

（三）基金托管协议草案；

（四）招募说明书草案；

（五）律师事务所出具的法律意见书；

（六）国务院证券监督管理机构规定提交的其他文件。

第五十三条 公开募集基金的基金合同应当包括下列内容：

（一）募集基金的目的和基金名称；

（二）基金管理人、基金托管人的名称和住所；

（三）基金的运作方式；

（四）封闭式基金的基金份额总额和基金合同期限，或者开放式基金的最低募集份额总额；

（五）确定基金份额发售日期、价格和费用的原则；

（六）基金份额持有人、基金管理人和基金托管人的权利、义务；

（七）基金份额持有人大会召集、议事及表决的程序和规则；

（八）基金份额发售、交易、申购、赎回的程序、时间、地点、费用计算方式，以及给付赎回款项的时间和方式；

（九）基金收益分配原则、执行方式；

（十）基金管理人、基金托管人报酬的提取、支付方式与比例；

（十一）与基金财产管理、运用有关的其他费用的提取、支付方式；

（十二）基金财产的投资方向和投资限制；

（十三）基金资产净值的计算方法和公告方式；

（十四）基金募集未达到法定要求的处理方式；

（十五）基金合同解除和终止的事由、程序以及基金财产清算方式；

（十六）争议解决方式；

（十七）当事人约定的其他事项。

第五十四条　公开募集基金的基金招募说明书应当包括下列内容：

（一）基金募集申请的准予注册文件名称和注册日期；

（二）基金管理人、基金托管人的基本情况；

（三）基金合同和基金托管协议的内容摘要；

（四）基金份额的发售日期、价格、费用和期限；

（五）基金份额的发售方式、发售机构及登记机构名称；

（六）出具法律意见书的律师事务所和审计基金财产的会计师事务所的名称和住所；

（七）基金管理人、基金托管人报酬及其他有关费用的提取、支付方式与比例；

（八）风险警示内容；

（九）国务院证券监督管理机构规定的其他内容。

第五十五条　国务院证券监督管理机构应当自受理公开募集基金的募集注册申请之日起六个月内依照法律、行政法规及国务院证券监督管理机构的规定进行审查，作出注册或者不予注册的决定，并通知申请人；不予注册的，应当说明理由。

第五十六条　基金募集申请经注册后，方可发售基金份额。

基金份额的发售，由基金管理人或者其委托的基金销售机构办理。

第五十七条　基金管理人应当在基金份额发售的三日前公布招募说明书、基金合同及其他有关文件。

前款规定的文件应当真实、准确、完整。

对基金募集所进行的宣传推介活动，应当符合有关法律、行政法规的规定，不得有本法第七十八条所列行为。

第五十八条　基金管理人应当自收到准予注册文件之日起六个月内进行基金募集。超过六个月开始募集，原注册的事项未发生实质性变化的，应当报国务院证券监督管理机构备案；发生实质性变化的，应当向国务院证券监督管理机构重新提交注册申请。

基金募集不得超过国务院证券监督管理机构准予注册的基金募集期限。基金募集期限自基金份额发售之日起计算。

第五十九条　基金募集期限届满，封闭式基金募集的基金份额总额达到准予注册规模的百分之八十以上，开放式基金募集的基金份额总额超过准予注册的最低募集份额总额，并且基金份额持有人人数符合国务院证券监督管理机构规定的，基金管理人应当自募集期限届满之日起十日内聘请法定验资机构验资，自收到验资报告之日起十日内，向国务院证券监督管理机构提交验资报告，办理基金备案手续，并予以公告。

第六十条　基金募集期间募集的资金应当存入专门账户，在基金募集行为结束前，任何人不得动用。

第六十一条　投资人交纳认购的基金份额的款项时，基金合同成立；基金管理人依照本法第五十九条的规定向国务院证券监督管理机构办理基金备案手续，基金合同生效。

基金募集期限届满，不能满足本法第五十九条规定的条件的，基金管理人应当承担下列责任：

（一）以其固有财产承担因募集行为而产生的债务和费用；

（二）在基金募集期限届满后三十日内返还投资人已交纳的款项，并加计银行同期存款利息。

第六章　公开募集基金的基金份额的交易、申购与赎回

第六十二条　申请基金份额上市交易，基金管理人应当向证券交易所提出申请，证券交易所依法审核同意的，双方应当签订上市协议。

第六十三条　基金份额上市交易，应当符合下列条件：

（一）基金的募集符合本法规定；

（二）基金合同期限为五年以上；

（三）基金募集金额不低于二亿元人民币；

（四）基金份额持有人不少于一千人；

（五）基金份额上市交易规则规定的其他条件。

第六十四条　基金份额上市交易规则由证券交易所制定，报国务院证券监督管理机构批准。

第六十五条　基金份额上市交易后，有下列情形之一的，由证券交易所终止其上市交易，并报国务院证券监督管理机构备案：

（一）不再具备本法第六十三条规定的上市交易条件；

（二）基金合同期限届满；

（三）基金份额持有人大会决定提前终止上市交易；

（四）基金合同约定的或者基金份额上市交易规则规定的终止上市交易的其他情形。

第六十六条　开放式基金的基金份额的申购、赎回、登记，由基金管理人或者其委托的基金服务机构办理。

第六十七条　基金管理人应当在每个工作日办理基金份额的申购、赎回业务；基金合同另有约定的，从其约定。

投资人交付申购款项，申购成立；基金份额登记机构确认基金份额时，申购生效。

基金份额持有人递交赎回申请，赎回成立；基金份额登记机构确认赎回时，赎回生效。

第六十八条　基金管理人应当按时支付赎回款项，但是下列情形除外：

（一）因不可抗力导致基金管理人不能支付赎回款项；

（二）证券交易场所依法决定临时停市，导致基金管理人无法计算当日基金资产净值；

（三）基金合同约定的其他特殊情形。

发生上述情形之一的，基金管理人应当在当日报国务院证券监督管理机构备案。

本条第一款规定的情形消失后，基金管理人应当及时支付赎回款项。

第六十九条　开放式基金应当保持足够的现金或者政府债券，以备支付基金份额持有人的赎回款项。基金财产中应当保持的现金或者政府债券的具体比例，由国务院证券监督管理机构规定。

第七十条　基金份额的申购、赎回价格，依据申购、赎回日基金份额净值加、减有关费用计算。

第七十一条　基金份额净值计价出现错误时，基金管理人应当立即纠正，并采取合理的措施防止损失进一步扩大。计价错误达到基金份额净值百分之零点五时，基金管理人应当公告，并报国务院证券监督管理机构备案。

因基金份额净值计价错误造成基金份额持有人损失的，基金份额持有人有权要求基金管理人、基金托管人予以赔偿。

第七章　公开募集基金的投资与信息披露

第七十二条　基金管理人运用基金财产进行证券投资，除国务院证券监督管理机构另有规定外，应当采用资产组合的方式。

资产组合的具体方式和投资比例，依照本法和国务院证券监督管理机构的规定在基金合同中约定。

第七十三条　基金财产应当用于下列投资：

（一）上市交易的股票、债券；

（二）国务院证券监督管理机构规定的其他证券及其衍生品种。

第七十四条　基金财产不得用于下列投资或者活动：

（一）承销证券；

（二）违反规定向他人贷款或者提供担保；

（三）从事承担无限责任的投资；

（四）买卖其他基金份额，但是国务院证券监督管理机构另有规定的除外；

（五）向基金管理人、基金托管人出资；

（六）从事内幕交易、操纵证券交易价格及其他不正当的证券交易活动；

（七）法律、行政法规和国务院证券监督管理机构规定禁止的其他活动。

运用基金财产买卖基金管理人、基金托管人及其控股股东、实际控制人或者与其有其他重大利害关系的公司发行的证券或承销期内承销的证券，或者从事其他重大关联交易的，应当遵循基金份额持有人利益优先的原则，防范利益冲突，符合国务院证券监督管理机构的规定，并履行信息披露义务。

第七十五条　基金管理人、基金托管人和其他基金信息披露义务人应当依法披露基金信息，并保证所披露信息的真实性、准确性和完整性。

第七十六条　基金信息披露义务人应当确保应予披露的基金信息在国务院证券监督管理机构规定时间内披露，并保证投资人能够按照基金合同约定的时间和方式查阅或者复制公开披露的信息资料。

第七十七条　公开披露的基金信息包括：

（一）基金招募说明书、基金合同、基金托管协议；

（二）基金募集情况；

（三）基金份额上市交易公告书；

（四）基金资产净值、基金份额净值；

（五）基金份额申购、赎回价格；

（六）基金财产的资产组合季度报告、财务会计报告及中期和年度基金报告；

（七）临时报告；

（八）基金份额持有人大会决议；

（九）基金管理人、基金托管人的专门基金托管部门的重大人事变动；

（十）涉及基金财产、基金管理业务、基金托管业务的诉讼或者仲裁；

（十一）国务院证券监督管理机构规定应予披露的其他信息。

第七十八条　公开披露基金信息，不得有下列行为：

（一）虚假记载、误导性陈述或者重大遗漏；

（二）对证券投资业绩进行预测；

（三）违规承诺收益或者承担损失；

（四）诋毁其他基金管理人、基金托管人或者基金销售机构；

（五）法律、行政法规和国务院证券监督管理机构规定禁止的其他行为。

第八章　公开募集基金的基金合同的变更、终止与基金财产清算

第七十九条　按照基金合同的约定或者基金份额持有人大会的决议，基金可以转换运作方式或者与其他基金合并。

第八十条　封闭式基金扩募或者延长基金合同期限，应当符合下列条件，并报国务院证券监督管理机构备案：

（一）基金运营业绩良好；

（二）基金管理人最近二年内没有因违法违规行为受到行政处罚或者刑事处罚；

（三）基金份额持有人大会决议通过；

（四）本法规定的其他条件。

第八十一条　有下列情形之一的，基金合同终止：

（一）基金合同期限届满而未延期；

（二）基金份额持有人大会决定终止；

（三）基金管理人、基金托管人职责终止，在六个月内没有新基金管理人、新基金托管人承接；

（四）基金合同约定的其他情形。

第八十二条　基金合同终止时，基金管理人应当组织清算组对基金财产进行清算。

清算组由基金管理人、基金托管人以及相关的中介服务机构组成。

清算组作出的清算报告经会计师事务所审计，律师事务所出具法律意见书后，报国务院证券监督管理机构备案并公告。

第八十三条　清算后的剩余基金财产，应当按照基金份额持有人所持份额比例进行分配。

第九章　公开募集基金的基金份额持有人权利行使

第八十四条　基金份额持有人大会由基金管理人召集。基金份额持有人大会设立日常机构的，由该日常机构召集；该日常机构未召集的，由基金管理人召集。基金管理人未按规定召集或者不能召开的，由基金托管人召集。

代表基金份额百分之十以上的基金份额持有人就同一事项要求召开基金份额持有人大会，而基金份额持有人大会的日常机构、基金管理人、基金托管人都不召集的，代表基金份额百分之十以上的基金份额持有人有权自行召集，并报国务院证券监督管理机构备案。

第八十五条　召开基金份额持有人大会，召集人应当至少提前三十日公告基金份额持有人大会的召开时间、会议形式、审议事项、议事程序和表决方式等事项。

基金份额持有人大会不得就未经公告的事项进行表决。

第八十六条　基金份额持有人大会可以采取现场方式召开，也可以采取通讯等方式召开。

每一基金份额具有一票表决权，基金份额持有人可以委托代理人出席基金份额持有人大会并行使表决权。

第八十七条　基金份额持有人大会应当有代表二分之一以上基金份额的持有人参加，方可召开。

参加基金份额持有人大会的持有人的基金份额低于前款规定比例的，召集人可以在原公告的基金份额持有人大会召开时间的三个月以后、六个月以内，就原定审议事项重新召集基金份额持有人大会。重新召集的基金份额持有人大会应当有代表三分之一以上基金份额的持有人参加，方可召开。

基金份额持有人大会就审议事项作出决定，应当经参加大会的基金份额持有人所持表决权的二分之一以上通过；但是，转换基金的运作方式、更换基金管理人或者基金托管人、提前终止基金合同、与其他基金合并，应当经参加大会的基金份额持有人所持表决权的三分之二以上通过。

基金份额持有人大会决定的事项，应当依法报国务院证券监督管理机构备案，并予以公告。

第十章　非公开募集基金

第八十八条　非公开募集基金应当向合格投资者募集，合格投资者累计不得超过二百人。

前款所称合格投资者，是指达到规定资产规模或者收入水平，并且具备相应的风险识别能力和风险承担能力、其基金份额认购金额不低于规定限额的单位和个人。

合格投资者的具体标准由国务院证券监督管理机构规定。

第八十九条　除基金合同另有约定外，非公开募集基金应当由基金托管人托管。

第九十条　担任非公开募集基金的基金管理人，应当按照规定向基金行业协会履行登记手续，报送基本情况。

第九十一条　未经登记，任何单位或者个人不得使用"基金"或者"基金管理"字样或者近似名称进行证券投资活动；但是，法律、行政法规另有规定的除外。

第九十二条　非公开募集基金，不得向合格投资者之外的单位和个人募集资金，不得通过报刊、电台、电视台、互联网等公众传播媒体或者讲座、报告会、分析会等方式向不特定对象宣传推介。

第九十三条　非公开募集基金，应当制定并签订基金合同。基金合同应当包括下列内容：

（一）基金份额持有人、基金管理人、基金托管人的权利、义务；

（二）基金的运作方式；

（三）基金的出资方式、数额和认缴期限；

（四）基金的投资范围、投资策略和投资限制；

（五）基金收益分配原则、执行方式；

（六）基金承担的有关费用；

（七）基金信息提供的内容、方式；

（八）基金份额的认购、赎回或者转让的程序和方式；

（九）基金合同变更、解除和终止的事由、程序；

（十）基金财产清算方式；

（十一）当事人约定的其他事项。

基金份额持有人转让基金份额的，应当符合本法第八十八条、第九十二条的规定。

第九十四条　按照基金合同约定，非公开募集基金可以由部分基金份额持有人作为基金管理人负责基金的投资管理活动，并在基金财产不足以清偿其债务时对基金财产的债务承担无限连带责任。

前款规定的非公开募集基金，其基金合同还应载明：

（一）承担无限连带责任的基金份额持有人和其他基金份额持有人的姓名或者名称、住所；

（二）承担无限连带责任的基金份额持有人的除名条件和更换程序；

（三）基金份额持有人增加、退出的条件、程序以及相关责任；

（四）承担无限连带责任的基金份额持有人和其他基金份额持有人的转换程序。

第九十五条　非公开募集基金募集完毕，基金管理人应当向基金行业协会备案。对募集的资金总额或者基金份额持有人的人数达到规定标准的基金，基金行业协会应当向国务院证券监督管理机构报告。

非公开募集基金财产的证券投资，包括买卖公开发行的股份有限公司股票、债券、基金份额，以及国务院证券监督管理机构规定的其他证券及其衍生品种。

第九十六条　基金管理人、基金托管人应当按照基金合同的约定，向基金份额持有人提供基金信息。

第九十七条　专门从事非公开募集基金管理业务的基金管理人，其股东、高级管理人员、经营期限、管理的基金资产规模等符合规定条件的，经国务院证券监督管理机构核准，可以从事公开募集基金管理业务。

第十一章　基金服务机构

第九十八条　从事公开募集基金的销售、销售支付、份额登记、估值、投资顾问、评价、信息技术系统服务等基金服务业务的机构，应当按照国务院证券监督管理机构的规定进行注册或者备案。

第九十九条 基金销售机构应当向投资人充分揭示投资风险，并根据投资人的风险承担能力销售不同风险等级的基金产品。

第一百条 基金销售支付机构应当按照规定办理基金销售结算资金的划付，确保基金销售结算资金安全、及时划付。

第一百零一条 基金销售结算资金、基金份额独立于基金销售机构、基金销售支付机构或者基金份额登记机构的自有财产。基金销售机构、基金销售支付机构或者基金份额登记机构破产或者清算时，基金销售结算资金、基金份额不属于其破产财产或者清算财产。非因投资人本身的债务或者法律规定的其他情形，不得查封、冻结、扣划或者强制执行基金销售结算资金、基金份额。

基金销售机构、基金销售支付机构、基金份额登记机构应当确保基金销售结算资金、基金份额的安全、独立，禁止任何单位或者个人以任何形式挪用基金销售结算资金、基金份额。

第一百零二条 基金管理人可以委托基金服务机构代为办理基金的份额登记、核算、估值、投资顾问等事项，基金托管人可以委托基金服务机构代为办理基金的核算、估值、复核等事项，但基金管理人、基金托管人依法应当承担的责任不因委托而免除。

第一百零三条 基金份额登记机构以电子介质登记的数据，是基金份额持有人权利归属的根据。基金份额持有人以基金份额出质的，质权自基金份额登记机构办理出质登记时设立。

基金份额登记机构应当妥善保存登记数据，并将基金份额持有人名称、身份信息及基金份额明细等数据备份至国务院证券监督管理机构认定的机构。其保存期限自基金账户销户之日起不得少于二十年。

基金份额登记机构应当保证登记数据的真实、准确、完整，不得隐匿、伪造、篡改或者毁损。

第一百零四条 基金投资顾问机构及其从业人员提供基金投资顾问服务，应当具有合理的依据，对其服务能力和经营业绩进行如实陈述，不得以任何方式承诺或者保证投资收益，不得损害服务对象的合法权益。

第一百零五条 基金评价机构及其从业人员应当客观公正，按照依法制定的业务规则开展基金评价业务，禁止误导投资人，防范可能发生的利益冲突。

第一百零六条 基金管理人、基金托管人、基金服务机构的信息技术系统，应当符合规定的要求。国务院证券监督管理机构可以要求信息技术系统服务机构提供该信息技术系统的相关资料。

第一百零七条 律师事务所、会计师事务所接受基金管理人、基金托管人的委托，为有关基金业务活动出具法律意见书、审计报告、内部控制评价报告等文件，应当勤勉尽责，对所依据的文件资料内容的真实性、准确性、完整性进行核查和验证。其制作、出具的文件有虚假记载、误导性陈述或者重大遗漏，给他人财产造成损失的，应当与委托人承担连带赔偿责任。

第一百零八条 基金服务机构应当勤勉尽责、恪尽职守，建立应急等风险管理制度和灾难备份系统，不得泄露与基金份额持有人、基金投资运作相关的非公开信息。

第十二章　基金行业协会

第一百零九条　基金行业协会是证券投资基金行业的自律性组织，是社会团体法人。

基金管理人、基金托管人应当加入基金行业协会，基金服务机构可以加入基金行业协会。

第一百一十条　基金行业协会的权力机构为全体会员组成的会员大会。

基金行业协会设理事会。理事会成员依章程的规定由选举产生。

第一百一十一条　基金行业协会章程由会员大会制定，并报国务院证券监督管理机构备案。

第一百一十二条　基金行业协会履行下列职责：

（一）教育和组织会员遵守有关证券投资的法律、行政法规，维护投资人合法权益；

（二）依法维护会员的合法权益，反映会员的建议和要求；

（三）制定和实施行业自律规则，监督、检查会员及其从业人员的执业行为，对违反自律规则和协会章程的，按照规定给予纪律处分；

（四）制定行业执业标准和业务规范，组织基金从业人员的从业考试、资质管理和业务培训；

（五）提供会员服务，组织行业交流，推动行业创新，开展行业宣传和投资人教育活动；

（六）对会员之间、会员与客户之间发生的基金业务纠纷进行调解；

（七）依法办理非公开募集基金的登记、备案；

（八）协会章程规定的其他职责。

第十三章　监督管理

第一百一十三条　国务院证券监督管理机构依法履行下列职责：

（一）制定有关证券投资基金活动监督管理的规章、规则，并行使审批、核准或者注册权；

（二）办理基金备案；

（三）对基金管理人、基金托管人及其他机构从事证券投资基金活动进行监督管理，对违法行为进行查处，并予以公告；

（四）制定基金从业人员的资格标准和行为准则，并监督实施；

（五）监督检查基金信息的披露情况；

（六）指导和监督基金行业协会的活动；

（七）法律、行政法规规定的其他职责。

第一百一十四条　国务院证券监督管理机构依法履行职责，有权采取下列措施：

（一）对基金管理人、基金托管人、基金服务机构进行现场检查，并要求其报送有关的业务资料；

（二）进入涉嫌违法行为发生场所调查取证；

（三）询问当事人和与被调查事件有关的单位和个人，要求其对与被调查事件有关的事项作出说明；

（四）查阅、复制与被调查事件有关的财产权登记、通讯记录等资料；

（五）查阅、复制当事人和与被调查事件有关的单位和个人的证券交易记录、登记过户记录、财务会计资料及其他相关文件和资料；对可能被转移、隐匿或者毁损的文件和资料，可以予以封存；

（六）查询当事人和与被调查事件有关的单位和个人的资金账户、证券账户和银行账户；对有证据证明已经或者可能转移或者隐匿违法资金、证券等涉案财产或者隐匿、伪造、毁损重要证据的，经国务院证券监督管理机构主要负责人批准，可以冻结或者查封；

（七）在调查操纵证券市场、内幕交易等重大证券违法行为时，经国务院证券监督管理机构主要负责人批准，可以限制被调查事件当事人的证券买卖，但限制的期限不得超过十五个交易日；案情复杂的，可以延长十五个交易日。

第一百一十五条 国务院证券监督管理机构工作人员依法履行职责，进行调查或者检查时，不得少于二人，并应当出示合法证件；对调查或者检查中知悉的商业秘密负有保密的义务。

第一百一十六条 国务院证券监督管理机构工作人员应当忠于职守，依法办事，公正廉洁，接受监督，不得利用职务牟取私利。

第一百一十七条 国务院证券监督管理机构依法履行职责时，被调查、检查的单位和个人应当配合，如实提供有关文件和资料，不得拒绝、阻碍和隐瞒。

第一百一十八条 国务院证券监督管理机构依法履行职责，发现违法行为涉嫌犯罪的，应当将案件移送司法机关处理。

第一百一十九条 国务院证券监督管理机构工作人员在任职期间，或者离职后在《中华人民共和国公务员法》规定的期限内，不得在被监管的机构中担任职务。

第十四章　法律责任

第一百二十条 违反本法规定，未经批准擅自设立基金管理公司或者未经核准从事公开募集基金管理业务的，由证券监督管理机构予以取缔或者责令改正，没收违法所得，并处违法所得一倍以上五倍以下罚款；没有违法所得或者违法所得不足一百万元的，并处十万元以上一百万元以下罚款。对直接负责的主管人员和其他直接责任人员给予警告，并处三万元以上三十万元以下罚款。

基金管理公司违反本法规定，擅自变更持有百分之五以上股权的股东、实际控制人或者其他重大事项的，责令改正，没收违法所得，并处违法所得一倍以上五倍以下罚款；没有违法所得或者违法所得不足五十万元的，并处五万元以上五十万元以下罚款。对直接负责的主管人员给予警告，并处三万元以上十万元以下罚款。

第一百二十一条 基金管理人的董事、监事、高级管理人员和其他从业人员，基金托管人的专门基金托管部门的高级管理人员和其他从业人员，未按照本法第十八条第一款规定申报的，责令改正，处三万元以上十万元以下罚款。

基金管理人、基金托管人违反本法第十八条第二款规定的，责令改正，处十万元以上一百万元以下罚款；对直接负责的主管人员和其他直接责任人员给予警告，暂停或者撤销基金从业资格，并处三万元以上三十万元以下罚款。

第一百二十二条 基金管理人的董事、监事、高级管理人员和其他从业人员，基金托管人的专门基金托管部门的高级管理人员和其他从业人员违反本法第十九条规定的，责令改正，没收违法所得，并处违法所得一倍以上五倍以下罚款；没有违法所得或者违法所得不足一百万元的，并处十万元以上一百万元以下罚款；情节严重的，撤销基金从业资格。

第一百二十三条 基金管理人、基金托管人违反本法规定，未对基金财产实行分别管理或者分账保管，责令改正，处五万元以上五十万元以下罚款；对直接负责的主管人员和其他直接责任人员给予警告，暂停或者撤销基金从业资格，并处三万元以上三十万元以下罚款。

第一百二十四条 基金管理人、基金托管人及其董事、监事、高级管理人员和其他从业人员有本法第二十一条所列行为之一的，责令改正，没收违法所得，并处违法所得一倍以上五倍以下罚款；没有违法所得或者违法所得不足一百万元的，并处十万元以上一百万元以下罚款；基金管理人、基金托管人有上述行为的，还应当对其直接负责的主管人员和其他直接责任人员给予警告，暂停或者撤销基金从业资格，并处三万元以上三十万元以下罚款。

基金管理人、基金托管人及其董事、监事、高级管理人员和其他从业人员侵占、挪用基金财产而取得的财产和收益，归入基金财产。但是，法律、行政法规另有规定的，依照其规定。

第一百二十五条 基金管理人的股东、实际控制人违反本法第二十四条规定的，责令改正，没收违法所得，并处违法所得一倍以上五倍以下罚款；没有违法所得或者违法所得不足一百万元的，并处十万元以上一百万元以下罚款；对直接负责的主管人员和其他直接责任人员给予警告，暂停或者撤销基金或证券从业资格，并处三万元以上三十万元以下罚款。

第一百二十六条 未经核准，擅自从事基金托管业务的，责令停止，没收违法所得，并处违法所得一倍以上五倍以下罚款；没有违法所得或者违法所得不足一百万元的，并处十万元以上一百万元以下罚款；对直接负责的主管人员和其他直接责任人员给予警告，并处三万元以上三十万元以下罚款。

第一百二十七条 基金管理人、基金托管人违反本法规定，相互出资或者持有股份的，责令改正，可以处十万元以下罚款。

第一百二十八条 违反本法规定，擅自公开或者变相公开募集基金的，责令停止，返还所募资金和加计的银行同期存款利息，没收违法所得，并处所募资金金额百分之一以上百分之五以下罚款。对直接负责的主管人员和其他直接责任人员给予警告，并处五万元以上五十万元以下罚款。

第一百二十九条 违反本法第六十条规定，动用募集的资金的，责令返还，没收违法所得，并处违法所得一倍以上五倍以下罚款；没有违法所得或者违法所得不足五十万元的，并处五万元以上五十万元以下罚款；对直接负责的主管人员和其他直接责任人员给予警告，并处三万元以上三十万元以下罚款。

第一百三十条 基金管理人、基金托管人有本法第七十四条第一款第一项至第五项和第七项所列行为之一，或者违反本法第七十四条第二款规定的，责令改正，处十万元以上一百万元以下罚款；对直接负责的主管人员和其他直接责任人员给予警告，暂停或者撤销基金从业资格，并处三万元以上三十万元以下罚款。

基金管理人、基金托管人有前款行为，运用基金财产而取得的财产和收益，归入基金财产。但是，法律、行政法规另有规定的，依照其规定。

第一百三十一条 基金管理人、基金托管人有本法第七十四条第一款第六项规定行为的，除依照《中华人民共和国证券法》的有关规定处罚外，对直接负责的主管人员和其他直接责任人员暂停或者撤销基金从业资格。

第一百三十二条 基金信息披露义务人不依法披露基金信息或者披露的信息有虚假记载、误导性陈述或者重大遗漏的，责令改正，没收违法所得，并处十万元以上一百万元以下罚款；对直接负责的主管人员和其他直接责任人员给予警告，暂停或者撤销基金从业资格，并处三万元以上三十万元以下罚款。

第一百三十三条 基金管理人或者基金托管人不按照规定召集基金份额持有人大会的，责令改正，可以处五万元以下罚款；对直接负责的主管人员和其他直接责任人员给予警告，暂停或者撤销基金从业资格。

第一百三十四条 违反本法规定，未经登记，使用"基金"或者"基金管理"字样或者近似名称进行证券投资活动的，没收违法所得，并处违法所得一倍以上五倍以下罚款；没有违法所得或者违法所得不足一百万元的，并处十万元以上一百万元以下罚款。对直接负责的主管人员和其他直接责任人员给予警告，并处三万元以上三十万元以下罚款。

第一百三十五条 违反本法规定，非公开募集基金募集完毕，基金管理人未备案的，处十万元以上三十万元以下罚款。对直接负责的主管人员和其他直接责任人员给予警告，并处三万元以上十万元以下罚款。

第一百三十六条 违反本法规定，向合格投资者之外的单位或者个人非公开募集资金或者转让基金份额的，没收违法所得，并处违法所得一倍以上五倍以下罚款；没有违法所得或者违法所得不足一百万元的，并处十万元以上一百万元以下罚款。对直接负责的主管人员和其他直接责任人员给予警告，并处三万元以上三十万元以下罚款。

第一百三十七条 违反本法规定，擅自从事公开募集基金的基金服务业务的，责令改正，没收违法所得，并处违法所得一倍以上五倍以下罚款；没有违法所得或者违法所得不足三十万元的，并处十万元以上三十万元以下罚款。对直接负责的主管人员和其他直接责任人员给予警告，并处三万元以上十万元以下罚款。

第一百三十八条 基金销售机构未向投资人充分揭示投资风险并误导其购买与其风险承担能力不相当的基金产品的，处十万元以上三十万元以下罚款；情节严重的，责令其停止基金服务业务。对直接负责的主管人员和其他直接责任人员给予警告，撤销基金从业资格，并处三万元以上十万元以下罚款。

第一百三十九条 基金销售支付机构未按照规定划付基金销售结算资金的，处十万元以上三十万元以下罚款；情节严重的，责令其停止基金服务业务。对直接负责的主管人员和其他直接责任人员给予警告，撤销基金从业资格，并处三万元以上十万元以下罚款。

第一百四十条 挪用基金销售结算资金或者基金份额的，责令改正，没收违法所得，并处违法所得一倍以上五倍以下罚款；没有违法所得或者违法所得不足一百万元的，并处十万元以上一百万元以下罚款。对直接负责的主管人员和其他直接责任人员给予警告，并处三万元以上三十万元以下罚款。

第一百四十一条 基金份额登记机构未妥善保存或者备份基金份额登记数据的，责令改正，给予警告，并处十万元以上三十万元以下罚款；情节严重的，责令其停止基金服务业务。对直接负责的主管人员和其他直接责任人员给予警告，撤销基金从业资格，并处三万元以上十万元以下罚款。

基金份额登记机构隐匿、伪造、篡改、毁损基金份额登记数据的，责令改正，处十万元以上一百万元以下罚款，并责令其停止基金服务业务。对直接负责的主管人员和其他直接责任人员给予警告，撤销基金从业资格，并处三万元以上三十万元以下罚款。

第一百四十二条　基金投资顾问机构、基金评价机构及其从业人员违反本法规定开展投资顾问、基金评价服务的，处十万元以上三十万元以下罚款；情节严重的，责令其停止基金服务业务。对直接负责的主管人员和其他直接责任人员给予警告，撤销基金从业资格，并处三万元以上十万元以下罚款。

第一百四十三条　信息技术系统服务机构未按照规定向国务院证券监督管理机构提供相关信息技术系统资料，或者提供的信息技术系统资料虚假、有重大遗漏的，责令改正，处三万元以上十万元以下罚款。对直接负责的主管人员和其他直接责任人员给予警告，并处一万元以上三万元以下罚款。

第一百四十四条　会计师事务所、律师事务所未勤勉尽责，所出具的文件有虚假记载、误导性陈述或者重大遗漏的，责令改正，没收业务收入，暂停或者撤销相关业务许可，并处业务收入一倍以上五倍以下罚款。对直接负责的主管人员和其他直接责任人员给予警告，并处三万元以上十万元以下罚款。

第一百四十五条　基金服务机构未建立应急等风险管理制度和灾难备份系统，或者泄露与基金份额持有人、基金投资运作相关的非公开信息的，处十万元以上三十万元以下罚款；情节严重的，责令其停止基金服务业务。对直接负责的主管人员和其他直接责任人员给予警告，撤销基金从业资格，并处三万元以上十万元以下罚款。

第一百四十六条　违反本法规定，给基金财产、基金份额持有人或者投资人造成损害的，依法承担赔偿责任。

基金管理人、基金托管人在履行各自职责的过程中，违反本法规定或者基金合同约定，给基金财产或者基金份额持有人造成损害的，应当分别对各自的行为依法承担赔偿责任；因共同行为给基金财产或者基金份额持有人造成损害的，应当承担连带赔偿责任。

第一百四十七条　证券监督管理机构工作人员玩忽职守、滥用职权、徇私舞弊或者利用职务上的便利索取或者收受他人财物的，依法给予行政处分。

第一百四十八条　拒绝、阻碍证券监督管理机构及其工作人员依法行使监督检查、调查职权未使用暴力、威胁方法的，依法给予治安管理处罚。

第一百四十九条　违反法律、行政法规或者国务院证券监督管理机构的有关规定，情节严重的，国务院证券监督管理机构可以对有关责任人员采取证券市场禁入的措施。

第一百五十条　违反本法规定，构成犯罪的，依法追究刑事责任。

第一百五十一条　违反本法规定，应当承担民事赔偿责任和缴纳罚款、罚金，其财产不足以同时支付时，先承担民事赔偿责任。

第一百五十二条　依照本法规定，基金管理人、基金托管人、基金服务机构应当承担的民事赔偿责任和缴纳的罚款、罚金，由基金管理人、基金托管人、基金服务机构以其固有财产承担。

依法收缴的罚款、罚金和没收的违法所得，应当全部上缴国库。

第十五章　附则

第一百五十三条　在中华人民共和国境内募集投资境外证券的基金，以及合格境外投资者在境内进行证券投资，应当经国务院证券监督管理机构批准，具体办法由国务院证券监督管理机构会同国务院有关部门规定，报国务院批准。

第一百五十四条　公开或者非公开募集资金，以进行证券投资活动为目的设立的公司或者合伙企业，资产由基金管理人或者普通合伙人管理的，其证券投资活动适用本法。

第一百五十五条　本法自 2013 年 6 月 1 日起施行。

附录 B　证券投资基金考证模拟训练

一、单项选择题

1. 国内第一只契约型开放式证券投资基金是（　　　）。
   A. 基金金泰　　　　　　　　　　　B. 基金开元
   C. 华安创新证券投资基金　　　　　　D. 南方稳健发展证券投资基金

2. 第一家证券投资基金诞生于（　　　）。
   A. 美国　　　　　B. 英国　　　　　C. 德国　　　　　D. 法国

3. 以下（　　　）不是基金合同的当事人。
   A. 基金销售机构　　B. 基金份额持有人　C. 基金管理人　　D. 基金托管人

4. 一个基金下设立若干个子基金，各子基金独立进行决策，此基金为（　　　）。
   A. 套利基金　　　B. 基金中的基金　　C. 保本基金　　　D. 伞形基金

5. 小盘股是指股票市值在（　　　）亿元人民币以下的公司的股票。
   A. 20　　　　　　B. 10　　　　　　C. 5　　　　　　D. 3

6. 下列指标不属于保本基金分析指标的是（　　　）。
   A. 保本期　　　　B. 保本比例　　　C. 安全垫　　　　D. 久期

7. 基金募集期限届满，封闭式基金需满足募集的基金份额总额达到核准规模的（　　　）以上。
   A. 40%　　　　　B. 60%　　　　　C. 75%　　　　　D. 80%

8. （　　　）是指以基金名义在银行开立的、用于基金名下资金往来的结算账户。
   A. 结算备付金账户　　　　　　　　B. 基金银行存款账户
   C. 证券账户　　　　　　　　　　　D. 股票账户

9. （　　　）指基金在证券交易所和银行间债券市场之外所涉及的资金清算，包括申购、增发新股、支付基金相关费用，以及开放式基金的申购与赎回等的资金清算。
   A. 交易所交易资金清算　　　　　　B. 全国银行间债券市场交易资金清算
   C. 场外资金清算　　　　　　　　　D. 场内资金清算

10. 资金清算环节的主要风险点是（　　　）。
    A. 基金资金清算计算错误，从而延误成交时间
    B. 基金资金交收不成功，从而成交失败
    C. 基金资金清算和交收不及时，从而延误成交时间
    D. 账实、账账、账证不符

11. 人们的金融产品选择依赖的（　　　），主要有心理上的和个人自身的因素。
    A. 外在因素　　　B. 内在因素　　　C. 个人因素　　　D. 社会因素

12. （　　　）的基金产品线，即基金管理公司根据市场范围，不断开发新品种，增加基

金产品的总数或基金产品的大类。

A. 水平式　　　　　B. 垂直式　　　　　C. 综合式　　　　　D. 单一式

13. （　　）的基金产品线，即基金管理公司根据自身的能力专长，在某一个或几个产品类型方向上开发各具特点的子类基金产品，以满足在这个方向上具有特定风险收益偏好的投资者的需要。

A. 水平式　　　　　B. 垂直式　　　　　C. 综合式　　　　　D. 单一式

14. 基金管理人可以委托取得基金代销业务资格的其他机构代为办理基金销售业务，基金管理人与被委托的其他销售机构是一种（　　）关系。

A. 依托　　　　　B. 委托代理　　　　C. 信托　　　　　D. 服从

15. QDII基金份额净值应当至少（　　）计算并披露一次，如基金投资衍生品，应当在（　　）计算并披露。

A. 每月，每周　　　　　　　　　　　B. 每周，每个工作日

C. 每月，每周　　　　　　　　　　　D. 每日，每日

16. 基金资产估值是指通过对基金所拥有的（　　）按一定的原则和方法进行重新估算，进而确定基金资产公允价值的过程。

A. 全部资产　　　　　　　　　　　　B. 净资本

C. 全部资产及所有负债　　　　　　　D. 全部负债

17. 下列与基金有关的费用不能从基金财产中列支的是（　　）。

A. 基金转换费　　　　　　　　　　　B. 基金管理人的管理费

C. 基金托管人的托管费　　　　　　　D. 销售服务费

18. 对于不收取申购费（认购费）、赎回费的货币市场基金以及其他经中国证监会核准的基金产品，基金管理人可以依照相关规定从（　　）中持续计提一定比例的销售服务费。

A. 基金佣金　　　　B. 基金手续费　　　C. 基金财产　　　　D. 基金总资产

19. 关于基金托管费计提标准，以下说法不正确的是（　　）。

A. 通常基金规模越大，基金托管费率越高

B. 基金托管费收取的比例与基金规模、基金类型有一定关系

C. 目前我国封闭式基金按照0.25%的比例计提

D. 开放式基金根据基金契约的规定比例计提，通常低于0.25%

20. 除非基金合同另有规定，基金持有的金融资产和承担金融负债通常归类为（　　）和金融负债。

A. 持有至到期投资

B. 以公允价值计量且其变动计入当期损益的金融资产

C. 贷款和应收款项

D. 可供出售的金融资产

21. 基金（　　）是基金产品的募集者和基金的管理者，其最主要职责就是按照基金合同的约定，负责基金资产的投资运作，在控制风险的基础上为基金投资者争取最大的投资收益。

A. 份额持有人　　　B. 管理人　　　　　C. 托管人　　　　　D. 注册登记机构

22. 证券投资基金中的（　　）基金，在完成募集后，基金份额可以在证券交易所上市。

A. 封闭式　　　　　B. 私募　　　　　C. 公司型　　　　　D. 契约型

23. 开放式基金可通过投资者向（　　）申购和赎回实现流通的。

A. 基金托管人　　　B. 基金受托人　　　C. 基金管理人　　　D. 基金持有人

24. （　　）是指个别证券特有的风险，包括企业的信用风险、经营风险、财务风险等。

A. 操作风险　　　　B. 系统性风险　　　C. 非系统性风险　　D. 管理运作风险

25. 法律规定，我国货币市场基金投资组合的平均剩余期限不得超过（　　）天。

A. 365　　　　　　B. 397　　　　　　C. 180　　　　　　D. 90

26. 基金申购费用与申购份额的计算公式是（　　）。

A. 净申购金额＝申购金额／（1-申购费率）

B. 申购费用＝净申购金额×申购费率

C. 申购份额＝净申购金额／申购当日基金份额总值

D. 净申购金额＝（申购金额+利息）／（1+申购费率）

27. 基金管理人可以在当日接受赎回比例不低于上一日基金总份额（　　）的前提下，对其余赎回申请延期办理。

A. 5%　　　　　　B. 8%　　　　　　C. 10%　　　　　　D. 15%

28. 关于交易所交易资金清算的步骤，排序正确的是（　　）。

（1）制作清算指令；（2）接收交易数据；（3）执行清算指令；（4）确认清算结果。

A. （1）（2）（3）（4）　　　　　　　B. （2）（1）（3）（4）

C. （1）（3）（4）（2）　　　　　　　D. （2）（1）（4）（3）

29. （　　）包括基金在银行间市场进行债券买卖、回购交易等所对应的资金清算。

A. 交易所交易资金清算　　　　　　　B. 全国银行间债券市场交易资金清算

C. 场外资金清算　　　　　　　　　　D. 场内资金清算

30. 基金投资监督环节可能出现的风险点主要是（　　）。

A. 基金资金清算和交收不及时，从而延误成交时间

B. 核算办法不合理

C. 基金清算、核算系统主机硬件系统故障

D. 人为或系统原因对于基金管理人的投资违规行为未能及时发现，发现后未能有效制止

31. （　　）是基金营销部门的一项关键性工作。只有仔细地分析投资者，针对不同的市场与客户推出有针对性的基金产品，才能更有效地实现营销目标。

A. 确定目标市场与客户　　　　　　　B. 开发新客户

C. 保住老客户　　　　　　　　　　　D. 设计市场营销组合

32. 关于基金产品定价，下面叙述不正确的是（　　）。

A. 是与基金产品本身相关的各项费率的确定，主要包括认购费率、申购费率、赎回费率、管理费率和托管费率等

B. 从股票基金到混合基金、债券基金和货币市场基金，各项基金费率基本上呈递增趋势，这是由产品本身的风险收益特征决定的

C. 客户规模越大，它与基金管理公司就产品价格问题的谈判能力就越强，通常也能得

到更加优惠的费率待遇

D. 市场竞争越激烈，为有效获取市场份额，基金费率通常会越低

33. 基金产品线的（　　），即一家基金管理公司所拥有的基金产品的大类是多少。

A. 宽度　　　　　B. 高度　　　　　C. 长度　　　　　D. 深度

34. 基金管理人委托代销机构办理基金的销售时，应当签订（　　），明确双方的权利和义务。

A. 书面代销协议　　B. 书面委托协议　　C. 书面交易协定　　D. 书面合作协议

35. （　　）定期评估基金行业的估值原则和程序，并对活跃市场上没有市价的投资品种、不存在活跃市场的投资品种提出具体估值意见。

A. 基金管理公司　　　　　　　　　B. 托管银行

C. 基金估值工作小组　　　　　　　D. 基金注册登记机构

36. 封闭式基金（　　）披露一次基金份额净值，但每个交易日也都进行估值。

A. 每日　　　　　B. 每周　　　　　C. 每月　　　　　D. 每季

37. 当基金份额净值计价错误达到或超过基金资产净值的（　　）时，基金管理公司应及时向监管机构报告；当计价错误达到（　　）时，基金管理公司应当公告并报监管机构备案。

A. 0.1%，0.25%　B. 0.25%，0.5%　C. 0.5%，1%　D. 0.25%，0.75%

38. 我国股票基金大部分按照（　　）的比例计提基金管理费。

A. 10%　　　　　B. 5%　　　　　C. 1.5%　　　　　D. 0.25%

39. 关于基金管理费计提标准，以下表述不正确的是（　　）。

A. 基金管理费通常与基金规模成反比，与风险成正比

B. 从基金类型看，证券衍生工具基金管理费率最高

C. 我国债券基金的管理费率一般低于1%

D. 我国货币市场基金的管理费率最高

40. 基金资产估值是指通过对基金所拥有的（　　）按一定的原则和方法进行重新估算，进而确定基金资产公允价值的过程。

A. 全部资产　　　　　　　　　　　B. 净资本

C. 全部资产及所有负债　　　　　　D. 负债

41. 根据投资对象的不同，证券投资基金的划分类别不包括（　　）。

A. 股票基金　　　B. 货币基金　　　C. 债券基金　　　D. 指数基金

42. 按照基金规模是否固定，证券投资基金可以划分为（　　）。

A. 私募基金和公募基金　　　　　　B. 上市基金和不上市基金

C. 开放式基金和封闭式基金　　　　D. 契约型基金和公司型基金

43. 债券基金基本上属于（　　）。

A. 收入型基金　　B. 成长型基金　　C. 平衡型基金　　D. 指数基金

44. 以下不能反映基金风险的指标是（　　）。

A. 标准差　　　　B. 贝塔值　　　　C. 净值增长率　　D. 持股集中度

45. 根据投资目标划分的证券投资基金不包括（　　）。

A. 成长型基金　　B. 收入型基金　　C. 期权基金　　　D. 平衡型基金

46. 下列关于开放式基金的表述正确的是（　　）。

A. 认购指在基金合同生效后，投资者申请购买基金份额的行为

B. 开放式基金的申购和赎回必须经过场内交易

C. 认购指在基金设立募集期内，投资者购买基金份额的行为

D. 赎回是指基金份额持有人要求基金代销机构购回其所持有的开放式基金份额的行为

47. （　　）是指执行基金管理人的投资指令，办理基金名义的资金往来。

A. 资产保管 　　　B. 资金清算 　　　C. 资产核算 　　　D. 投资运作监督

48. 基金托管人主要通过托管业务获取的托管费收入与托管规模成（　　）。

A. 正比 　　　B. 反比 　　　C. 线性关系 　　　D. 凸性

49. 基金头寸指基金在进行交易后的所有（　　）账户的资金余额。

A. 现金类 　　　B. 非现金类 　　　C. 权益类 　　　D. 负债类

50. 营销环境中的（　　）指与公司关系密切、能够影响公司客户服务能力的各种因素，主要包括股东支持、销售渠道、客户、竞争对手及公众。

A. 微观环境 　　　B. 宏观环境 　　　C. 内部环境 　　　D. 外部环境

51. （　　）即一家基金管理公司所拥有的基金产品大类中有多少更细化的子类基金。

A. 产品线的广度 　　B. 产品线的宽度 　　C. 产品线的深度 　　D. 产品线的长度

52. 根据《证券投资基金运作管理办法》申请募集基金，以下（　　）不是拟募集的基金应当具备的条件。

A. 符合中国证监会关于基金品种的规定

B. 与拟任基金管理人已管理的基金雷同

C. 基金合同、招募说明书等法律文件草案符合法律、行政法规和中国证监会的规定

D. 基金名称表明基金的类别和投资特征，不存在损害国家利益、社会公共利益，欺诈、误导投资者，或者其他侵犯他人合法权益的内容

53. 基金管理人、代销机构应当建立健全档案管理制度，妥善保管基金份额持有人的开户资料和与销售业务有关的其他资料，保存期不少于（　　）年。

A. 10 　　　B. 15 　　　C. 20 　　　D. 25

54. QDII 基金份额净值应当在（　　）披露。

A. 估值日前 1 个工作日 　　　　　B. 估值日

C. 估值日后 1 个工作日内 　　　　D. 估值日后 2 个工作日内

55. 我国开放式基金的估值频率是（　　）。

A. 每一个交易日 　　B. 每两个交易日 　　C. 每周 　　D. 没有明确的规定

56. 在证券衍生工具基金中，（　　）管理费率一般最高。

A. 认股权证基金 　　B. 股票基金 　　C. 债券基金 　　D. 货币市场基金

57. 对于基金交易费，以下说法不正确的是（　　）。

A. 基金交易费是指基金在进行证券买卖交易时所发生的相关交易费用

B. 我国证券投资基金的交易费主要包括印花税、交易佣金、过户费、经手费、证管费

C. 交易佣金由证券公司按成交金额的一定比例向基金收取

D. 印花税、过户费、经手费、证管费等由托管人按有关规定收取

58. 对存在活跃市场的投资品种，估值日无市价的，但最近交易日后经济环境未发生重大变化，应以（　　）确定公允价值。

A. 市价

D. 最近交易市价

C. 参考类似投资品种的现行市价及重大变化因素，调整最近交易市价

D. 估值

59. 证券投资基金一般在（   ）结转当期损益，按固定价格报价的货币市场基金一般（   ）结转损益。

A. 季末，逐日　　　B. 季末，逐月　　　C. 月末，逐日　　　D. 月末，逐月

60. 证券投资基金不包括（   ）。

A. 封闭式基金　　　B. 开放式基金　　　C. 创业投资基金　　　D. 债券基金

61. 在美国，证券投资基金一般被称为（   ）。

A. 共同基金　　　　　　　　　　B. 单位信托基金

C. 证券投资信托基金　　　　　　D. 集合投资计划

62. 下列不属于证券投资基金的作用的是（   ）。

A. 为中小投资者拓宽了投资渠道　　　B. 促进产业发展和基金增长

C. 促进证券市场的稳定和健康发展　　　D. 促进了金融行业交易成本的降低

63. 在下列指标中，最能全面反映基金经营成果的是（   ）。

A. 基金分红　　　B. 已实现收益　　　C. 久期　　　D. 净值增长率

64. ETF 交易规则中规定，实行价格涨跌幅限制，涨跌幅比例为（   ），自上市首日起实行。

A. 5%　　　　　B. 10%　　　　　C. 15%　　　　　D. 20%

65. （   ）是指基金托管人按规定为基金资产设立独立的账户，保证基金全部财产的安全完整。

A. 资产托管　　　B. 资金清算　　　C. 资产核算　　　D. 投资运作监督

66. （   ）按照规定对基金管理公司的会计核算进行复核，（   ）负责将复核后的会计信息对外披露。

A. 基金管理公司，基金托管人　　　B. 基金管理公司，中国结算公司

C. 基金托管人，基金管理公司　　　D. 基金托管人，中国结算公司

67. QDII 基金在境内募集资金，境外进行投资，其托管业务有一定的特殊性，境内托管银行一般委托境外机构担任次托管人，由担任次托管人的境外托管人履行部分境外托管业务职责，但托管业务的责任仍由（   ）承担。

A. 境内托管人　　　B. 境外托管人　　　C. 次托管人　　　D. QDII 基金

68. 以下不是证券投资基金营销特殊性的是（   ）。

A. 专业性　　　B. 服务性　　　C. 有形性　　　D. 适用性

69. 在设计基金产品时需要考察的内部条件有（   ）。

A. 确定目标客户，了解投资者的风险收益偏好

B. 选择与目标客户风险收益偏好相适应的金融工具及其组合

C. 考虑相关法律法规的约束

D. 考虑基金管理人自身的管理水平

70. 基金产品线是指一家基金管理公司所拥有的不同基金产品及其组合。考察基金产品

线的内涵一般不包括（　　　）。

A. 产品线的长度　　　B. 产品线的宽度　　　C. 产品线的深度　　　D. 产品线的高度

71. （　　　）通常是指投资者向银行提交申请，约定每期扣款时间、扣款金额、扣款方式和申购对象，由银行于约定扣款日，在投资者指定账户内自动完成扣款及基金申购。

A. 短期投资计划　　　　　　　　　　B. 定期定额投资计划

C. 长期投资计划　　　　　　　　　　D. 中期投资计划

72. 基金宣传推介材料登载过往业绩，基金合同生效 6 个月以上但不满 1 年的，应当登载从（　　　）起计算的业绩。

A. 基金合同生效之日　　　　　　　　B. 基金产品推出之日

C. 基金合同拟订之日　　　　　　　　D. 基金产品售出之日

73. 基金持有的首次发行未上市的股票、债券和权证，采用估值技术确定公允价值，在估值技术难以可靠计量公允价值的情况下，按（　　　）计量。

A. 平均价　　　　　B. 成本价　　　　　C. 收盘价　　　　　D. 开盘价

74. 下列不属于基金投资风格分析的是（　　　）。

A. 持仓集中度分析　　　　　　　　　B. 持仓结构分析

C. 持仓股本规模分析　　　　　　　　D. 持仓成长性分析

75. 估值方法的（　　　）是指基金在进行资产估值时均应采取同样的估值方法，遵守同样的估值规则。

A. 公开性　　　　　B. 一致性　　　　　C. 长期性　　　　　D. 准确性

76. 如基金运作发生的费用（　　　）基金净值十万分之一，则应采用预提或待摊的方法计入基金损益。

A. 大于　　　　　B. 小于　　　　　C. 等于　　　　　D. 大于等于

77. 基金估值应遵循的基本原则不包括（　　　）。

A. 配股和增发新股，按成本估值

B. 对存在活跃市场的投资品种，如估值日有市价的，应采用市价确定公允价值

C. 对不存在活跃市场的投资品种，应采用市场参与者普遍认同且被以往市场实际交易价格验证具有可靠性的估值技术确定公允价值

D. 有充足理由表明按以上估值原则仍不能客观反映相关投资品种的公允价值的，基金管理公司应据具体情况与托管银行进行商定，按最能恰当反映公允价值的价格估值

78. 下列关于开放式基金的表述正确的有（　　　）。

A. 申购期购买基金的费率要比认购期优惠

B. 认购期购买的基金份额一般可在封闭期赎回

C. 基金一般会在封闭期后建仓

D. 在认购期内产生的利息，可以转换为投资者的基金份额

二、问答题

1. 公募基金和私募基金的主要区别是什么？

2. 反映基金风险大小的指标有哪些？

3. 什么是巨额赎回？当出现巨额赎回时，怎样处理？

4. 什么是水平式基金产品线？

5. 开放式基金募集成功的条件是什么？

6. 什么是垂直式产品线？

7. 托管人的主要职责是什么？

8. 简述红利再投资的概念。

9. 基金招募说明书有何作用？

10. 股票型基金的投资风险有哪些？

11. 什么是基金定投？

12. 什么是权益登记日？

13. 什么是债券基金的久期？

14. 募集失败基金公司应承担什么责任？

15. 封闭式基金募集成功的条件是什么？

16. 债券型基金的投资风险有哪些？

17. 什么是保本基金？

18. 什么是综合式产品线？

19. 反映基金风险大小的指标有哪些？

三、计算题

1. 一只基金月初净值为 1.246 8，月末净值为 1.255 0，期间每十份分红 0.8 元，计算其月净值增长率。

2. 2003 年 7 月 22 日，小张投资 2 万元认购华夏回报基金，认购费率为 1%，2003 年 9 月 5 日设立成功，期间利息为 8.76 元。请计算其认购费用和认购份额。

3. 某投资者赎回持有期未满一年的长信金利趋势基金 1 万份，对应的赎回费率为 0.5%，假设赎回当日基金份额净值是 1.100 0 元，其在申购时已交纳前端申购费用，计算该投资者的赎回金额。

4. 某只基金在 4 月 18 日赎回份数为 700 万份，当赎回达到 500 万份时达到巨额赎回标准，此日投资者小张下单申请赎回 5 万份该基金，其多少份会延期赎回？

5. 一只债券型基金持有的一支债券剩余到期日 10 个月，占全部债券比重为 10%；剩余 3 个月的占比 20%；剩余 6 个月的占比 20%；剩余 12 个月的占比 30%；剩余 9 个月的占比 20%；求出这只债券基金的久期。

6. 小李投资 5 万元申购华夏大盘基金，申购费率为 1.5%，申购当日该基金份额净值为 9.865 8 元，请计算其申购费用和申购份额。

7. 某基金申购费率，100 万元以上（含 100 万元）、500 万元以下为 0.9%，假定 T 日的基金份额净值为 1.25 元。若申购金额为 100 万元，计算其净申购金额和申购份额。

附录 C 证券投资基金考证模拟训练答案

一、单项选择题

1. C 2. B 3. A 4. D 5. C 6. D 7. D 8. B 9. C 10. C 11. B 12. A
13. B 14. B 15. B 16. C 17. A 18. D 19. A 20. B 21. B 22. A 23. C
24. C 25. C 26. B 27. C 28. B 29. B 30. D 31. A 32. B 33. A 34. A
35. C 36. B 37. B 38. C 39. D 40. C 41. D 42. C 43. A 44. C 45. C
46. C 47. B 48. A 49. A 50. A 51. C 52. B 53. C 54. C 55. A 56. A
57. D 58. B 59. C 60. C 61. A 62. B 63. C 64. D 65. A 66. C 67. C
68. C 69. D 70. C 71. B 72. A 73. B 74. A 75. B 76. A 77. A 78. D

二、问答题

1. 公募基金和私募基金的主要区别是什么？

公募基金：可以向社会公众公开发售的基金。

门槛低，监管严，适宜中小投资者。

私募基金：只能采取非公开方式，面向特定投资者募集发售的基金。

门槛高，风险大，运作灵活性大。

2. 反映基金风险大小的指标有哪些？

（1）标准差，标准差是一组数据平均值分散程度的一种度量。

（2）贝塔值，贝塔值大于1，说明该基金是一只活跃、激进型基金；贝塔值小于1，说明该基金是一只稳定、防御型基金。

（3）持股集中度，持股集中度越高，说明基金在前十大重仓股的投资越多，基金风险越高。

3. 当出现巨额赎回时，怎样处理？

（1）全额赎回：当基金管理人认为有能力支付投资者的赎回申请时，按正常赎回程序执行。

（2）部分顺延赎回：当基金管理人认为支付投资者的赎回申请有困难或认为支付投资者的赎回申请可能会对该基金的资产净值造成较大波动时，基金管理人可在当日接受赎回比例不低于该基金总份额的10%的前提下，对其余赎回申请延期办理。

4. 什么是水平式基金产品线？

基金公司根据市场范围，不断开发新品种，增加产品线的长度，或扩大产品线的宽度，采用这种类型的基金管理公司具有较高的适应性和灵活性，在竞争中有回旋的余地，但这要求公司有一定的实力，特别是具备宽泛的基金管理能力。

5. 开放式基金募集成功的条件是什么?

开放式基金募集的基金份额总额超过核准的最低募集份额总额（2 亿份），并且基金份额持有人人数符合国务院证券监督管理机构规定的（不少于 200 人）。

6. 什么是垂直式产品线?

基金管理公司根据自身的能力专长，在某一个或几个产品类型方向上开发各具特点的子类基金产品，以满足在这个方向上具有特定风险收益偏好的投资者需要。

7. 托管人的主要职责是什么?

安全保管基金财产，确保基金财产的完整与独立；按照规定开设基金财产的资金账户和证券账户；保存基金托管业务活动的记录、账册、报表和其他相关资料；及时办理清算、交割事宜；办理与基金托管业务活动有关的信息披露事项；对基金财务会计报告、中期和年度基金报告出具意见；复核、审查基金管理人计算的基金资产净值和基金份额申购、赎回价格；按照规定召集基金份额持有人大会；按照规定监督基金管理人的投资运作。

8. 简述红利再投资的概念。

是指将投资者分得的收益再投资于基金，并折算成相应数量的基金单位，这实际上是将应分配的收益折为等额的新的基金单位送给投资者。

9. 基金招募说明书有何作用?

基金招募说明书是基金最重要、最基本的信息披露文件，有助于投资者充分了解将要买入的基金。投资者通过基金招募说明书可以了解基金管理人、业绩、风险、投资策略、费用等。

10. 股票型基金的投资风险有哪些?

（1）系统性风险，是指由整体性环境因素对股票价格造成的影响，是不可分散的风险。如：政策风险、利率风险、购买力风险、汇率风险。

（2）非系统性风险，个别股票特有的风险，可以通过分散投资来规避。如：企业信用风险、经营风险、财务风险等。

（3）管理运作风险，是由于基金经理对基金资产不适当的操作行为而导致的风险。

11. 什么是基金定投?

基金的定期定额业务是指投资者通过固定的直销或代销机构，在每个月固定的日期，用固定的资金申购固定的基金的一种投资方式。

好处：第一，摊低成本。由于这种投资方式是以固定金额进行投资的，当基金净值上涨的时候，买到的基金份额数较少；当净值下跌时，所买到的份额数则较多，这样一来，"上涨买少，下跌买多"，长期下来就可以有效地摊低成本。第二，分散风险，这种业务模式不需要人为的判断。第三，减轻压力，强制储蓄。

12. 什么是权益登记日?

权益登记日是基金管理人进行红利分配时，需要定出某一天，界定哪些基金持有人可以参加分红，定出的这一天就是股权登记日。

13. 什么是债券基金的久期?

债券基金的久期是各债券投资比例与剩余到期日的加权平均值。计算公式为，久期 $= \sum A_i X_i$。

14. 募集失败基金公司应承担什么责任?

基金管理人应当承担下列责任：

（1）以其固有财产承担因募集行为而产生的债务和费用；

（2）在基金募集期限届满后三十日内返还投资人已缴纳的款项，并加计银行同期存款利息。

15. 封闭式基金募集成功的条件是什么？

基金募集期限届满，封闭式基金募集的基金份额总额达到核准规模的百分之八十以上，份额持有人不少于200人。

16. 债券型基金的投资风险有哪些？

（1）利率风险；

（2）信用风险；

（3）提前赎回风险；

（4）通货膨胀风险。

17. 什么是保本基金？

保本基金从本质上讲是一种偏债型混合基金。其特点是在基金合同和招募说明书中规定担保条款。保本基金即要锁定风险，又要追求增值空间。

18. 什么是综合式产品线？

基金管理公司在自身能力专长基础上，既在一定产品类型上作重点发展，也在更广泛的范围内构建自身的产品线。

19. 反映基金风险大小的指标有哪些？

标准差是一组数据平均值分散程度的一种度量。

贝塔值大于1，说明该基金是一只活跃、激进型基金；贝塔值小于1，说明该基金是一只稳定、防御型基金。

持股集中度越高，说明基金在前十大重仓股的投资越多，基金风险越高。

三、计算题

1. 净值增长率＝（期末份额净值－期初份额净值＋期间份额分红）/期初份额净值＝（1.255 0－1.246 8＋0.08）/1.246 8＝7.07%

2. 净认购额＝认购额/1＋认购费＝20 000/（1＋1%）＝19 801.98 元

认购费用＝净认购额×认购费率＝19 801.98×1%＝198.02

认购份额＝（净认购金额＋认购利息）/份额面值＝（19 801.98＋8.76）/1＝19 810.74

3. 其赎回费用和可得到的赎回金额为：赎回总额＝10 000×1.1＝11 000 元

赎回费用＝11 000×0.5%＝55 元

赎回金额＝11 000－55＝10 945 元

即该投资者赎回1万份基金，可得金额为10 945 元。

4. 确定比例：500÷700＝71.4%

确定赎回份数：50 000×71.4%＝35 700 份

延期赎回份数：50 000－35 700＝14 300 份

5. 久期＝$\sum A_i X_i$＝10×10%＋3×20%＋6×20%＋12×30%＋9×20%＝8.2（月）

6. 净申购额＝申购额/1＋申购费率＝50 000/（1＋1.5%）＝49 261.08 元

申购费用＝净申购额×申购费率＝49 261.08×1.5%＝738.92 元

申购份额＝净申购金额/份额净值＝49 261.08/9.865 8＝4 993.12（份）

7. 净申购金额为991 080.28 元，申购份额为792 864.22 份

参 考 文 献

［1］ 中国证券投资基金业协会．证券投资基金销售基础知识．北京：中国金融出版社，2012.
［2］ 李曜．风险投资与私募股权投资教程．北京：清华大学出版社，2013.
［3］ 中国证券业协会．证券投资基金．北京：中国金融出版社，2012.
［4］《钱经》杂志．基金非常道．北京：中国人民大学出版社，2009.
［5］ 王鲁志．证券投资基金实务教程．上海：复旦大学出版社，2011.
［6］ 成国强．基金投资入门与技巧．北京：中华工商联合出版社，2012.
［7］ 季凯帆，康峰．解读基金：我的投资观与实践．北京：中国经济出版社，2007.
［8］ 徐德顺．投资基金概论．北京：中国经济出版社，2010.